Sophie Seeberg
Wir werden das Kind schon schaukeln
Ein Elternberuhigungsbuch

Das Buch

Wenn die alkoholfreien Cocktails auf dem Höhepunkt der Stilldemenz zu den wilden Highlights der Woche werden, ist guter Rat teuer. Die Familienpsychologin, Paarberaterin und geprüfte Patchwork-Mutter Sophie Seeberg hat für diesen Fall jede Menge Tipps und hilfreiche Beobachtungen in unterhaltsame Erzählungen und Plaudereien mit Tiefgang verpackt.

Dies ist kein Ratgeber im herkömmlichen Sinne, sondern ein mit viel Humor und Einfühlungsvermögen geschriebenes Buch, mit dem sich der herausfordernde Alltag entnervter Eltern leichter meistern lässt: vom Übermutti-Battle bis hin zur schlichten Einsicht, dass ein tröstender Schokomuffin aus dem Kind später nicht zwangsläufig einen Berufsversager macht. Einfach mal durchatmen, einfach mal nicht perfekt sein – das rät uns dieses originelle, rundum positive Buch und zeigt, wie jede Mutter und jeder Vater diesen Wahnsinn ganz wundervoll schaukeln kann.

Die Autorin

Sophie Seeberg ist Diplom-Psychologin und arbeitet seit über zwanzig Jahren als Sachverständige für verschiedene Familiengerichte. Neben der Erstellung von Gutachten berät sie Eltern und Paare in eigener Praxis.

Sophie Seeberg ist in zweiter Ehe verheiratet, hat zwei erwachsene Töchter und einen Bonus-Sohn. Sie lebt in München, liebt Kaffee, die Berge sowie das Meer und wünscht sich sehnlichst, es möge endlich jemand das Beamen erfinden.

SOPHIE SEEBERG

WIR WERDEN DAS KIND SCHON SCHAUKELN

EIN ELTERNBERUHIGUNGSBUCH

Deutsche Erstveröffentlichung der Textfassung durch
Topicus, Amazon Media EU S.à r.l.
38, avenue John F. Kennedy, L-1855 Luxembourg
März 2021

Umschlaggestaltung: zero-media.net, München
Umschlagmotiv: © Mint Images / Tim Pannell / Getty
Erstes Lektorat: Friederike Haller
Zweites Lektorat, Korrektorat und Satz: VLG Verlag & Agentur,
Haar bei München, www.vlg.de
Gedruckt durch:
Amazon Distribution GmbH, Amazonstraße 1, 04347 Leipzig /
Canon Deutschland Business Services GmbH,
Ferdinand-Jühlke-Straße 7, 99095 Erfurt /
CPI books GmbH, Birkstraße 10, 25917 Leck

ISBN 978-2-49670-587-4

www.topicus-verlag.de

Für meine verrückte, liebenswerte und rundum wundervolle Patchworkfamilie – was wär das Leben doof ohne Euch!

INHALT

Mädelsabend – anstelle eines Vorworts   9

Ich hab ALLES versucht! Und NICHTS hat funktioniert! –
Was in verfahrenen Situationen dann doch hilft   18

Wolverine in Nöten – Über Seitensprünge und die
Heilsamkeit klärender Gespräche   44

Es muss nicht jeder alles können – Gemeinsam sind
wir stark!   77

Bitte lächeln – Auswege aus Gedankenkarussells und
Abwärtsspiralen   98

Da muss es durch – Wenn das Bauchgefühl klüger ist
als alle anderen   113

Zähmung der Übermuttis – Über den »Mein-Baby-kann-
schon«-Wettbewerb und wie man sich davor schützt   149

Trennungseltern und Scheidungskinder – Wie man
gemeinsam getrennte Wege geht   183

Ich muss gar nix! – Wie man Ziele erreicht, ohne zu
schimpfen   227

Unterschiede feiern – Wie Mütter und Väter
Gleichberechtigung im Alltag finden   272

Me-time – Über die Selbstliebe mit Kind   288

(K)ein perfekter Moment – »Irgendwann« ist nur ein
anderes Wort für »niemals«   305

Schleimiges Monster – Wie man mit Depressionen
umgeht   317

Hilfe für Helden – Wege aus verzweifelten Lagen   334

Bonus: Vegetarier haben's schwer   355

Mädelsabend — anstelle eines Vorworts

Eines Abends vor vielen Jahren saß ich mit meinen Freundinnen Tine und Katja in einer Kneipe. Wir hatten »kinderfrei« und einen sogenannten »Mädelsabend«. (Das klang jünger und verheißungsvoller als »Muttiabend«, fanden wir.) Da zwei von uns schon wieder schwanger waren und die Dritte im Bunde noch stillte, saßen wir vor drei alkoholfreien Cocktails und versuchten, Spaß zu haben.

»Yay, Mädelsabend! Wooohoooo …!«

Bereits im »Wooohoooo« klangen allerdings so deutlich Müdigkeit und leichte Verzweiflung mit, dass klar war: Dies war eben *kein* Mädelsabend mit drei jungen, attraktiven, selbstsicheren Frauen, die über Liebe und Sex philosophierten, lachend den Kopf zurückwarfen, den Abend in vollen Zügen genossen, vor Esprit und Unternehmungslust sprühten und denen nur noch die Vierte im Bunde fehlte, um Carrie Bradshaw und ihren Freundinnen Samantha, Charlotte und Miranda Konkurrenz zu machen.

Nein, wir drei erinnerten so sehr an »Sex and the City« wie der übergewichtige Onkel Jürgen in seinem ballonseidenen lilagrünen Jogginganzug an Iron Man.

»Cheers!«, versuchte es Katja mit einem schiefen Lächeln und prostete uns mit ihrem alkoholfreien Mojito zu.

»Cheers!« Tine gab sich wenig Mühe, ihre Müdigkeit zu verbergen, und gähnte herzhaft, statt zu trinken. »Das darf echt nicht wahr sein«, grummelte sie. »Da haben wir endlich mal einen Mädelsabend, und ich bin einfach nur saumüde! Ich bestell mir jetzt einen Kaffee! So!«

Katja riss die Augen auf. »Aber du bist schwanger!«

»Und müde.«

»Aber du kannst doch nicht …«

»Doch, kann ich. Ein Kaffee ist nun wirklich kein Drama.«

»Aber …«

»Isses dir lieber, ich schlafe hier am Tisch ein? Das wird nämlich passieren, wenn ich nicht sofort einen Latte macchiato trinke. Und es wird mein Baby schon nicht umbringen.«

»Aber Koffein in der Schwangerschaft …«

»… ist bestimmt nicht schlimm, wenn es eine Ausnahme bleibt. Und das wird es.«

Ich befürchtete eine längere Diskussion darüber, was man in der Schwangerschaft darf beziehungsweise was nicht, und versuchte recht plump, das Thema zu wechseln. »Schaut doch mal!«

»Was denn?«

»Na, hier. Alles. Diese schicke neue Kneipe, die Menschen. Schaut euch doch mal um!«

»Alle trinken Alkohol und haben Spaß, außer uns. Meinste das?« Tine hatte es offenbar die Laune verhagelt.

»Nein, ich meine …«

»… die vielen gut aussehenden Typen, die uns keines Blickes würdigen?«

»Äh …«

»Oder wolltest du uns auf die ausgeschlafenen Models mit den langen Mähnen und den flachen Bäuchen hinweisen?«

Ich betrachtete die Gruppe der tatsächlich äußerst gut aussehenden Frauen, die an der Bar lehnten und deren ausgelassenes Gelächter zu uns herüberschwappte, und meine Stimmung sank auf das Level von Tines. Ich sah meine Freundin an. Hochschwanger, wie sie war, hatte sie den Caribbean Fruit Punch auf ihrem Bauch abgestellt. Das war zwar praktisch, aber nun mal so gar nicht »Sex and the City«.

Ich seufzte tief.

»Na toll!« Katja funkelte Tine und mich beinahe böse an. »Brauchen wir echt Alkohol zum Spaßhaben?«

Tine murmelte etwas Unverständliches, aus dem ich die Worte »alles geben« und »Gin Tonic« heraushörte.

»Brauchen wir die Aufmerksamkeit von Männern, um uns gut zu fühlen? Und flache Bäuche? Also echt!« Katja schnaubte verächtlich.

»Nee, natürlich nicht!«, beeilte ich mich zu versichern. »Schließlich haben wir ja alle drei einen Mann, und flache Bäuche sind ja nicht das Wichtigste im Leben und ... äh ...« Ich hatte den Faden verloren.

Stilldemenz.

Mehrfach hatte ich schon darüber nachgedacht, mir ein Schild zu basteln, das ich gegebenenfalls vor mir in die Höhe halten konnte: »Ich leide an Stilldemenz. Bitte haben Sie Verständnis.« Vielleicht konnte ich auch nützlichere Dinge draufschreiben, überlegte ich, zum Beispiel: »Ich leide an Stilldemenz. Bitte bringen Sie mir ein Stück Käsekuchen.« Umgehend bekam ich Hunger.

»Na ja«, ließ sich in diesem Moment Tine vernehmen, »ich stell mir schon manchmal vor, was alles sein könnte, wenn ich völlig frei und ungebunden wäre. Ich meine, *natürlich* lieb ich meinen Mann und freu mich auf das Baby, aber ... Na ja, ich wär manchmal schon gern wieder so sexy und unbeschwert wie die da drüben.« Sie warf einen sehnsüchtigen Blick in Richtung der Frauen an der Bar.

Ich verstand, was Tine meinte. Und ich fand toll, dass sie es aussprach. Das machte mir Mut, und ich gestand: »Ich wär auch ab und zu gern noch mal so ganz frei und ungebunden.«

»Hmgrm«, brummelte Katja.

»Wie belieben?«

»Na ja, vielleicht so ganz, ganz manchmal … Also *ganz* manchmal … da denk ich schon auch, dass früher alles viel leichter war. Und so …« Katja starrte vor sich hin und wischte imaginäre Krümel vom Tisch.

»Stellt euch doch mal vor«, begann Tine schwärmerisch, »wenn wir kinderlos und ohne festen Partner hier säßen. All die Möglichkeiten! Und der viele Alkohol …« Sie kicherte.

Katja verdrehte die Augen, dann musste auch sie grinsen. »Hm … Also, wenn ich ungebunden wäre und machen könnte, was ich wollte, dann würd ich … hm … ich würde eine Weltreise machen. Und die Nächte durchfeiern. Und … flirten.«

Tine seufzte wohlig. »Ganz viele One-Night-Stands haben. Das wär was.«

»Ausschlafen. Ich würde ständig ausschlafen. Und ein Wochenende lang rund um die Uhr Serien gucken. Und im Bett Pizza essen.«

»Ich würde morgens allein im Bad sein und mich ganz in Ruhe fertig machen. Ohne dass irgendjemand irgendwas von mir will. Stellt euch das vor, ich würde meine Haare föhnen! Und mich schminken! Also, so richtig. Nicht nur so Wimperntusche und gut, sondern mit allem Drum und Dran. Stundenlang!«

Tine lachte laut auf. »Ich stell mir gerade vor, wie Sophie stundenlang an sich herumschminkt und dabei selig grinst.«

»Also, ich versteh das«, kam es von Katja. »Ich würde so gern mal wieder total sexy rumlaufen. Mit ohne Babybauch und stattdessen auf High Heels und so.«

»Genau, ohne Kinder würden wir aussehen wie die da drüben. Nur noch besser. Ha!«

Wir verbrachten eine ganze Weile damit, uns vorzustellen, was wir alles Tolles tun würden, wenn wir keinen Mann und keine Kinder beziehungsweise Babybäuche hätten. Was wäre das für ein aufregendes Leben gewesen!

Irgendwann machte Katja: »Hm.«

»Was hm?«, fragte ich.

»Na ja …« Katja klang nachdenklich. »Aber was dann?«

»Wie was dann? Wann?« Tine sah sie verwirrt an.

»Na ja, wenn wir irgendwann genug geschminkt und geföhnt haben, unabhängig herumgereist und völlig ausgeschlafen sind. Dann … also dann würde ich einen Mann und Kinder wollen. Und mit euch Mädelsabende mit alkoholfreien Cocktails machen und so.«

»Öhm … Stimmt.«

Katja lachte. »Ehrlich gesagt mag ich nur in der Vorstellung rumreisen. Und One-Night-Stands haben. Und so.«

»Ja, weil eiiiigentlich wünschen wir uns doch genau das!«, erklärte Tine, zeigte auf ihren dicken Bauch und strahlte. »Wir haben genau das, was wir wollen.«

»Aber echt!«

»Wir sind voll die Glückspilze und hätten das beinahe nicht bemerkt.«

»Schön blöd.«

Wir lachten und verlebten anschließend einen ausgesprochen herrlichen Abend. Fröhlich und voller Leichtigkeit. Wir führten keine tiefschürfenden Gespräche und verspürten auch sonst kein intensives Gefühl von Bedeutsamkeit. Und doch war nach diesem Abend etwas anders. Dauerhaft anders.

Es ist keineswegs so, dass Katja, Tine und ich ab diesem Moment vergeistigt lächelnd durch unseren Alltag schwebten und vor innerer Ausgeglichenheit und immerwährender Glückseligkeit unsere Umwelt mit einer goldstrahlenden Aura behelligten.

All das taten wir nicht. Stattdessen jammerten wir weiterhin über unsere körperlichen Unzulänglichkeiten, zu wenig Zeit für uns, durchwachte Nächte und worüber man eben so jammern kann, wenn man Kinder hat. Aber früher oder später sagte dann immer eine von uns: »Wenn wir keine Kinder hätten, würden wir schnellstmöglich welche machen. Weil es das ist, was wir uns wünschen.«

Und dann erinnerten wir uns an jenen Abend und daran, dass wir exakt das hatten, was wir wollten, und fühlten auch noch viele Jahre später eine immer neue Dankbarkeit in uns aufsteigen. Eine Empfindung, die wunderbar schnell und nebenwirkungsfrei hilft gegen Unzufriedenheiten aller Art.

Besagter Abend ist mittlerweile fast fünfundzwanzig Jahre her. Er legte damals den Grundstein für ein tiefes Gefühl der Dankbarkeit, das mich seitdem durch diverse Krisen und schwierige Momente getragen hat.

Leider trug es mich nicht durch *alle* problematischen Situationen. Teils weil sich die Dankbarkeit streckenweise eine längere Auszeit genommen und vermutlich auf Bali einen Selbsterfahrungskurs besucht hatte, teils weil neben ihr ein paar Saboteure wie Unsicherheit, Schuldgefühle und Verzweiflung ihr Unwesen trieben.

Wir Eltern haben es oft schwer. Aber mindestens genauso oft gibt es eine Möglichkeit im Leben, die es uns leichter machen könnte – meist sogar mehrere.

Ich hoffe, ich kann euch mit diesem Buch einige dieser Möglichkeiten zeigen und nahebringen.

Manche von euch kennen mich vielleicht schon, weil sie eines meiner anderen Bücher gelesen oder gehört haben. Bei den anderen möchte ich mich kurz vorstellen: Ich bin Sophie Seeberg, Diplom-Psychologin mit dem Schwerpunkt

Familienpsychologie, und arbeite seit über zwanzig Jahren als Sachverständige für verschiedene Familiengerichte. Neben der Erstellung von Gutachten war ich in einer psychologischen Beratungsstelle sowie als Elterncoach in einem Institut für Heilpädagogik tätig und berate derzeit in eigener Praxis. Ich bin in zweiter Ehe verheiratet, habe zwei erwachsene Töchter und einen zwölfjährigen Bonus-Sohn. Ich liebe Kaffee, die Berge mittlerweile fast genauso sehr wie das Meer und wünsche mir sehnlichst, es möge endlich jemand das Beamen erfinden.

Dieses Buch entstand mit dem Ziel, eine Art persönlichen Ratgeber zu schreiben, der sich mit den Dingen beschäftigt, die ich selbst oder im nahen Umfeld erlebt habe, und der euch dabei unterstützen soll, euch zu entspannen, zurückzulehnen und zwischen nervenzerfetzenden Alltagsschwierigkeiten das große Ganze zu sehen. Und zu erkennen, dass alles gar nicht soooo schlimm ist wie gedacht, sondern fast immer richtig schön und wundervoll!

Ich hoffe, ich kann euch mit diesem Buch ein Gefühl von Zuversicht und Hoffnung geben und euch zeigen, dass niemand perfekt sein muss (und sein kann), dass es befreiend ist, eigene Fehler und Unzulänglichkeiten zu akzeptieren – und im besten Fall sogar darüber zu lachen und sie irgendwie lieb zu gewinnen – und dann das Gleiche mit den Unzulänglichkeiten des Partners, der Kinder, der Schwiegereltern und dem Rest der Welt zu tun. Dass dieses sinnvolle Vorhaben nicht immer gelingt, versteht sich von selbst, denn – wie schon gesagt – niemand kann und muss perfekt sein. Deshalb werde ich mich in diesem Buch nicht als vermeintlich allwissende Dozentin vor euch stellen und womöglich so was wie eine getippte Power-Point-Präsentation loswerden.

Vielmehr lade ich euch ein, es euch mit mir auf der Couch, in der Hollywoodschaukel, auf dem sommerlichen Bootssteg oder vor dem winterlichen Kamin gemütlich zu machen, einen

Kaffee oder auch mal einen Wein oder was auch immer zu trinken und zu entspannen.

Bevor es richtig losgeht, möchte ich noch etwas erklären: Ich verzichte oft darauf, alle Geschlechter und Formen des Zusammenlebens zu benennen – und zwar einzig und allein wegen der besseren Lesbarkeit. Ich schreibe dann beispielsweise Therapeut oder Arzt, meine aber sowohl die männlichen als auch die weiblichen Fachleute. Auch bei den Eltern verwende ich nicht bei jeder Fallbeschreibung die Formulierung »Vater oder Mutter«, »Ex-Partner oder Ex-Partnerin«, »Lebensgefährte oder Lebensgefährtin«. Ich benachteilige sozusagen alle Geschlechter gleichermaßen – je nachdem, um welches Thema es gerade geht.

Da mir heute, hier und jetzt sehr wichtig ist, dass dieses Buch leicht verständlich und angenehm zu lesen ist, will ich damit also weder Geschlechter noch gleichgeschlechtliches Zusammenleben oder andere Formen von Partnerschaft ausschließen, ganz im Gegenteil.

Letztlich geht es darum, wie wir uns als Menschen verhalten. Und darum hoffe ich, dass ihr euch in meinen Beschreibungen der Personen, ihrer Anliegen, Sorgen und Nöte wiederfindet – ungeachtet des jeweils zugeordneten Geschlechts und der tradierten Formeln und Klischees.

Ich werde fließend zwischen Erzählungen, Beispielen, Erinnerungen, Gedanken und dem einen oder anderen Tipp hin und her wechseln. Abschweifungen sind also »Teil des Ganzen« oder, wie es mein Mann Georg so schön zitiert: »*It's not a bug, it's a feature*«, was frei übersetzt so viel bedeutet wie: »Das sind keine Macken, das sind Special Effects.«

Und hier kommt mein erster Tipp: Denkt euch das gern häufiger in Bezug auf euch selbst, auf euren Partner und vor allem in Bezug auf eure Kinder. Kaum etwas an diesen liebenswerten Menschen ist tatsächlich ein *bug* oder Fehler. Mit ein wenig Abstand, einem anderen Blickwinkel (besonders empfehlenswert ist diesbezüglich der Kopfstand) und einem Lächeln auf den Lippen ist meist zu erkennen: *It's not a bug, it's a feature!*

»ICH HAB ALLES VERSUCHT! UND NICHTS HAT FUNKTIONIERT« — WAS IN VERFAHRENEN SITUATIONEN HILFT

»… und dann hab ich Flori im Schlafanzug in die Schule geschickt!« Katja saß mit Tine und mir in ihrem verstörend aufgeräumten Wohnzimmer und hatte rote Flecken im Gesicht, wie immer, wenn sie sich aufregte.

Tine war beeindruckt. »Jetzt kenn ich endlich jemanden, der das mit dem Schlafanzug tatsächlich gemacht und nicht nur angedroht hat. Respekt!«

»Aber es hat gar nix gebracht!«

»Äh, wie jetzt?«

»Flori fand es total cool, mit dem Spiderman-Schlafanzug in die Schule zu gehen. Und seine Kumpels genauso. Die wollen morgen auch im Schlafanzug kommen.«

Tine und ich prusteten los.

»Ja, lacht nur. Floris Lehrerin fand das gar nicht lustig. Die hat gleich in der Pause eine Nachricht an die WhatsApp-Klassengruppe geschrieben, dass man die Kinder doch bitte in angemessener Kleidung in die Schule schicken möge. Mir hat sie dann noch eine extra Nachricht geschickt. Wartet …

Hier: ›Ich gehe davon aus, dass die Kleidung Ihres Sohnes ein einmaliger Ausrutscher war. Sollte dies noch einmal vorkommen, muss ich entsprechende Maßnahmen ergreifen.‹ Und das, wo es doch gerade wieder ganz okay lief mit Frau Rommelsberger!«

Tine strahlte noch immer, so begeistert war sie, dass sie endlich jemanden kannte, der das mit dem Schlafanzug »in echt« durchgezogen hatte. Und so erklärte sie unbesorgt: »Ach, die Rommelsberger ist doch inzwischen ganz harmlos. Um die musst du dir keine Sorgen machen! Ich find's super, dass du das gemacht hast! Du bist so krass!«

Ich konnte Tines Begeisterung nicht recht teilen, sondern fühlte mich mies, weil mir klar war, dass Katja einen immensen Leidensdruck gehabt haben musste, um zu solch einer Maßnahme zu greifen. Denn normalerweise waren ihre Kinder immer sauber und selbstverständlich angemessen gekleidet. Ihr Haus war stets verblüffend ordentlich. Egal, zu welcher Tages- oder Nachtzeit man es betrat, immer war es überall aufgeräumt und frisch geputzt. Kurz gesagt: Katja ist eine jener Frauen, zu denen Tine und ich nie gehören werden, selbst wenn wir uns noch so sehr bemühen.

Es war uns völlig rätselhaft, wie Katja diese Ordnung und Sauberkeit hinkriegte, zumal sie zusätzlich jeden Tag kochte – also so richtig mit frischem Gemüse und einer Soße, die sie selbst zubereitete, statt sie wie Tine und ich aus einer Fertigpackung zum Aufwärmen in den Topf zu kippen. Obendrein kümmerte sie sich neben den drei Kindern und dem ganzen Haushaltskram auch noch um die Buchhaltung des Schreibwarenladens ihrer Eltern und half dort regelmäßig aus. Und selbstverständlich machte sie mindestens dreimal pro Woche Sport, war niemals ungeschminkt oder verließ gar in Jogginghosen das Haus. Außer natürlich sie ging joggen, aber das tat sie in engen Funktionssporthosen und nicht etwa in diesen ausgeleierten Pseudo-Yogahosen, die Tine und ich als Jogginghosen bezeichneten – und in denen wir meist nur auf dem Sofa herumlungerten, statt Yoga zu machen oder uns anderweitig körperlich zu betätigen. Mein Bonus-Sohn Simon nennt diese Art Hose übrigens sehr treffend »Gemütlichhose«.

Und Katja würde niemals in einer Gemütlichhose Sport machen, geschweige denn damit aus dem Haus gehen. Diese Art Frau ist Katja.

Glücklicherweise ist sie mit einem wunderbaren Sinn für Humor und einem großen Herzen gesegnet. Niemals rümpft sie die Nase, wenn sie bei Tine oder mir in einem für sie sicher völlig indiskutabel chaotischen Wohnzimmer sitzen muss oder wenn eine von uns mal wieder ungeschminkt und in besagter Gemütlichhose zu einem Treffen erscheint.

Nun, da ihr Katja ein klein wenig kennengelernt habt, könnt ihr euch also vorstellen, in welch großer Verzweiflung sie gehandelt haben muss, als sie ihren Sohn im Schlafanzug in die Schule schickte. Und ich hatte gar nicht gewusst, dass meine Freundin, die ich mindestens zweimal in der Woche traf, ein so großes Problem hatte!

»Katja«, begann ich vorsichtig. »Warum hast du denn nie was gesagt? Wir hätten dir doch vielleicht helfen können.«

Katja schnaubte. »Weil ich so was von unfassbar genervt bin von Florian. Und von mir. Das … Ich hatte das Gefühl, wenn ich erst mal davon anfange, dann hör ich nie wieder auf, mich auszukotzen und zu beklagen und auf Flori und mich zu schimpfen. Und so was kann ich nicht ausstehen!«

»Also, von mir aus kannst du dich ruhig stundenlang auskotzen. Dazu sind Freundinnen schließlich da.«

»Aber echt!«, ereiferte sich Tine. »Das gehört doch dazu! Und außerdem hätten wir ja irgendwie irgendwas helfen … oder eben einfach nur zuhören können!«

»Hm …« Katja klang nicht überzeugt.

»Ist ja auch egal, denn immerhin hast du es jetzt gesagt. Zumindest so grob. Also … magst du vielleicht mal von Anfang an erzählen?«

Und das tat Katja dann auch.

Florian war sechs Jahre alt und ging in die erste Klasse. Seine kleine Schwester Marie war vier und besuchte den nahe gelegenen Kindergarten. Dann gab es noch Leni, die damals gerade ein Jahr alt war. Und natürlich Anton, den Golden Retriever. Katjas Mann Uli arbeitete als Anwalt, verließ das Haus oftmals schon, bevor die Kinder wach wurden, und kam häufig recht spät nach Hause.

Katja war unter der Woche also mehr oder weniger allein mit dem Hund und den drei Kindern, was aber bisher nie ein Problem gewesen war.

Sie war gut organisiert, und bis vor ein paar Wochen war alles reibungslos gelaufen.

»Moment mal«, schaltete sich Tine ein. »Ein paar Wochen? Du hast schon seit ein paar Wochen ein Problem und … Mann, ey! Nächstes Mal sagste aber früher was!«

»Ich dachte ja erst, dass es nur eine kurze Phase ist«, verteidigte sich Katja. »Ich meine, ein paar nicht so tolle Tage, die hat doch jeder mal.«

Da hatte sie natürlich recht. Es sollte sich allerdings herausstellen, dass die »paar nicht so tollen Tage« zu sehr vielen zumindest katastrophalen Morgen mutiert waren.

Es hatte damit begonnen, dass Florian nicht wie sonst nach dem Wecken aufgestanden, sondern einfach im Bett geblieben und ein paarmal sogar wieder eingeschlafen war.

Natürlich hatte das den gesamten generalstabsmäßigen Plan von Katja durcheinandergebracht, es war dadurch hektisch und die allgemeine Laune entsprechend mies geworden. Kein schöner Tagesbeginn.

Schließlich hatte Katja bereits am Abend vorher mit Florian gesprochen und ihn daran erinnert, dass er – wie früher – bitte gleich aufstehen müsse, damit es morgens nicht so stressig wurde. Das hatte Florian verstanden, sich sogar entschuldigt – und war am nächsten Morgen abermals liegen geblieben.

Vielleicht braucht das Kind einfach mehr Schlaf, hatte sich Katja gedacht und versucht, Florian früher zu Bett und somit zum Schlafen zu bringen – erfolglos.

Also hatte sie ihren Morgenplan umgestellt, sodass Florian länger schlafen konnte. Das hatte funktioniert, aber nur am ersten Tag. Bereits am nächsten Morgen hatte Katjas Sohn beim Anziehen getrödelt, und wieder war es hektisch und spät geworden. Dann hatte Marie mit Florian wegen des Frühstücks gestritten. Leni hatte gebrüllt. Und Katja am Ende auch.

»Das find ich das Allerallerschlimmste! Dass ich laut geworden bin. Ich hasse Leute, die laut werden! Das ist das Allerletzte! Und vor allem: Es bringt GAR nix! Im Gegenteil, sogar Anton hab ich nervös gemacht! Das muss man erst mal schaffen!«

Natürlich hatte Katja es am folgenden Morgen anders versucht. Und dann wieder anders. Und wieder anders. Das Ergebnis war jedoch gleich geblieben: ein hektischer, unfreundlicher Morgen, quengelnde, bockige Kinder, miese Stimmung, ein brüllendes Kleinkind und ein aufgeregter Hund.

»Ich hab wirklich alles versucht. Alles! Ich hab Floris Klamotten am Tag vorher mit ihm rausgesucht und hingelegt, ich bin eine Stunde früher aufgestanden, um alles fertig zu haben, wenn ich die Kinder wecken musste, ich hab am Abend vorher mit Flori und Marie darüber geredet, wie der Morgen abläuft, ich hab jeden *fucking* Ratschlag aus dem Internet befolgt. Jeden! Und NIX hat geholfen!«

Katjas Gesicht hatte inzwischen keine roten Flecken mehr, sondern glich einer Tomate. Sie war ratlos und vollkommen verzweifelt.

Ich nahm sie in den Arm. »Was für ein Horror!«

»Aber echt!«, schaltete sich Tine ein. »Ich bin schon vom Zuhören total gestresst. Kann denn Uli nicht helfen?«

»Er hat gerade so viel Arbeit … und als er einmal später losgefahren ist, um mich zu unterstützen, haben wir uns am Ende auch noch gestritten. Und wir streiten sonst nie!«

»O Gott! Das klingt wirklich grausig. Wenn Anna in die Schule kommt, brauchen wir ein Kindermädchen.« Tine sah aus, als wollte sie noch an diesem Tag sämtliche Au-pair-Agenturen anschreiben, um in zwei Jahren, wenn ihre Tochter eingeschult würde, auf der sicheren Seite zu sein.

»Was mach ich denn jetzt?«, kam es leise von Katja. »Durch meine Aktion heute Morgen hab ich nicht nur Ärger mit Frau Rommelsberger und vermutlich ein paar Eltern, die es nicht so toll finden, dass ihre Söhne morgen im Schlafanzug zur Schule wollen, weil Flori das schließlich auch so macht, sondern überhaupt keinen Plan, wie es weitergehen soll! Abgesehen davon, dass Flori ab jetzt jeden Tag so zur Schule will!«

»Na ja«, ließ sich Tine vernehmen, »Flori ist doch nicht doof, dem kannst du doch erklären, dass das nicht geht. Und bestimmt will er auch nicht, dass du deswegen Ärger bekommst. Obwohl es sicher total bequem ist, so im Schlafanzug in der Schule. Und was man da an Zeit spart … Also, ich finde die Idee ja …«

»… nicht hilfreich«, unterbrach Katja sie.

Ich war mir sicher, dass sowohl bei Katja als auch bei den Kindern und sogar bei dem eigentlich stets tiefenentspannten Hund der Morgen mittlerweile abgespeichert war als hochgradig stressig. Also starteten alle schon von vornherein und ohne irgendwelche besonderen Vorkommnisse in Alarmbereitschaft und angespannt in den Tag.

Jeder von uns kennt vermutlich diese Art Situation. Sei es der immer hektische Morgen, der Besuch der Schwiegermutter, der Termin beim Zahnarzt oder wahlweise beim Steuerberater – es gibt Momente, in denen wir nichts Gutes erwarten. Und in denen schon allein deshalb kaum etwas Gutes passieren kann.

Ich finde, wir sollten dem Guten ein wenig Hilfestellung leisten. Wie wäre das?

Natürlich ist das leichter gesagt als getan, und auch ich bin nicht immer in der Lage dazu. Es gibt Tage, da gelingt es mir sogar nur ganz selten bis gar nicht.

Trotzdem ist es gerade in schwierigen Zeiten hilfreich, wenn wir uns fragen, ob wir dem Guten womöglich gerade die Tür vor der Nase zugeschlagen haben. Falls ja: schnell wieder aufmachen, freundlich lächeln und fragen, ob es nicht reinkommen möchte.

Im Hinblick auf Katja wusste ich nicht, was genau das Problem beziehungsweise die Ursache für den Beginn des Stresses am Morgen war.

Und ich ging davon aus, dass ich selbst durch intensives Nachfragen nicht unbedingt dahinterkommen würde. Es war schon eine Menge Zeit vergangen, und das Problem hatte sich verselbstständigt. Es war gewachsen und konnte sich vermutlich selbst nicht mehr an die Zeit erinnern, als es noch klein gewesen war. Inzwischen war es nämlich groß und mächtig und hatte es sich zur Gewohnheit gemacht, den Morgen in Katjas Familie mit Stress, Streit und Verzweiflung zu fluten.

Ich kannte Katja und wusste, dass sie von Natur aus zwar einen perfektionistischen Ansatz verfolgte, den sie manchmal (zu sehr) auf ihre Kinder übertrug, aber ich wusste auch, dass sie normalerweise viel lachte, überhaupt nicht gerne stritt oder sich in schlechter Stimmung verlor, sondern sich sehr wünschte und viel dafür tat, dass es zu Hause fröhlich und harmonisch zuging.

»Vielleicht hab ich noch eine Idee, die du ausprobieren könntest«, erklärte ich.

»Glaub ich nicht«, erwiderte Katja. »Ich hab alle Tipps durch. Alle!«

»Davon gehe ich aus. Ich befürchte allerdings, dass du schon seit längerer Zeit keine Chance mehr hattest, egal welchen guten Ratschlag du befolgt hast. Weil das Problem bereits zu groß war und hinterrücks alles sabotiert hat, was du ausprobiert hast.«

Tine sah mich an, als hätte ich nicht mehr alle Tassen im Schrank. »Das klingt ja voll gruselig! Als säße bei Katja ein fieser Hausgeist im Schrank, der heimlich Wecker verstellt, Klamotten verschwinden lässt und Leni zwickt, damit sie anfängt zu schreien.«

Ich musste lachen. »Genau *so* ist es vermutlich nicht, aber so ähnlich.«

Katja lächelte matt. »Also, ehrlich gesagt würde mich das beruhigen, wenn da irgendwas wäre, was uns daran gehindert hat, einen entspannten Morgen zu haben. Also, vorausgesetzt, man kann was dagegen tun. Die Ghostbusters rufen oder so …«

»Die werden wir nicht brauchen«, erwiderte ich und war erleichtert, dass meine Freundin nicht mehr ganz so entnervt wirkte. »Ich glaube, das Hauptproblem liegt aktuell darin, dass der Gedanke ›Es ist Morgen‹ bei euch inzwischen so negativ besetzt ist, dass ihr alle gar nicht mehr entspannt sein *könnt*. Ich finde es super, dass du so viel ausprobiert hast. Und wenn du mich vor ein paar Wochen gefragt hättest, dann hätte ich dir vermutlich genau diese Ratschläge gegeben: früher aufstehen, so viel wie möglich vorab planen und regeln, all diese Dinge. Allerdings geht es bei euch wahrscheinlich gar nicht mehr darum, wer wann aufsteht, sondern darum, den Morgen wieder zu entstressen. Für euch alle.«

Katja schaute mich nachdenklich an. »Hm. Stimmt schon. Aber was hab ich denn falsch gemacht, dass es so weit gekommen ist und morgens alles so scheiße läuft?«

Sosehr ich mich über Eltern freue, die Verantwortung übernehmen und sich fragen, was sie besser machen können, so wenig hilfreich ist manchmal die Frage danach, was man falsch gemacht hat – insbesondere bei Müttern wie Katja, die, wenn nicht alles perfekt läuft, allzu schnell dazu neigen, sich als schlechte Mutter zu sehen. In diesen Fällen ist es sinnvoll, sich einzig auf Gegenwart und Zukunft zu fokussieren und das Vergangene vergangen sein zu lassen.

»Du hast gar nix falsch gemacht, Katja. Manchmal läuft etwas blöd, ganz ohne dass du was dafürkannst. Die gute Nachricht ist: Ich glaube, wir werden es schaffen, dass ihr morgens wieder fröhlich sein könnt.«

Ich gebe zu, das war ein wenig hoch gegriffen, denn es gibt Menschen, die *können* morgens nicht fröhlich sein. Ich zum Beispiel. Also, grundsätzlich kann ich das schon. Wenn man mich ausschlafen lässt. Dann kriege selbst ich es hin, gut gelaunt aufzuwachen und so den Tag zu beginnen. Wenn ich jedoch früh aufstehen muss, also Kind-zur-Schule-fertig-machfrüh, dann bin ich in erster Linie müde. Und zwar so müde, dass ich zwar liebevoll, geduldig und bestenfalls ausgeglichen bin, aber fröhlich? Nein. Das ist definitiv zu viel verlangt.

Es gibt aber Menschen, die dazu in der Lage sind. Mir persönlich ist es ein völliges Rätsel, wie das geht, und ich beneide und bewundere jeden, der die Fähigkeit zur generellen Morgenfröhlichkeit besitzt, aus vollem Herzen. Solltet ihr zu dieser Sorte Mensch gehören: Glückwunsch! Beginnt den Tag bitte gern so richtig fröhlich! Wir anderen müssen uns damit begnügen, am Morgen so positiv gestimmt wie möglich und

26

vielleicht sogar ausgeglichen zu sein. Und das ist dann schon eine ganze Menge.

Wäre es nicht großartig, wenn jeder an jedem Morgen so gut wie möglich in den Tag starten könnte? Wie würde die Welt wohl aussehen, wenn niemand in der Früh gestresst oder übellaunig wäre? Vermutlich ein bisschen besser. Wer weiß. Ich finde, einen Versuch ist es wert.

Und deshalb: Lasst uns doch in der nächsten Zeit – und dann eventuell sogar immer – darauf achten, dass wir und unsere Liebsten einen bestmöglichen Start in den Tag haben.

»Was mach ich denn nun, damit es morgens wieder nett wird bei uns? Ich krieg nämlich schon die Krise, wenn ich nur dran denke, dass Flori rumtrödelt oder ewig braucht, um sein Frühstück zu essen. Da könnt ich … Woah! Ich bin schon sauer, bloß weil ich euch davon erzähle!«

»Völlig verständlich und ganz und gar menschlich«, beruhigte ich sie. »Das war alles so stressig und nervig in der letzten Zeit – ist doch logisch, dass du da inzwischen empfindlich bist.«

Ich zögerte. Ich hatte einen für mich persönlich todsicheren Trick, wie ich sofort und umgehend nicht mehr genervt war von Dingen, die jemand, den ich liebte, tat. Allerdings war ich nicht sicher, ob dieser Trick für Katja gerade das Richtige war. Möglicherweise ja schon. Das sollte sie selbst entscheiden.

»Als Erstes ist es wichtig, dass du nicht mehr so genervt bist von Flori.«

»Ja, klar. Bin ich aber nun mal.«

»Ich weiß. Und man kann natürlich nicht immer verhindern, genervt zu sein, wenn jemand etwas macht, was nun mal nervig ist. Aber man kann das Gefühl abschwächen.«

»Und wie?«

»Na ja, da gibt es verschiedene Techniken …«

»Sag jetzt nicht, ich soll morgens noch früher aufstehen, um zu meditieren. Hab ich probiert. Hat nix gebracht!«

»Ich finde es großartig, was du dir für eine Mühe gibst. Und es tut mir so leid, dass du jedes Mal frustriert wurdest, weil es nicht geholfen hat. Das war nämlich alles sinnvoll, was du ausprobiert hast.«

»Jaja«, maulte Katja. »Aber was unternehm ich denn nun gegen mein Genervtsein? Außer alberne Atemübungen zu machen, zu meditieren oder mir ein Vision Board mit Grinse-gesichtern zu basteln.«

Ich atmete tief durch. »Ich verrate euch jetzt, was ich mache, wenn ich genervt bin. Es ist ein bisschen drastisch, aber es funktioniert sofort und todsicher. Zumindest bei mir. Und wahrscheinlich auch bei euch. Also … wenn Sven zum Beispiel wieder mal einen Ohrwurm hat und immer und immer wieder die gleichen paar Takte vor sich hin singt, dann nervt mich das manchmal so sehr, dass ich am liebsten umgehend das Zimmer, das Haus und vielleicht sogar das Land verlassen möchte.«

Tine und Katja kicherten, dann erklärte Katja: »Du kannst doch nicht das harmlose Herumgesinge deines Mannes mit Floris nervtötendem Getrödel vergleichen!«

»Doch. Kann ich. Es ist nämlich mindestens genauso ner-venzerfetzend. Aber gut, dann anders: Statt seine Klamotten in die Wäsche zu stecken oder zumindest auf eine Stuhllehne zu legen, lässt Sven sie ständig überall rumliegen. Egal wie oft ich ihn darum bitte, den Kram nicht einfach auf den Boden zu werfen, er kriegt es nicht hin, das zu ändern. Und es gibt Tage, da bin ich echt so richtig sauer und fühl mich persönlich ange-griffen, wenn ich wieder mal seine Socken aufheben und in die Wäsche packen muss.«

Hier erntete ich Verständnis von Tine und Katja. Das kannten beide.

»Okay, und was machst du, damit du nicht mehr sauer bist?«, fragte Tine gespannt.

»Ich stelle mir vor, Sven wäre tot.«

»WAS?!«

Katja und Tine sahen mich gleichermaßen fassungslos an.

»Du machst … WAS?!«

»Ich stelle mir vor, Sven wäre tot. Ich male mir so realistisch wie möglich aus, dass er einen Autounfall oder eine schlimme Krankheit oder so was gehabt hätte und tot wäre.«

»Äh … Sophie … das … ähm …«

Ich schaute in verständnislose und ein wenig besorgte Gesichter.

Aber da musste ich jetzt durch. Also erklärte ich weiter: »Ja, ich stelle mir vor, Sven wäre tot. Und zwar so, dass ich es *wirklich* fühlen kann. So richtig! Versteht ihr?«

Katja und Tine starrten mich stumm an.

»Das wäre nämlich ganz und gar furchtbar, wenn Sven tot wäre. Ganz schrecklich! Supermega-grauenhaft! Und wie sehr würde ich mir dann wohl wünschen, noch einmal seine Socken vom Boden aufheben zu dürfen? Sehr! Sehrsehrsehr!«

»Aber … Aber das ist doch Quatsch.«

»Klar ist das Quatsch. Sven ist ja Gott sei Dank nicht tot. Was ich da mache, ist einfach nur, das Ganze in die richtige Perspektive zu rücken. Versteht ihr?«

»Das ist aber 'ne ziemlich morbide Perspektive, Sophie.«

»Stimmt. Aber sie wirkt. Weil ich dann nämlich sofort nicht mehr genervt oder sauer bin, sondern dankbar dafür, dass Sven eben *nicht* tot ist und ich seine Socken aufheben darf, weil er nämlich lebt und sie auf den Boden schmeißen kann.«

»Ernsthaft? Du stellst dir vor, Sven wäre tot, und bist dann *dankbar* dafür, dass er nicht in der Lage ist, seine Stinkesocken in die Wäsche zu räumen? Also, das würde bei mir nicht funktionieren.« Tine war regelrecht empört.

»Muss ja gar nicht bei jedem funktionieren. Trotzdem glaube ich, dass der Tod ein wirklich guter Ratgeber sein kann.«

Tine verdrehte die Augen. »Wie zur Hölle sind wir eigentlich vom trödelnden Flori zum Tod als gutem Ratgeber gekommen?«

Katja, die bislang nur still zugehört hatte, legte Tine eine Hand auf den Arm. »Ich glaub, ich verstehe, was Sophie meint. Es ist gar nicht so blöd.«

Tine verschränkte die Arme. »Aber ich will mir doch nicht jedes Mal, wenn ich genervt bin, vorstellen, mein Mann und meine Kinder wären tot.«

Ich musste lachen.

»Das musst du ja auch gar nicht. Mensch, Tine, mir hilft das eben, trotz Genervtheit so schnell wie möglich wieder klar zu haben, wie dankbar ich bin, dass Sven da ist. Weißt du, im Angesicht seines möglichen Todes ist es doch scheißegal, ob Sven seine Socken wegräumt oder nicht. Räum ich sie halt weg. Wo ist das Problem? Es ist überhaupt nicht wichtig, wie er mit seinen Klamotten umgeht. Wichtig ist, dass er da ist und dass ich mein Leben mit ihm teilen kann. Was ich also tatsächlich tue, wenn ich mir Svens Tod zusammenfantasiere, ist nichts weiter, als mich auf das Wesentliche zu besinnen und mir klarzumachen, dass das, worüber ich mich gerade aufrege, eigentlich total unwichtig ist. Ich finde wirklich, dass der Tod in solchen Situationen ein guter Berater ist. Das ist er nämlich auch ganz generell.«

Ich merkte, dass Tine nun ebenfalls verstanden hatte, was ich meinte, denn sie ließ die verschränkten Arme sinken und schaute mich nachdenklich an. »Hm …«, machte sie. »Ich versteh schon, aber ich … Ich meine, ich will doch nicht ständig ans Sterben denken. Das ist total … ich weiß nicht, das macht mich doch traurig. Dich nicht?«

»Nein. Im Gegenteil. Es macht mich dankbar. Und glücklich. Und entspannt und geduldig. Weil mir durch den Gedanken an den Tod bewusst wird, wie verdammt unwichtig die meisten Dinge sind, über die ich mich aufrege oder die mich nerven. Klar kann man auch weniger drastische Mittel wählen und sich zum Beispiel fragen, ob das, worüber man sich gerade ärgert oder sorgt, in zehn Jahren auch noch wichtig oder nicht vielleicht scheißegal wäre, aber ich finde, das hat keine Wucht. Und ich brauche halt manchmal was mit Wucht. Ich mag mich nämlich viel lieber, wenn ich eine Sophie bin, die gelassen und lächelnd die Socken ihres Mannes aufhebt und einfach dankbar ist, dass er da ist und Socken rumliegen lässt. Denn das ist nicht selbstverständlich, sondern ein großes Glück und ein Grund, sich zu freuen.«

»Na gut …«, murmelte Tine. »Ich geb's echt ungern zu, aber ganz vielleicht hast du recht.«

Katja schmunzelte. »Dieses Dankbarkeitsdings ist tatsächlich gar nicht so verkehrt«, meinte sie. »Wisst ihr noch, damals, als uns klar geworden ist, dass wir, wenn wir single und kinderlos wären, uns recht bald einen Partner suchen würden oder zumindest ein paar Kinder bekämen?« Sie kicherte. »Nur dass wir uns da nicht vorgestellt haben, irgendwer sei gestorben.«

»Es geht eben am schnellsten und am effektivsten, wenn man an den Tod denkt. Jedenfalls für mich«, verteidigte ich mich. »Ich mag mich am liebsten, wenn ich geduldig, gelassen, entspannt, dankbar und glücklich bin. Und ich bin sicher, dass das auch für meine Kinder und überhaupt alle um mich rum viel besser ist als eine gestresste und genervte Sophie. Oder seht ihr das anders?«

»Blöde Frage«, blökte Tine. »Natürlich nicht. Trotzdem hätte ich gedacht, dass ihr Psychotanten andere Wege zum Runterkommen habt, als euch vorzustellen, der eigene Mann sei tot. Und die Kinder! O Gott!«

»Ach du liebe Zeit«, flüsterte Katja. »Du meinst, ich sollte mir vorstellen, *Flori* sei tot?« Umgehend traten Tränen in ihre Augen.

»Na toll.« Tine knetete ihre Hände.

Ich fühlte mich schrecklich. »O Mann, ich wollte doch nicht … Alles, was ich möchte, ist, dass du dich drüber freust, Flori bei dir zu haben. Und dass du aufhörst, genervt von ihm zu sein, und wieder siehst, was für ein Wunder da bei dir zu Hause wohnt. Ein Wunder, das morgens trödelt. Na und? Ich bin mir sicher, dass du sogar das Trödeln lieben kannst, wenn es sein muss.«

Katja putzte sich geräuschvoll die Nase.

»Bitte entschuldige, das ist vielleicht nicht die richtige Methode für dich. Nur weil es bei mir so prima funktioniert, heißt das ja nicht …«

»Schon okay«, schniefte Katja. »Sag mal, wie machst du das denn sonst so mit dem Tod als Berater? Wenn dich allgemeine Sachen nerven, stellst du dir dann vor, dass du selbst tot wärst, oder wie?«

»Äh … so ähnlich. Aber willst du das wirklich wissen?«

»Ja, klar. Sonst hätt ich doch nicht gefragt«, erwiderte Katja, nun schon wieder gefasster.

»Na ja«, begann ich, »in anderen Situationen frage ich mich zum Beispiel: ›Wenn ich wüsste, dass ich nur noch einen Monat oder eine Woche zu leben hätte, wäre es das hier dann wert, mich zu ärgern, in Stress zu geraten oder mich nerven zu lassen?‹ So kann ich in Sekundenschnelle wieder klar erkennen, was wichtig ist und was nicht.« Ich seufzte. »Bitte entschuldigt, ich … das war vielleicht echt 'ne blöde Idee von mir. Ich meine, bei mir funktioniert das toll, aber es macht mich nicht traurig wie euch. Man kann natürlich auch auf anderen und weniger morbiden Wegen an den Punkt gelangen, dankbar und entspannt zu sein.«

Katja lächelte. »Also ehrlich gesagt glaube ich, dass es tatsächlich funktionieren könnte.«

»Musste halt immer 'ne Stunde früher aufstehen, um erst in Ruhe heulen zu können, weil du dir vorstellst, irgendjemand hätte deine gesamte Familie niedergemetzelt, und dann mühsam das verheulte Gesicht zu restaurieren. Aber wenn es funktioniert, hey, dann machste das so.« Tine grinste mich an. »Komische Psychotipps hast du. Echt jetzt mal.«

Ich glaube, ihr habt viel schneller verstanden, worum es mir geht, als Katja und Tine. Stimmt's?

Und vielleicht probiert ihr diesen »komischen Psychotipp« ja irgendwann mal aus. Eventuell braucht es ein wenig Übung. Bei mir laufen diese Gedankengänge mittlerweile in Sekundenschnelle ab. Katja erzählte mir, dass sie anfangs recht lange dafür gebraucht hat, weil sie tatsächlich jedes Mal anfing zu weinen. Aber es half ihr, und nach einer Weile konnte sie ohne vorherige Tränen entspannen und dankbar sein, dass sie all ihre Lieben nach wie vor um sich hatte.

Natürlich war Katjas morgendlicher Stress nicht mit diesem einen Gedanken an den Tod aus der Welt geschafft. Aber die neue Einstellung legte den Grundstein dafür, dass es überhaupt wieder in Richtung Entspannung gehen konnte.

So wie Katja geht es vielen Eltern: Sie bemühen sich, setzen gute Ratschläge um – und scheitern, ohne zu wissen, wieso. Das Problem erscheint unlösbar, egal welchen Erziehungstipp oder welchen Ratschlag von Beziehungsexperten man versucht umzusetzen, weil einer oder alle inzwischen schlicht und ergreifend zu genervt und frustriert sind. Und wenn wir nicht erkennen, dass die miese Stimmung dazu tendiert, alle Lösungsversuche von vornherein zu sabotieren, dann enden wir höchstwahrscheinlich bei einem verzweifelten »Ich hab ALLES versucht und NICHTS hilft!«.

Wer diesen Satz schon einmal gedacht hat, weiß, wie macht- und hoffnungslos man sich in solchen Momenten fühlt. Und leider folgt dem meist noch der Gedanke: Es muss irgendwas mit dem Kind verkehrt sein. Oder mit einem selbst. Dabei ist in den meisten Fällen absolut nichts falsch – weder mit den Kindern noch mit den Eltern. Trotzdem sitzen sie fest in einem Teufelskreis aus Genervtheit, Stress, Hoffnungslosigkeit und Verzweiflung.

Die gute Nachricht ist, dass wir aus diesem Teufelskreis wieder rausfinden können. Beispielsweise indem wir den Blickwinkel verändern.

»Okay.« Katja sah mich erwartungsvoll an. »Ich bin nicht mehr genervt, sondern saufroh und dankbar, dass meine Kinder nicht tot sind.«

Tine kicherte. »Entschuldigt, ich finde nach wie vor, dass das wenig nach professioneller psychologischer Beratung klingt.«

Ich überging ihre Bemerkung und atmete tief durch.

»Ha!«, rief Tine. »Jetzt hast du dir gerade vorgestellt, *ich* wäre tot, und warst dann doch ganz froh, dass ich hier sitze und blöde Kommentare abgebe. Stimmt's?«

Wir lachten. »Ja, so ähnlich«, gab ich zu. Dann wandte ich mich an Katja. »Ganz ehrlich? Ich fürchte, dass ihr ein ziemlicher Härtefall seid, denn wenn *du* deinen Sohn im Schlafanzug in die Schule schickst, dann muss die Verzweiflung gigantisch sein. Deshalb glaub ich nicht, dass es reicht, wenn du versuchst zu entspannen und die normale Routine wieder aufnimmst. Denn deine Kinder sind ja ebenfalls gestresst und brauchen definitiv eine andere Möglichkeit, um wieder gelassen in den Morgen zu starten.«

Tine gluckste. »Ich bin echt froh, dass du Katja nicht rätst, Flori aufzufordern, sich einfach vorzustellen, die Mama sei tot, damit er sich hinterher freut, dass sie doch noch lebt.«

Ich schaute Tine ausdruckslos an.

»Und jetzt biste gerade wieder froh, dass ich nicht tot bin, richtig?«

»Fragt sich nur, wie lange noch …«, murmelte ich grinsend.

An Katja gewandt erklärte ich: »Ich glaube, es wäre gut, wenn du in eurer Morgenroutine irgendwas *ganz* anders machen könntest als sonst, damit die Kinder verstehen, dass es ab jetzt nicht mehr so läuft wie vorher.«

»Äh … was denn? Morgens muss man sich halt anziehen, frühstücken und dann los zu Schule und Kindergarten. Das ist eben so. Daran kann ich nun mal nichts ändern.«

»Es reicht, wenn Flori, Marie und Leni merken, dass etwas anders ist als sonst. Du könntest zum Beispiel statt am Esstisch zukünftig am Küchentisch Frühstück machen. Ist sowieso praktischer. Oder es könnte etwas anderes zum Frühstück geben, am besten etwas, was sie mögen und toll finden.«

»Oder du ziehst dir ab sofort morgens ein Clownskostüm an!« Tine war mal wieder in ihrem Element. »Es gibt Schokomuffins statt Obst und für jedes Kind eine Cola! Außerdem hängst du 'ne Discokugel an die Decke und lässt in Dauerschleife dieses Lied laufen … na, Dings … *Veo veo – que ves una cosita y que cosita es …*«

Katja und ich stöhnten auf. Dieser Ohrwurm war uns nun für die nächsten Tage sicher.

(Ich höre einige von euch ebenfalls aufstöhnen. Bitte verzeiht.)

»Du könntest auch den Ablauf ändern, wenn das halbwegs sinnvoll machbar ist«, erklärte ich, um von Tines Ideen abzulenken.

»Langweilig!«, kam es prompt von ihr.

Katja lächelte und meinte: »Also, ich überleg mal. Ehrlich gesagt würde ich schon gern irgendwas machen, was so ein klein bisschen … mehr Tine ist.«

»Ha!« Tine reckte die Siegerfaust in die Höhe. »Ich besorge dir sofort ein Clownskostüm!«

»Das hast du nun davon.« Ich bedachte Katja mit einem mitleidlosen Blick.

Die kicherte und fragte: »Kann ich sonst noch etwas tun? Außer dem Clownskostüm, meine ich.«

»Zunächst mal: mit den Kindern reden. Und mit Uli. Am besten setzt ihr euch heute Abend zusammen. Marie wird zwar nicht so mitreden und verstehen können wie Flori, aber sie bekommt mit, um was es geht. Genauso wie Leni.«

»Und Anton.«

»Genau, der auch.«

»Und über was reden wir dann?«

»Na ja, den Trick mit dem Tod erklärst du Uli sicherheitshalber erst, wenn die Kinder im Bett sind und nichts davon mitbekommen. Ansonsten ist Ehrlichkeit am besten. Die drei haben ja gemerkt, wie doof es in den letzten Wochen lief. Wichtig ist, dass ihr ohne Schuldzuweisungen und Vorwürfe auskommt. Das klingt leicht, ist es aber manchmal gar nicht. Mach dir klar, dass es nicht um die Vergangenheit geht. Die kannst du nicht mehr ändern. Es geht um das Jetzt und um die Zukunft. Und da ist es egal, wer warum was wie womöglich nicht gut gemacht hat.«

»Also sage ich, dass es mir leidtut, dass es die letzten Wochen so doof lief. Das kann ich doch sagen, oder?«

»Ja, klar. Das ist in Ordnung. Und dann erzählst du, dass es ab jetzt wieder einen schönen Start in den Tag geben wird. Dass du besser gelaunt sein wirst und was du sonst noch planst, anders zu machen.«

»Kann ich die Kinder denn fragen, was sie gern anders hätten? Das wär doch bestimmt schön und …«

»Also, wenn ich Flori wäre«, unterbrach Tine, »dann würd ich mir Schokoladenkuchen zum Frühstück wünschen und jeden Tag im Schlafanzug zur Schule wollen und …«

Ich musste über Tine lachen, die mit einem breiten Strahlen im Gesicht dasaß und sich ganz offensichtlich über den imaginären Schokokuchen zum Frühstück freute.

»Wenn du Flori einfach fragst, was er sich wünscht, kann es dir passieren, dass er tatsächlich loslegt wie Tine, sodass du dauernd Nein sagen musst, was dann für alle blöd ist. Du kannst aber so was sagen wie: ›Du trägst zur Schule ja etwas anderes als deinen Schlafanzug. Wie können wir es denn einrichten, dass es für dich leicht ist, dich anzuziehen?‹ Du kannst ihm ein paar Möglichkeiten anbieten. Zum Beispiel, dass er am Abend die Kleidung aussucht und zurechtlegt oder dass ihr quasi morgens ein Spiel macht: Du stoppst die Zeit, die er zum Anziehen braucht, und machst eine Liste. Und am Ende der Woche wird der Gewinnertag ermittelt und die Rekordzeit auf ein Schild gemalt oder auf eine gebastelte Medaille, die er sich umhängen darf. Wenn du Glück hast, will er dann in der Woche drauf seinen eigenen Rekord brechen. Und als Ass im Ärmel könntest du anbieten, dass er im Schlafanzug frühstücken darf und sich erst danach umzieht. Das findet er bestimmt super. Das sind aber alles nur meine Ideen. Mach es so, wie es für *dich* passt. Nur lass Flori keine freie Wahl bei den Wünschen, sondern biete ihm Dinge an, die für dich in Ordnung sind. Dann ist es egal, was er sich aussucht. Verstehst du?«

Katja nickte. »Danke, das ist schon mal ein guter Tipp! Für Marie muss ich mir dann auch was überlegen.«

»Genau. Es soll für alle ab jetzt etwas anders sein am Morgen, damit klar ist: Wir starten neu, und das wird richtig gut!«

Die folgende Stunde verbrachten wir damit, uns zu überlegen, was sich an einem Morgen vor der Schule überhaupt ändern ließ. Und erstaunlicherweise fanden wir eine ganze Menge. Natürlich kamen uns, insbesondere Tine, auch viele Ideen, die sich schnell als nicht umsetzbar erwiesen, aber es sollte ja schließlich auch Spaß machen, sich neue Rituale auszudenken. Und das tat es.

Am Ende hatte Katja mehrere Zettel mit Ideen vollgekritzelt und strahlte. »Ich bin ganz sicher, dass wir das wieder hinkriegen. Und dass es sogar noch besser wird als vorher.«

»Na, dann war die Schlafanzug-Katastrophe doch für was gut«, lachte Tine.

»Wenn du auf Nummer sicher gehen willst …«, begann ich.

»Will ich!«, kam es wie aus der Pistole geschossen von Katja.

»Dann mach am Wochenende mal einen Testlauf. Also, nicht so früh am Morgen, sondern später, aber mit der Zeiteinteilung und der Planung, wie du sie auch am Montag haben wirst. Dann kannst du schauen, ob alles passt, und bist vor allem eine ganze Ecke entspannter.«

»Das mach ich!«

Katja war hoch motiviert.

Sie schaffte es tatsächlich sehr schnell, nicht mehr von ihren Kindern genervt zu sein, sondern sich darauf zu fokussieren, was für grandiose Wunder die drei waren. Und wie glücklich sie sich schätzen durfte, Florian, Marie und Leni zu haben.

Und glaubt mir, allein dieses Gefühl änderte eine Menge. Denn Katja lächelte wieder mehr, lobte häufiger und war insgesamt gelassener, was wiederum die Kinder entspannte. Und den Hund. Und den Mann.

Der erste wichtige Schritt war getan.

Und dann kam der Teil, der mir am meisten Spaß macht, wenn ich ein ähnliches Problem in der Elternberatung behandele. Die Grundstimmung war deutlich verbessert und die Eltern den Kindern gegenüber wohlwollender gestimmt. Es herrschte quasi wieder der gefühlsmäßige Normalzustand zwischen Eltern und Kindern, bei dem die Liebe einen flauschig weichen Teppich für all die anderen Gefühle bildete.

Es ist für mich jedes Mal von Neuem wundervoll, miterleben zu dürfen, wenn sich Eltern und Kinder wieder liebevoll begegnen und eine ganze Familie kollektiv durchatmet und erneut den Zusammenhalt spürt, der irgendwo unter zertrödelten Minuten und gestressten Momenten verschüttet gewesen ist.

In der nächsten Woche erzählte uns Katja, dass Florian zwar erst erklärt hatte, gemeinsam mit seinen Kumpels zukünftig nur noch im Schlafanzug aus dem Haus zu gehen, sich dann aber tatsächlich relativ bald hatte überzeugen lassen, dass das doch keine Superidee war.

»Also«, begann Katja etwas stockend. »Das klingt jetzt vielleicht blöd und eingebildet, aber … als ich da so mit ihm in seinem Zimmer saß und überhaupt gar nicht genervt, sondern liebevoll und verständnisvoll und alles war, da …« Sie kicherte ein wenig vor sich hin. »Da fand ich mich richtig toll. Wie so eine Mutter aus einem Kinderbuch, bei der man sich denkt, dass man auch gern so eine Mutter gehabt hätte. Das war … Also, nach all dem Geschimpfe in der letzten Zeit war das wahnsinnig schön.«

Ich war glücklich und gerührt, das zu hören. In Katjas Augen funkelten Tränen – aber welche von der guten Sorte.

Ratet mal, wer diesen rührenden Moment nicht so wahnsinnig gut aushalten konnte. Genau, Tine.

»Also, hast du nun ein Clownskostüm angehabt oder nicht?«

Katja lachte. »Ich hab drüber nachgedacht, es dann aber doch verworfen.«

»Spaßbremse«, grummelte Tine, grinste jedoch.

»Wie ging es weiter und wie sieht euer Morgen jetzt aus?«, erkundigte ich mich.

Katja erzählte, wie Florian begeistert aus den von ihr vorgeschlagenen Möglichkeiten »seine eigene« ausgewählt hatte. Offenbar war ihm der Morgen ein wenig zu fremdbestimmt gewesen. Jetzt, da er ihn in gewisser Weise mitgestalten durfte, war er viel eher bereit, etwas dafür zu tun, dass es dann auch so lief wie geplant.

Nachdem sich Flori schweren Herzens von dem Gedanken verabschiedet hatte, von nun an überall in seinem Spiderman-Schlafanzug hinzugehen, war er vollkommen hingerissen von der Idee gewesen, an einem Schultag in ebendiesem Outfit zu frühstücken. Zu Katjas großer Freude hatte er sofort darauf bestanden, dass seine kleinen Schwestern »dann aber auch so gemütlich frühstücken« durften.

»Das war so rührend, wie er sich für die beiden Kleinen eingesetzt hat, der tolle große Bruder! Überhaupt, das war so was von süß in den letzten Tagen. Ich hab gestern ein Video gemacht. Hier!«

Das, was Katja uns dann zeigte, war wirklich sehr süß – und das nicht nur wegen der Kinder, sondern insbesondere vor dem Hintergrund, dass Katja großen Wert auf ein Zuhause legte, das einer Hochglanz-Schöner-Wohnen-Zeitschrift entsprungen sein konnte. Sie hatte nämlich tatsächlich eine Discokugel in ihre ansonsten stilechte Landhausküche gehängt.

Auf dem Video sahen wir, wie sie die Discokugel einschaltete, und hörten dann tatsächlich die ersten Takte von »Veo veo«. Kurz darauf erschien Florian, der eine Polonaise anführte. Hinter ihm kam Marie, die Hände auf seine Schultern gelegt, gefolgt von Leni, die mehr torkelte als lief, aber immerhin auf zwei Beinen blieb. Zum Schluss trottete Anton in die Küche und legte sich in sein Körbchen, offenbar nicht bereit, an der folgenden Tanzeinlage mitzuwirken. Denn nun stellten sich alle, inklusive Katja, nebeneinander auf und tanzten unter großem Gekicher und Gejohle den »Veo veo«-Tanz, wie sie ihn im letzten Urlaub in der Kinderbetreuung gelernt hatten. Danach ließen sich alle mit glücklichem Grinsen am Frühstückstisch nieder und das Video stoppte.

»Ihr tanzt jetzt *jeden* Morgen zu ›Veo veo‹?« Tine schwankte zwischen Fassungslosigkeit und Bewunderung.

»Japp. Machen wir. Und das ist einfach großartig. Auch für mich. Na ja, bis auf die Tatsache, dass mich dieser Ohrwurm nun bis ans Ende aller Tage begleiten wird. Aber was soll's?« Sie zuckte mit den Schultern.

»Das ist so was von großartig, was ihr da in so kurzer Zeit geschafft habt! Und wie süß diese Polonaise ist! Wessen Idee war denn das?«

»Maries. Und Flori fand sie gar nicht doof, sondern war sofort dabei. Na ja, er durfte ja auch die Lokomotive vom ›Veo veo‹-Zug sein, aber trotzdem … Wir haben eine supertolle, fröhliche Stimmung im Moment.« Katja atmete tief durch. »Sag mal, Sophie, bleibt das jetzt für immer so? Ja?«

»Äh …«, machte ich höchst eloquent.

Katja und Tine kicherten.

»Schon gut. Ich bin ja nicht doof. Ich weiß, dass das jetzt alles neu und besonders ist und so. Und dass wir nicht für immer auf unserer rosa Happy-Wolke schweben werden.«

»Aber«, wandte ich ein, »du weißt jetzt, was du machen kannst, damit eure rosa Happy-Wolke wieder zurückkommt, falls sie mal ohne euch davongeschwebt ist.«

»Einfach alle für tot erklären!«, rief Tine, und wir lachten.

»Ernsthaft. Ich hab es ausprobiert, und es hat schon ein paarmal funktioniert, wenn ich mich mal wieder über Lars geärgert hab.«

»Nur ein paarmal?«

»Ja, weil ich meistens vor lauter Ärger vergesse, mir vorzustellen, er wäre tot.«

»Das ist ein sehr verstörender Satz, wenn man den so für sich genommen betrachtet«, erwiderte Katja lachend.

Die rosa Happy-Wolke blieb ihr und ihrer Familie eine ganze Weile erhalten. Natürlich verblasste der Reiz des Neuen, aber tatsächlich behielten sie ihre neue Morgenroutine viele Jahre bei. Ab und an änderten sie die Lieder, aber zumindest Katja und die Mädels begannen jeden Morgen mit einem Tanz. Und unter dem Siegel der Verschwiegenheit tanzte ein paar Jahre später sogar hin und wieder der pubertierende Florian mit, weil sich seine kleinen Schwestern so sehr darüber freuten, wenn er sich die Ehre gab.

Die veränderte Morgenroutine bewahrte Katjas Familie nicht vor Problemen, aber ich bin sicher, dass es bei all den Schwierigkeiten, die danach noch kamen, half, dass sie doch meistens gut in den Tag starteten.

Da dieses Buch ja so was wie ein Ratgeber sein soll, werde ich hin und wieder am Ende eines Kapitels noch mal zusammenfassen, was ihr aus der jeweiligen Episode mitnehmen könnt, wenn ihr wollt. Falls ihr keine Zusammenfassung braucht, springt einfach zum nächsten Kapitel.

Ihr seid noch da, wie schön.

Was mir besonders am Herzen liegt: Denkt an die Liebe und daran, dass sie viel wichtiger und kraftvoller ist als alles andere, auch und gerade in schwierigen Zeiten!

Seid dankbar für eure Liebsten und freut euch, dass sie da sind! Betrachtet sie nicht als selbstverständlich, sondern als außergewöhnliches, wunderbares Geschenk!

Und glaubt an euch!

Ihr seid keine schlechten Eltern, nur weil es mal stressige Zeiten gibt in eurer Familie. Manchmal weiß man einfach nicht mehr weiter, ist ungeduldig oder genervt. Das darf sein. Wichtig ist nur, dass ihr es bemerkt, euch, falls nötig, entschuldigt und dann versucht, nach vorne zu schauen und etwas zu ändern.

Und das könnt ihr, da bin ich ganz sicher.

Falls ihr euch gerade in einer ähnlichen Situation befindet wie Katja, als sie Flori im Schlafanzug zur Schule schickte, zweifelt nicht an euren Kindern, denn die sind ganz sicher wundervoll!

Im wahrsten Sinne des Wortes.

Doch zweifelt bitte auch nicht an euch als Eltern. Ihr gebt bestimmt euer Bestes und müsst vermutlich gar nicht *mehr* tun, um ein harmonischeres Familienleben zu führen, sondern lediglich etwas *anders* machen. Und es ist sehr gut möglich, dass dieses »anders machen« viel mehr Freude bereitet als das, was ihr bisher probiert habt.

Euer Familienleben muss nicht perfekt sein, denn das ist es nie. Bei niemandem. Aber wäre es nicht herrlich, wenn unser aller unperfektes Familienleben entspannt, liebevoll und leicht sein könnte? Ich bin überzeugt davon, dass wir alle die Fähigkeit dazu in uns tragen.

Last but not least: Der Gedanke an den Tod ist tatsächlich eine großartige Hilfe, wenn es darum geht, in Sekundenschnelle herauszufinden, was wirklich wichtig ist und was überhaupt nicht, um dankbar zu sein, das Leben zu feiern, sich über vermeintlich selbstverständliche Dinge zu freuen, und um zu erkennen, von wie vielen Wundern wir umgeben sind.

Mit dem Tod vor Augen ist eigentlich immer genug Liebe da. Und das ist etwas Wunderschönes, findet ihr nicht auch?

Wolverine in Nöten – Über Seitensprünge und die Heilsamkeit klärender Gespräche

Herrn Eberts Geschichte stand eine Weile als Bonusgeschichte auf meiner Homepage. Da ich sie so gern mag, freue ich mich, sie euch hier mitsamt einigen Ergänzungen erzählen zu können – auch wenn sie sich erst auf den zweiten Blick ums Elternsein dreht. Doch seht selbst.

»Guten Tag, Ebert mein Name, ich bin zum ersten Mal hier. Also, in so einem … so einer … beim … bei Ihnen.«

Herr Ebert machte eine leichte Verbeugung, hielt dann inne, reichte mir seine Hand, zog sie aber so schnell zurück, dass ich keine Chance hatte, sie zu ergreifen, und nahm schließlich Platz. Er lächelte unsicher und sah sich mit unruhigen Augen in meinem Büro in der Beratungsstelle um.

Ich nutzte die Gelegenheit, um ihn mir in aller Ruhe anzusehen, und, glaubt mir, das war es wert. Herr Ebert sah aus wie einem Modemagazin oder einer Parfümwerbung entsprungen. Er gehörte zu jener seltenen Art Mann, die im Grunde allen Frauen gefällt, ganz egal, auf welchen Typ sie sonst so stehen:

groß, schlank, muskulös, volles dunkles Haar, strahlend blaue Augen und dazu wirklich unverschämt dichte, lange und dunkle Wimpern. Er trug einen Anzug samt Krawatte. Hätte er nicht diesen unsicheren und fahrigen Habitus an sich gehabt … Himmel, er hätte James Bond spielen können. Oder Wolverine. Oder …

Oder er hätte in einer Beratungsstelle vor dir sitzen können und gerne be-ra-ten werden wollen!

Oh. Ja. Stimmt. Hoffentlich hatte ich ihn nicht zu lange dümmlich grinsend angestarrt.

»Ähem. Hallo, Herr Ebert. In meinem Kalender steht, dass es um eine Schwangerschaftsberatung geht. Sollen wir noch auf Ihre Frau oder Freundin warten?«

Herrn Eberts Lächeln verschwand, und er sah sich gleich noch einmal nervös um, als wäre er womöglich verfolgt worden. Das hätte James Bond wohl eher nicht getan, und es half mir, mich zu konzentrieren.

Da wir nach wie vor allein im Besprechungsraum saßen und weder unter der Gardine Schuhspitzen hervorlugten, noch irgendwas im Schrank verdächtig rumpelte, schaute Herr Ebert wieder zu mir, rückte seinen Stuhl zurecht, schob dann meinen Stift so über den Tisch, dass er parallel zu meinem Schreibblock lag, und fuhr sich durch die Haare. »Nein, also … meine Frau, die … kommt nicht.« Er legte eine etwas zu lange Pause ein, bevor er erst seufzte und schließlich weitersprach: »Meine Frau … die weiß gar nicht, dass ich hier bin. Und auch nicht, dass … also, von dem Kind … weil meine … also, das ist alles irgendwie … sehr peinlich und äh …« Er sah mich verzweifelt an.

»Kein Problem, Herr Ebert«, beruhigte ich ihn. Mein Gott, der arme Mann war ganz schön durch den Wind. »Wir können den Termin genauso gut mit Ihnen allein machen.« Ich lächelte, wie ich hoffte, gewinnend und professionell zugleich. »Erzählen Sie mir doch einfach, was Sie auf dem Herzen haben, und dann schauen wir, wie ich Ihnen helfen kann.«

»Ja, das wäre toll. Also, wenn Sie mir helfen könnten, das wäre wirklich … aber ich glaube ja, eigentlich kann mir niemand helfen. Das ist alles sehr … eine sehr schwierige Situation. Ich hab echt … mein Leben… ich glaub, ich hab alles versaut.« Er sah mich Hilfe suchend an, während er sein Handy, mein Brillenetui und meinen Kaffeelöffel auf dem Tisch der Größe nach anordnete.

Sortierzwang, diagnostizierte ich im Stillen. Da konnte ihm ein wenig Struktur sicher helfen. Und mir ebenfalls, denn schließlich wollte ich herausfinden, was genau eigentlich das Problem war.

»Wissen Sie was, Herr Ebert, wir nehmen jetzt erst einmal Ihre Daten auf, und ich stelle Ihnen ein paar Fragen zu Ihren Lebensumständen. Währenddessen trinken Sie einen Kaffee, und dann reden wir weiter.«

Ich deutete auf die Thermoskanne, die neben der Milch, dem Zucker sowie einer Flasche Wasser samt Gläsern und Tassen auf dem Tisch stand.

Während ich Herrn Eberts Angaben notierte (44 Jahre, Vater Deutscher, Mutter Spanierin, drei ältere Schwestern, seit acht Jahren verheiratet, Pharmareferent von Beruf), ließ er mindestens sieben Stück Würfelzucker in seinen Kaffee plumpsen und rührte dann um. Und rührte. Und rührte.

Nicht, dass ich es schon mal ausprobiert hätte, aber ich war mir sicher: Selbst für sieben Stück Würfelzucker musste man nicht länger als eine Minute rühren, um das Ganze gleichmäßig im Kaffee zu verteilen. Herr Ebert rührte jedoch so lange und so gleichmäßig und so lange so gleichmäßig, so erstaunlich noch viel länger, dass der Zucker sich inzwischen längst auf molekularer Ebene mit dem Heißgetränk verbunden haben musste. Vielleicht wusste er als Pharmareferent ja exakt, wann dieser Moment der endgültigen Auflösung erreicht war, und brachte das Kaffee-Zucker-Gemisch damit zu einer Perfektion, die unsereins niemals für möglich gehalten hätte. Möglicherweise war Herr Ebert aber auch einfach nur von diversen Zwängen geplagt, und Umrühren war einer davon.

Zunächst vermutete ich, dass die Überdosis Zucker einem Versehen oder seiner Nervosität geschuldet war, bis er den ersten Schluck nahm und tatsächlich keine Miene verzog. Beeindruckend. Ich hatte bislang niemanden getroffen, der auch nur ansatzweise so viel Zucker in seinen Kaffee rührte wie ich selbst. Sieben oder gar acht Stück Zucker allerdings … das war sogar mir zu viel.

Herrn Ebert jedoch schmeckte sein Kaffee offenbar und tat ihm gut. Nachdem er sämtliche auf dem Tisch befindlichen Dinge abermals sortiert hatte, wobei mir die Kriterien nicht mehr ganz so ersichtlich schienen wie bei den ersten beiden Malen, erzählte er mir mithilfe konkreter Fragen endlich, was ihn in unsere Beratungsstelle geführt hatte.

Obwohl er glücklich verheiratet war, hatte er sich auf einem Weiterbildungsseminar in Hamburg dazu hinreißen lassen, eine wilde Nacht mit einer Pharmareferentin zu verbringen, die wie er in München wohnte und ihm nun über eine Facebook-Nachricht mitgeteilt hatte, dass sie von ihm schwanger sei und vorhabe, das Kind zu bekommen.

Herr Ebert stützte seinen Kopf in beide Hände und stöhnte laut auf. »Wenn ich das doch irgendwie rückgängig machen könnte! Mein Leben ist vorbei!« Erneutes Stöhnen.

»Herr Ebert«, sagte ich vorsichtig. »Ich habe noch immer kein richtiges Bild von der Gesamtsituation und würde Ihnen deshalb gern noch ein paar Fragen stellen. Ist das in Ordnung?«

Er sah auf, hatte dabei aber noch immer den Kopf in beiden Händen, wodurch sich eine lustige Grimasse bildete. Diese stand in einem so krassen Gegensatz zu seinem superheldenmäßig guten Aussehen und seinem traurigen Gestöhne, dass ich beinahe losgeprustet hätte. Es wirkte, als würde Wolverine für Edvard Munchs Gemälde »Der Schrei« Modell stehen.

Schnell biss ich mir auf die Unterlippe und konzentrierte mich auf meine Unterlagen. »Sie sagten, Sie sind seit acht Jahren verheiratet und dass ihre Ehe glücklich ist. Gibt oder gab es denn den Plan, mit Ihrer Frau eine Familie zu gründen?«

Es krachte so laut, dass ich vor Schreck meinen Stift in hohem Bogen durch das Zimmer warf. Vor mir lag der Kopf von Herrn Ebert auf der Tischplatte. Also, natürlich war er nach wie vor mit dem Rest von Herrn Ebert verbunden. Er hatte ihn nur einfach nach vorne fallen lassen, und das mit voller Absicht. Das musste wehgetan haben.

»Wir wollten keine Kinder. Jetzt noch nicht«, ertönte es dumpf zwischen Kopf und Tischplatte. »Ich hab immer gesagt, dass mir das zu früh ist und ich noch nicht so weit bin, mit dieser ganzen Verantwortung und so, dass wir noch so viel sehen und erleben wollen und reisen und all so was. Nicht mal einen Hund haben wir uns deswegen zugelegt. Wir waren uns einig, dass das warten kann. Und in den letzten Jahren haben wir gar nicht mehr darüber gesprochen. Ich weiß nur nicht …« Herr Ebert setzte sich wieder aufrecht hin. Auf seiner Stirn befand sich ein fetter roter Abdruck. Geistesabwesend rieb er mit der Hand darüber. »Ich weiß gar nicht, ob Sandra das alles noch genauso sieht. Wenn ich jetzt darüber nachdenke, dann fallen mir lauter Zeichen auf, die … also, ich glaube, Sandra hätte inzwischen vielleicht doch gern ein Kind gehabt oder wenigstens einen Hund … allerdings war ich ja immer so dagegen, dass sie … o Mann! Aber wahrscheinlich ist das jetzt sowieso egal. Sandra wird sich trennen … garantiert. Dabei ist sie die Liebe meines Lebens! Ich kann und will mit keiner anderen Frau zusammen sein! Ich wollte doch mit ihr alt werden und mein Leben teilen und … und jetzt will sie das sicher gar nicht mehr! Es ist alles aus!« Herr Ebert starrte todunglücklich vor sich hin. Er seufzte tief, schenkte sich Kaffee nach, füllte die Tasse abermals mit Unmengen Zucker auf und rührte so lange und so intensiv, als könnte er seine Probleme damit wegrühren.

»Herr Ebert, wenn ich es richtig verstehe, ist Ihr vorherrschendes Problem zunächst einmal Ihre Ehe.«

»Na ja, eigentlich nicht. Also, bisher nicht, also, jetzt doch, aber generell nicht! Verstehen Sie?«

Ich nickte, und Herr Ebert stand auf, um im Raum auf und ab zu gehen und dabei die wichtigsten Silben unterstützend mit den Händen zu bewedeln. »Wir waren so glücklich! Alle haben uns beneidet! Aber jetzt ... jetzt haben wir ein Problem. Ein riesiges! Weil ich so ein Idiot bin!« Herr Ebert stoppte vor dem Tisch und griff nach der Kaffeetasse. Er schaute hinein, seufzte abermals und trank sie dann in einem Zug leer. Anschließend schenkte er sich nach. Wirklich beeindruckend. Und auch nicht ganz ungefährlich. Denn wenn er so weitermachte, würde er einen Zucker- und/oder Koffeinschock erleiden.

»Was halten Sie davon, wenn Sie als Erstes mit Ihrer Frau sprechen und die Situation mit ihr klären?«

»Wie bitte?!« Herr Ebert sah aus wie ein Kaninchen vor dem Fuchsbau.

»Na ja, ich habe den Eindruck, das ist momentan Ihr Hauptproblem beziehungsweise Ihr Hauptanliegen. Dass Sie die Situation mit Ihrer Frau besprechen und gemeinsam überlegen, wie es weitergehen kann. Habe ich Sie da missverstanden?« Ich blickte noch immer in schreckgeweitete Augen.

»Aber kann ich denn damit nicht noch warten?« Herr Ebert sah mich beinahe flehend an. »Ich meine, kann doch sein, dass Julia, also die, die das Kind bekommt, es kann doch sein, dass sie ... nur behauptet, schwanger zu sein, und es gar nicht ist. Oder ... also, ich wünsche ihr das natürlich nicht, aber eventuell ... ich meine, das ist natürlich schlimm, wenn ... ich will gar nicht ...« Er verstummte.

Ich verstand auch so, woran er gedacht hatte. »Sie wollen sagen, dass Julia das Kind vielleicht verliert.«

Herr Ebert nickte, und es war ihm anzusehen, wie grauenhaft er sich fühlte, auf etwas zu hoffen, was für die Frau fraglos eine schreckliche Erfahrung sein würde. Ich fand den Gedanken aus seiner Perspektive trotzdem verständlich und seine Hemmungen, es auszusprechen, umso sympathischer.

»Herr Ebert, denken wir das mal durch«, sagte ich und deutete auf den Stuhl vor mir, um ihn dazu zu bewegen, sich wieder hinzusetzen. Erfreulicherweise nahm er mein Angebot an, allerdings nicht, ohne seine Kaffeetasse genau in der Mitte zwischen Tischkante und Telefon zu platzieren.

Ich ignorierte das und sprach ruhig weiter: »Angenommen, Sie verschweigen Ihrer Frau den Seitensprung und Julias Schwangerschaft …« Herr Ebert nickte glücklich. Dieser Gedanke gefiel ihm sichtlich. »… falls sich dann aber herausstellt, dass Julia sehr wohl schwanger ist, das Kind behalten will und auch kann, und es in einigen Monaten zur Welt kommt …« Vorbei war es mit der seligen Zustimmung des Herrn Ebert. Finstere Verzweiflung breitete sich auf seinem Gesicht aus. »… wie, denken Sie, wird Ihre Frau sich fühlen, wenn Sie erst dann mit ihr sprechen?«

Herr Ebert starrte mich mit zusammengezogenen Augenbrauen an und schwieg. Diesmal goss ich ihm Kaffee nach, er zerzuckerte ihn und rührte abermals lange darin herum. Schließlich murmelte er: »Also meinen Sie, ich sollte sofort mit ihr reden?«

»Im Grunde spielt es keine Rolle, was *ich* meine. Was meinen *Sie?*«

Da grinste Herr Ebert überraschend und sah mich triumphierend an. »Das ist so ein Psychodings, richtig?«, sagte er, und ihm war anzusehen, wie stolz er darauf war, das erkannt zu haben. »Dass Sie mir nicht sagen, was ich tun soll, sondern dass ich selbst draufkommen muss und so. Stimmt's?« Offenbar tat ihm das Gefühl gut, Dinge zu durchschauen.

»Da haben Sie ganz recht, Herr Ebert. Sie sind hier, um Hilfe und Unterstützung zu bekommen. Und wenn ich Ihnen einfach nur sage, was Sie tun sollen, dann ist das im Zweifelsfall lediglich *meine* Meinung und für *Ihr* Leben kaum sinnvoll. Deshalb frage ich so viel. So lerne ich Sie besser kennen, und wir können gemeinsam überlegen, wie der nächste Schritt aussehen könnte. Ich bewerte das nicht.«

»Das heißt, Sie finden es nicht schlimm, dass ich meine Frau betrogen habe und jetzt eine andere Frau ein Kind von mir bekommt?« Herrn Eberts Hoffnung auf Absolution umflackerte ihn wie eine Leuchtreklame. Ich musste lachen.

»Das kommt auf die Definition von ›schlimm‹ an. Krieg ist schlimm oder wenn jemand unheilbar krank ist. Ein Kind, das geboren wird, kann ich beim besten Willen nicht schlimm finden.«

Herr Ebert runzelte die Stirn. Das war nicht die Antwort, auf die er gehofft hatte.

Ich versuchte es anders: »Ich weiß schon, was Sie meinen, Herr Ebert. Aber es ist ja letztendlich gar nicht der Punkt, wie ich Ihr Verhalten bewerte, verstehen Sie?« Der Mann sah mich fragend an. Ich drang nicht durch. Okay, noch mal anders: »Es ist nicht wichtig, was ich über diese Sache denke, sondern was *Sie* darüber denken. Und Ihre Frau. Und auch die werdende Mutter. Ich kann Ihnen helfen, sich darüber klar zu werden, was Sie wollen und wie Sie das am besten erreichen können. Dazu ist es unerheblich, ob ich Ihr Verhalten ›schlimm‹ finde oder nicht. Sie sind hier nicht im Beichtstuhl, Herr Ebert. Ich möchte Sie beraten.«

Ich sah ihm an, dass er meine Worte wohl verstanden hatte, sie ihm jedoch wenig halfen. Er brauchte mehr von mir, um sich gut aufgehoben zu fühlen. Also tat ich etwas, was viele meiner Kollegen niemals tun würden. (Meine Kollegin Kerstin hat deshalb schon einige Male mit mir geschimpft.)

Hin und wieder werde ich in den Beratungen persönlich.

Mir ist klar, dass es hierzu unterschiedliche Ansätze gibt. Die einen finden, dass ein professioneller Helfer immer ganz und gar neutraler Profi bleiben muss. Zu ihnen gehört beispielsweise besagte Kollegin Kerstin. Ich habe ihren Ansatz lange Zeit ebenfalls vertreten, weil ich die Meinung teilte, dass die Patient-Therapeut- oder eben Hilfesuchender-Beratungsstellenmitarbeiterin-Beziehung niemals einen irgendwie persönlichen oder gar freundschaftlich gearteten Touch haben dürfe.

Für viele Patienten beziehungsweise Hilfesuchende ist es auch tatsächlich am angenehmsten, wenn derjenige, der ihnen gegenübersitzt und professionell helfen soll, eine neutrale Person ist, von der man möglichst wenig weiß. Wobei das mit dem »neutral« selbstverständlich nie hundertprozentig klappen kann, weil jeder Mensch und somit auch jeder Psychologe irgendwie aussieht, sich kleidet, gestikuliert und spricht und damit beim Gegenüber etwas auslöst. Ich denke, es ist dennoch klar, was mit »neutral« gemeint ist.

Im Laufe meiner beruflichen Tätigkeit habe ich bemerkt, dass es neben den »typischen« Patienten, die sich diese Neutralität wünschen, eine Reihe von Menschen gibt, für die es wichtig ist, ihr Gegenüber auf eine gewisse Art und Weise kennenzulernen, bevor sie bereit sind, sich wirklich helfen zu lassen. Meist handelt es sich dabei um besonders sensible Personen, die sich schwer damit tun, ein ehrliches Gespräch mit jemandem zu führen, der sich ihnen verschließt. Dieses Ungleichgewicht, das naturgemäß zwischen Patient und Therapeut herrscht, kann für diese Menschen so unangenehm werden, dass sie sich im schlimmsten Fall abgestoßen und unverstanden fühlen.

Ich handhabe es inzwischen so, dass ich diesbezüglich auf meine Intuition vertraue. Die meisten Hilfesuchenden wollen den klassisch neutralen Psychologen vor sich haben. Dann agiere ich, wie das Lehrbuch es vorschreibt. Und bei den wenigen, denen das unangenehm ist, verhalte ich mich eben etwas persönlicher, als ich es normalerweise tue. Das ist auch für mich selbst angenehmer, denn ich mag es gar nicht, wenn sich jemand mit mir unwohl fühlt.

Während Herr Ebert sich tatsächlich noch einen Kaffee eingoss (zum Glück hatten wir eine dieser riesigen Thermoskannen, die auch auf Schulfesten am Waffelstand zum Einsatz kommen), erläuterte ich ihm also meine Sicht der Dinge und hoffte, dass es ihm helfen würde, sich zu entspannen.

»Also gut, ich werde Ihnen jetzt höchst unpsychologenhaft sagen, wie ich persönlich die Sache sehe, in Ordnung?«, verkündete ich, und Herr Ebert schaute mich an, als hätte ich einen Knüppel gezückt. Anscheinend ging er davon aus, ich würde ihm nun die Hölle heiß machen. Das Gegenteil war der Fall. »Herr Ebert, ich finde, dass es einen Unterschied macht, ob Sie regelmäßig fremdgehen und Affären haben oder ob es sich um einen einmaligen Ausrutscher handelt. Ob Sie Ihre Frau lieben und mit ihr zusammenbleiben wollen oder sich mit dem Gedanken tragen, sie zu verlassen, und möglicherweise lieber mit Julia oder einer anderen Frau zusammen wären. Ob Sie eine ehrliche und innige Beziehung suchen oder eher Bequemlichkeit und oberflächliche Ruhe. Verstehen Sie?« Herr Ebert nickte, und ich fuhr fort: »Und vor allem bin ich der Ansicht, dass es einen Unterschied macht, ob Sie zu Ihrem Fehler stehen, ehrlich sind und gemeinsam mit Ihrer Frau versuchen, die Situation zu klären, oder ob Sie Ihre Frau noch ein paar Wochen oder gar Monate länger anlügen, weil sie darauf hoffen, dass Julia vielleicht gar nicht schwanger ist oder ihr Kind verliert, sodass Sie drum herum kämen, Ihrer Frau überhaupt von Ihrem Seitensprung erzählen zu müssen. Wie gesagt, das ist nur meine persönliche Meinung, und wenn Sie sich entschließen, Ihrer Frau zunächst nichts zu sagen, werde ich Sie selbstverständlich dennoch beraten.«

»Aber denken, dass ich ein feiger Trottel bin.« Herr Ebert grinste schief.

Ich verzog keine Miene. »So würde ich es Ihnen gegenüber natürlich niemals ausdrücken.«

Herr Ebert lachte kurz auf, und ich war erleichtert zu sehen, dass ich mich nicht getäuscht hatte. Offensichtlich fühlte er sich schlagartig wohler und konnte sich besser öffnen, wenn er einen persönlichen Draht zu mir fand – und daneben klare Ansagen bekam.

»Hm …«, machte er und schaute mich mit einem herzerweichenden Dackelblick an. »Also … was genau soll ich denn jetzt tun?«

Meiner Meinung nach lag die Antwort auf der Hand. »Wenn Sie Sandra wären …«, sagte ich und legte eine Pause ein, bis er mir einen fragenden Blick zuwarf. »Wenn Sie Sandra wären, Herr Ebert … was würden Sie sich wünschen?«

»Dass … also, dass … boah …!« In einem Anfall seltsam cartoonartig wirkender Verzweiflung raufte sich Herr Ebert die Haare. »Dann … wenn ich … puh, ja das … so hab ich das noch nie …« Er verstummte, und ich konnte ihm förmlich beim Nachdenken zusehen. Dann nickte er: »Ja, okay. Ich hab verstanden. Ich sollte mit ihr reden.« Er verdrehte die Augen. »Aber dann wird sie sich von mir trennen.« Ihm war anzusehen, wie schrecklich und unerträglich er diesen Gedanken fand. Herr Ebert war regelrecht blass geworden. Die Gefühle dieses Mannes waren nicht nur lesbar wie in einem Buch, sondern wie in einer TV-Dokumentation plus Erzählertext und eingeblendeten Tortendiagrammen.

Ich versuchte, ihn zu beruhigen. »Wissen Sie, ich kann das nicht sicher beurteilen, aber …«

»Nicht?« Ein kleines Lächeln stahl sich in Herrn Eberts Züge. »Sie sind aber doch Psychologin. Ist das nicht Ihr Job, so was beurteilen zu können?« Mit gespielter Empörung zog er die Augenbrauen hoch.

»Doch, schon«, setzte ich nach. »Aber wenn ich jemanden erst seit ein paar Minuten kenne und seine Ehefrau gar nicht, halten sich meine Beurteilungsmöglichkeiten in Grenzen. Die Hellseherei geht mir leider noch nicht so von der Hand, wie sie eigentlich sollte.«

»Na, das ist aber enttäuschend«, murmelte Herr Ebert grinsend.

Ich musste lachen. »Es tut mir sehr leid, dass ich diesbezüglich nicht Ihren Erwartungen entspreche – aber sobald Sie draußen sind, werde ich meine Glaskugel konsultieren. Darf ich trotzdem noch eine Frage stellen?«

Er machte eine großzügig ausladende Geste mit der Hand. »Es sei Ihnen gewährt.«

Erstaunlich, wie schnell sich dieser Mann durch Humor und Offenheit stabilisieren ließ. Das gefiel mir. Damit konnte ich wunderbar arbeiten. »Stellen Sie sich vor, Sie wären Sandra.«

»Ich hab's schon verstanden«, winkte Herr Ebert ab. »Ich rede mit ihr. Versprochen.« Es klang, als hätte er mir soeben geschworen, sich von einer Brücke in die Tiefe zu stürzen.

»Das Gespräch meinte ich gar nicht«, erklärte ich ihm. »Ich gehe nicht davon aus, dass Sie diesbezüglich einen Rückzieher machen.« Ein strenger Blick konnte nicht schaden, dachte ich mir, und schaute ihn möglichst durchdringend an.

Herr Ebert lachte und hob beide Hände. »Ja doch. Ich werde mit ihr reden. Wirklich!«

»Gut. Dann versetzen Sie sich bitte einmal in die Lage Ihrer Frau.«

Herr Ebert schaute gequält und seufzte tief.

»Ich bitte Sie nicht darum, damit Sie sehen, dass oder wie sehr Sie Sandra verletzt haben, sondern um zu überlegen, wie

Sie an ihrer Stelle reagieren würden. Sie glauben, dass sich Ihre Frau sofort von Ihnen trennen wird. Warum?«

»Wie warum?!? Weil ich mit einer anderen Frau geschlafen habe vielleicht?! Und weil die jetzt auch noch ein Kind von mir bekommt?!« Es sah aus, als würde sich Herr Ebert ernsthaft Sorgen um meinen Geisteszustand machen.

»Das bedeutet also, dass *Sie* sich sofort von Sandra trennen würden, wenn sie mit einem anderen Mann schlafen würde. Richtig?«

»Na klar!«, schoss es aus Herrn Ebert heraus, doch keine Sekunde später schien es, als hätte ihn seine eigene Antwort zum Nachdenken gebracht. »Äh ... also ... na ja, nicht sofort. Das käme natürlich drauf an ... ich meine ... also auf das Drumherum und die Gründe und all so was. Und ob sie sich in den anderen verliebt hat oder so. Also, genau genommen kann ich so aus dem Stegreif gar nicht ...« Er stockte und starrte grüblerisch in seine leere Kaffeetasse.

So saß er eine Weile. Ganz ohne Dinge zu sortieren.

Mir gefiel, dass er offensichtlich darüber nachsann und sein vorschnelles Urteil überdachte. Ich finde es nämlich nicht in Ordnung, wenn jemand pauschal behauptet, er würde sich bei einem Seitensprung des Partners sofort trennen. Ich treffe sehr häufig auf diesen Satz: »Also, ich kann ja vieles verzeihen, aber einen Seitensprung? Nein, dann ist es aus und vorbei!«

Versteht mich nicht falsch, es ist nie gut, wenn einer der Partner fremdgeht. Natürlich nicht. Aber wie Herr Ebert so schön sagte, bevor er ins Grübeln verfiel: Es kommt auf die Gründe und das Drumherum an.

Nehmen wir der Einfachheit halber Herrn Ebert als Beispiel, weil er gerade da ist und vor sich hin schweigt. Dieser Mann liebt seine Frau. Er will mit ihr zusammenbleiben, und die Vorstellung, sie könnte ihn verlassen, bereitet ihm geradezu körperliche Schmerzen.

»Ja, dann hätte er eben nicht mit dieser Julia ins Bett steigen sollen!«, höre ich euch argumentieren.

Natürlich hätte er das nicht tun sollen. Darin sind wir uns einig. Aber Menschen machen Fehler. Jeder von uns.

Möglicherweise hatte Herr Ebert einen schlechten Tag, eine schlechte Woche. Mag sein, dass er aus irgendwelchen Gründen an seiner Männlichkeit zweifelte und sich insgesamt irgendwie wertlos fühlte – wer weiß. Unter Umständen bemerkte er beim Seminar, wie viele junge, aufstrebende Kollegen sich um ihn herum tummelten, und vielleicht meldete sich in seinem Hinterkopf eine Stimme, die fragte, ob er denn überhaupt so generell noch konkurrenzfähig sei.

Nehmen wir einmal an, es sei so oder so ähnlich gewesen: Die Stimme ließ sich nicht vertreiben, und als Herr Ebert am Abend mit einigen anderen Teilnehmern an der Hotelbar ein bis drei Drinks zu sich nahm und sich ihr oberflächliches Gerede und ihre Angebereien anhörte, fühlte er sich furchtbar. Der Gedanke an seine Frau zu Hause verschaffte ihm in diesem Moment nicht die Art von Selbstsicherheit, die er jetzt gebraucht hätte. Manchmal gibt es Dinge, die sich nicht so einfach aus dem Hirn hinausdenken lassen. Das Gefühl ist da, und es macht sich breit.

In diesem Augenblick erschien Julia. Die hübsche, humorvolle Julia, mit der er bereits auf einem früheren Seminar ein wenig geflirtet hatte. Sie setzte sich neben Herrn Ebert, lächelte, interessierte sich für ihn und gab ihm das Gefühl, ein toller Mann zu sein. Balsam für seine Seele! Oberflächlicher Balsam, aber gewirkt hat er dennoch. Herrn Ebert ging es besser, und die schrecklichen Selbstzweifel und Versagensängste zogen sich zurück.

Julia und er fanden heraus, dass sie beide »Star Trek«-Fans waren, fachsimpelten und verstanden sich prächtig. Auch als alle anderen bereits auf ihren Zimmern waren, blieben sie an der Bar sitzen, tranken ein weiteres Glas und wollten sich nicht so recht voneinander und von der angenehmen Stimmung trennen. Bei der letzten Bestellung erklärte der Barkeeper, er könne ihnen die Drinks noch mixen, sie sollten sie aber bitte mit auf ihr Zimmer nehmen, da er längst Feierabend habe. Julia und Herr Ebert kicherten, und Herr Ebert fühlte sich geehrt, weil der Barkeeper anscheinend dachte, diese tolle Frau sei seine Partnerin.

Julia, die sich vor einigen Monaten von ihrem langjährigen Freund getrennt hatte, hängte sich bei ihm ein, sah ihm tief in die Augen und zog ihn schließlich mit sich. In ihr Zimmer.

Dort stand Herr Ebert dann mit alkoholvernebeltem Hirn und aufgeputschter Libido vor ihr. Er dachte sich, dass er gehen sollte. Jetzt. Er sollte nicht hier sein. Also würde er jetzt gehen. In sein Zimmer. Allein. Und als sich Julias Mund dem seinen näherte, dachte er, dass er ja auch direkt nach diesem einen Kuss gehen kön…

Ich denke, uns allen ist klar, wie es weiterging.

Als Julia sich später in Herrn Eberts Arm kuschelte und zufrieden seufzte, fühlte er sich … leer. Und noch einsamer als vor einigen Stunden an der Bar. Er vermisste Sandra. Sie fehlte ihm so sehr, dass er am liebsten sofort aufgesprungen und zu ihr gefahren wäre. Er musste ganz schnell aus diesem Bett, aus diesem Zimmer.

Er wollte einfach nur weg. Weg von Julia und ihrer Hand, die sie gerade auf seinen Brustkorb legte. Am liebsten wäre er auch ganz weit weg von sich selbst gewesen, denn er ekelte sich regelrecht vor sich.

Was hatte er getan? Und vor allem, warum?

Er konnte sich beim besten Willen nicht mehr erklären, wie zum Teufel er hierher in Julias Bett gekommen war. Das lag nicht nur am Alkohol. Was war nur los mit ihm?

Während er aufstand, sich anzog, Julia mit einem aufgesetzten Lächeln eine Gute Nacht wünschte und sich schließlich in seinem Hotelzimmer unter die Dusche stellte, hatte er nur einen Wunsch: dass dies alles nicht geschehen wäre, dass er die

Zeit zurückdrehen und mit Sandra im Arm bei sich zu Hause im Bett liegen könnte.

Natürlich weiß ich nicht, ob es sich genau so zugetragen hat. Aber wenn es so gewesen wäre, müsste sich Sandra dann tatsächlich von Herrn Ebert trennen? Wäre dieses Fremdgehen wirklich Grund genug, eine Ehe einfach zu beenden?

Ich finde nicht. Denn wenn ihr mich fragt, gibt es weitaus »schlimmere« Dinge, die ein Partner tun kann. Wäre ich Sandra Ebert, hätte mich am meisten traurig gemacht, dass mein Mann darüber nachgedacht hatte, mir nichts von all dem zu erzählen und mich womöglich mein Leben lang anzulügen.

Natürlich hätte mich der Seitensprung verletzt. Ich hätte mir bestimmt überlegt, ob ich vielleicht nicht mehr attraktiv genug wäre oder etwas falsch gemacht hätte. Aber ich hätte meinen Mann sicher nicht verlassen. Nicht wegen dieses Fehltritts.

Es gibt verschiedene Anlässe, eine Partnerschaft zu beenden. Alle sind letztendlich auf einen einzigen Grund zurückzuführen: Es ist nicht mehr genug Liebe da.

Natürlich gibt es Seitensprünge, die genau deshalb passieren. Doch es geschehen eben auch solche wie der von Herrn Ebert: Aufgrund einer Verkettung unglücklicher Umstände und von mindestens einem schwachen Moment samt dummer Entscheidung passiert ein Ausrutscher. Und das, *obwohl* noch genug Liebe da ist.

Ich bin sehr dafür, in einer solchen Situation nicht alles hinzuschmeißen, sondern der Partnerschaft und damit der Liebe eine Chance zu geben. Wenn einer der Partner fremdgeht, tut das weh und ist nicht schön. Aber es ist nicht zwangsläufig das Ende.

Viel »schlimmer« im Sinne von frustrierender und trauriger finde ich Paare, die über Jahre hinweg mit einem Mangel oder gar dem Fehlen von Liebe miteinander leben. Schrecklich!

Es kann sein, dass in all den Jahren nie einer der beiden, nennen wir sie Herrn und Frau Meier, fremdgegangen ist. Jedoch lässt Frau Meier beim Plausch mit ihren Nachbarinnen, dem Friseur oder sonst wem kein gutes Haar an ihrem Mann. In ihren Augen ist er ein Versager – und das dürfen ruhig alle wissen. Sie bevormundet ihn, meckert an ihm herum, egal, ob sie allein sind oder in der Öffentlichkeit, und ganz gleich, was er tut oder nicht tut. Sie denkt sich oft, dass sie wirklich einen besseren hätte haben können. Und dann seufzt sie tief, findet, dass sie schon so viel gegeben hat und es nun verdammt noch mal an der Zeit wäre, etwas zurückzubekommen. Von ihrem Mann, dem Leben, dem Universum und dem ganzen Rest.

Aber da sie die Einzige ist, die ihre Situation so sieht, ständig jammert und keinerlei Initiative ergreift, bleibt alles, wie es ist – außer dass Frau Meier immer unzufriedener wird und ihre Mundwinkel immer weiter nach unten zeigen.

Herr Meier ist natürlich auch nicht glücklich. Er möchte am liebsten nur seine Ruhe haben und kein Gemecker mehr hören. Er ist froh, wenn seine Frau nicht zu Hause ist, auch wenn er sich dann das Essen selbst aufwärmen muss, was er selbstverständlich falsch macht, wofür er später lautstark ausgeschimpft wird. Auch Herr Meier seufzt viel und schaut manchmal sehnsüchtig in der U-Bahn die jungen Pärchen an, bei denen die Frau den Mann ansieht, als wäre er der Größte. Er denkt, dass seine Frau ihn irgendwann einmal auf die gleiche Weise angeschaut haben muss, ist sich allerdings nicht sicher. Vielleicht war es ja auch schon immer so lieblos zwischen ihnen. Manchmal wünscht er sich, seine Frau würde weggehen und einfach nicht mehr wiederkommen. Nach mehreren Flaschen Bier stellt er sich sogar ab und an ihre Beerdigung vor. Er steht gut aussehend in einem schicken schwarzen Anzug an ihrem Grab und fühlt sich frei. Die Frauen aus der Nachbarschaft wollen ihn alle trösten, doch er würdigt sie keines Blickes. Stattdessen führt er die

Tochter des Beerdigungsinstitutsinhabers aus und wird endlich bewundert und angehimmelt. Doch dann hört er – aus seinen Tagträumen gerissen – seine Frau irgendetwas Barsches aus der Küche rufen, obwohl er ihr doch schon so, so, so oft gesagt hat, dass er sie nicht versteht, wenn er im Wohnzimmer ist und sie in der Küche. Anstatt ihr das noch ein weiteres Mal zu erklären, seufzt Herr Meier tief und holt sich schwankend das nächste Bier aus dem Keller, um die Stimme seiner Frau wenigstens an diesem Abend komplett auszublenden.

Wenn ich Paaren wie den Meiers begegne, gruselt es mich. So wenig Unterstützung, Toleranz, Loyalität und Zuneigung, dafür eine geballte Ladung Lieblosigkeit und nicht selten sogar Verachtung. Wie furchtbar!

Manchmal sind diese Paare erst Mitte dreißig, wirken jedoch steinalt. Wahrscheinlich, weil irgendwas in ihnen beschlossen hat zu sterben.

Und ja, ich finde, Herr und Frau Meier sollten sich trennen. Auch wenn sie nicht Mitte dreißig, sondern Mitte sechzig, siebzig oder neunzig sind! Dringend! Denn die beiden haben schließlich auch nur *ein* Leben. Und damit ließe sich bestimmt noch etwas Schönes anfangen, wenn sie bloß den Mut aufbrächten, aus ihrer miefigen Komfortzone hinauszutreten.

Ich wünsche euch von ganzem Herzen, dass ihr solche Paare wie die Meiers nur vom Hörensagen kennt, ihnen noch nie persönlich begegnet und vor allem nicht etwa gar selbst Teil eines solchen Paares seid. Falls doch: Trennt euch und macht noch etwas Schönes mit dem Rest eures Lebens!

Für den Fall, dass ihr gerade darüber nachdenkt, ob ihr euch vielleicht auf dem besten Weg befindet, ein Herr-und-Frau-Meier-Paar zu werden, bleibt stehen und schaut euch gründlich um. Bestimmt ist da irgendwo eine Abzweigung, ein schmaler Trampelpfad in Richtung Sonnenaufgang oder vielleicht ein kleiner Bach, den ihr nur durchwaten müsst, um auf der anderen Seite einen Weg mit mehr Liebe, Toleranz und Verständnis füreinander zu finden. Falls ihr noch nicht zu Herrn und Frau Meier mutiert seid, gibt es durchaus Hoffnung.

Wie wäre es, wenn ihr aufschreibt, wie ihr euch kennengelernt und warum ihr euch in den anderen verliebt habt? Wenn ihr keine Lust zum Schreiben habt, sprecht euch selbst eine Sprachnachricht auf – nur darüber nachdenken gilt nicht! Schreibt eure Einfälle auf oder sprecht sie aus. Und wenn ihr wieder wisst, warum es damals zwischen euch gefunkt hat, fragt euch, was nach der Verliebtheitsphase alles Gutes passiert ist. Was war schön im Alltäglichen? Was waren eure Beziehungshighlights? Erinnert euch an die guten Dinge.

Ihr könnt natürlich auch meinen Trick mit dem Tod ausprobieren. Ich finde den nach wie vor großartig, weil er so herrlich effizient ist.

Daneben gibt es ja auch Profis, die in Beratungsstellen oder online Hilfe bei Beziehungsproblemen anbieten. Wenn man selbst den Wald vor lauter Bäumen nicht mehr sieht, ist es häufig eine gute Idee, sich einem neutralen Dritten anzuvertrauen. Meiner Ansicht nach kann man Liebe zwar weder erzwingen noch künstlich am Leben erhalten, aber es fällt ihr leichter zu bleiben, wenn ihr euch wirklich und wahrhaftig für euren Partner oder eure Partnerin entscheidet. Sofern noch genug Liebe da ist, kann man so ziemlich alles retten, keine Sorge. Das schafft ihr!

Und falls die Liebe nicht mehr ausreicht, ist es doch prima, wenn man es bemerkt und nicht weiter zusammenbleibt, bloß um gemeinsam zu Herrn und Frau Meier zu mutieren. Findet ihr nicht auch?

Ich glaube, ich habe soeben meinen eigenen Rekord im Abschweifen gebrochen, und möchte euch hiermit an das Zitat meines Mannes erinnern: »It's not a bug, it's a feature.«

Lasst uns nun zurückkehren zu Herrn Ebert, der noch immer dasaß und in seine Tasse hineindachte.

Nach hinreichend ausgiebiger Grübelei erklärte er schließlich, er halte es erstaunlicherweise tatsächlich für denkbar, dass sich seine Frau nicht sofort von ihm trennen werde, und er werde so bald wie möglich ein klärendes Gespräch mit ihr führen. Zwar habe er nach wie vor große Angst davor, glaube aber, er werde damit das Richtige tun. Danach müsse man eben weitersehen.

Ich nickte zustimmend. »Das ist ein guter Plan. Ich bin mir nämlich ziemlich sicher, dass Sandra bei Ihnen bleiben wird. Wenn Sie beide sich doch lieben, warum sollte sie dann Ihre Ehe beenden, nur weil Sie an einem Abend Mist gebaut haben? Es wird wahrscheinlich nicht einfach werden, aber ich glaube, dass Sie beide das schaffen.«

Herr Ebert lächelte, straffte die Schultern und gab mir die Hand. »Vielen Dank, Frau Seeberg. Kann ich denn dann vielleicht noch einmal zusammen mit Sandra wiederkommen? Ich meine, falls sie bei mir bleibt, müssen wir das alles mit dem Kind irgendwie …« Er stockte und atmete tief durch. »Ja, also, wenn dann da tatsächlich irgendwann so ein Kind da ist, dann muss man damit ja auch … boah …«

Ich musste grinsen. »Kommen Sie sehr gern wieder, Herr Ebert. Allein, mit ihrer Frau und/oder mit ›so einem Kind‹. Ich würde mich auf jeden Fall freuen zu hören, wie es bei Ihnen weitergeht.«

»Gut. Dann melde ich mich einfach nach dem … Gespräch. O Gott …« Verzweiflung machte sich erneut auf Herrn Eberts Gesicht breit.

»Sie machen jetzt aber keinen Rückzieher, oder?« Ich bemühte mich, streng zu schauen.

»Nein, nein. Ich rede mit ihr.« Herr Ebert sah zu Boden.

»Herr Ebert …?«

»Ja?«

»Sicher?«

»Ja …«

»Wann?«

»Weiß nicht. Wenn es sich ergibt …?«

»Herr Ebert …!«

Er seufzte. »Ja … schon gut. Also, dann … gnnnnnhheute Abend. Heute Abend rede ich mit Sandra …«

»Gut.«

»Ja, hoffentlich.«

Ein paar Tage später meldete sich Herr Ebert in der Beratungsstelle und bat um ein kurzes Telefonat. Er berichtete euphorisch, dass Sandra die beste Frau der Welt sei, sehr verständnisvoll reagiert habe und sie beide auf eine seltsame Art nun noch glücklicher seien als je zuvor.

Das konnte ich mir gut vorstellen. Ehrliche Gespräche erzeugen Nähe und tun gut. Selbst wenn man schwierige Themen bespricht.

Herr Ebert erklärte, er wolle trotzdem gern vor der Geburt »von diesem Kind« einen weiteren Termin mit mir vereinbaren, bei dem dann auch seine Frau dabei sein werde. Aber das habe ja noch einige Monate Zeit. Jetzt wollten sie beide erst einmal ihre Partnerschaft genießen und das mit einem Urlaub in der Toskana feiern.

Ich freute mich sehr, das zu hören – und auch ein bisschen darüber, dass ich die Situation richtig eingeschätzt hatte.

Es dauerte einige Monate, bis Herr Ebert das nächste Mal in die Beratungsstelle kam. Er erschien erneut in Anzug und Krawatte, aber mit deutlich längeren Haaren. Stand ihm sehr gut.

»Hallo, Herr Ebert. Schön, Sie zu sehen.«

»Hallo, Frau Seeberg.« Er klang bedrückt. Und so sah er auch aus: unglücklich, übernächtigt und gestresst.

Ich fragte mich besorgt, ob seine Frau ihn womöglich doch noch verlassen hatte. Hatte sie ihn bei diesem Termin nicht begleiten wollen? Hm …

Ich goss Herrn Ebert Kaffee ein und zählte acht Stück Zucker, die er hineinfallen ließ. Der Kaffee schwappte bedrohlich knapp unter dem Rand der Tasse entlang, und ich beschloss, beim nächsten Mal weniger einzuschenken, um Platz für den Zuckerberg zu lassen.

»Wie geht es Ihnen, Herr Ebert?«

Er machte ein Geräusch, das nach »hmpf« klang, und war auf einmal sehr beschäftigt damit, seinen Kaffee zu trinken.

Ich wartete.

Schließlich setzte er die Tasse ab, richtete den Henkel parallel zum Henkel der Thermoskanne aus und fuhr sich durch die Locken, woraufhin sie in alle Richtungen abstanden und ihm ein recht verwegenes Aussehen verliehen. Er seufzte tief.

»Also, eigentlich habe ich gar keine Lust, darüber zu reden …«

»Dann haben wir ein Problem.«

Er sah mich mit einer Mischung aus Erschrecken und Erstaunen an. »Wieso?«

»Na ja, weil Sie hier in einer Beratungsstelle sind.«

Er starrte mich weiter an und stand offensichtlich massiv auf der Leitung.

»Weil wir hier über Dinge reden, Herr Ebert. Das ist, was wir tun.«

»Ach so … ja, klar …«, erwiderte er mit Grabesstimme.

»Also, was ist passiert seit unserem letzten Telefonat, dass Sie heute so niedergeschmettert vor mir sitzen?«

Mit einem weiteren tiefen Seufzer blickte Herr Ebert mich an. »Ach … nix eigentlich …«

Ich zog die Augenbrauen hoch. »Nix?«

»Na ja, nix Schlimmes. Ich meine … also …« Er brach ab, um erneut einen Seufzer epischen Ausmaßes loszuwerden, und schob mein Wasserglas auf eine Linie mit der Zuckerdose und seiner Kaffeetasse.

Ich versuchte es anders: »Wie läuft es denn in Ihrer Ehe?«

Da lächelte der Mann, was ihm wie immer ziemlich gut stand. »Da ist alles wunderbar. Besser denn je. Sandra wollte mich ja eigentlich begleiten, aber sie musste für eine Kollegin einspringen.«

»Okay, dann ist das schon mal ein Grund zur Freude. Also, dass alles wunderbar ist zwischen Ihnen. Wie schön! Und wie läuft es mit Julia?«

»Na ja, irgendwie … also, auch gut, eigentlich.«

»Und ›eigentlich‹ bedeutet …?«

»Dass im Grunde alles gut ist, ich aber irgendwie … also, ich fühle mich so … keine Ahnung.« Herr Ebert warf mir einen zerknirschten Blick zu. »Wenn wir uns sehen oder über Facebook schreiben, ist es immer total nett und entspannt.«

»Das ist ja furchtbar!«,

Zum Glück verstand Herr Ebert meinen Einwurf richtig und musste lächeln. »Jaja … Sie haben ja recht … eigentlich ist gar nichts furchtbar, sondern richtig gut.«

Ich musterte ihn ernst. »Herr Ebert. Wenn Sie weiterhin erzählen wollen, dass alles bestens läuft, dann ist das okay für mich. Es könnte aber sein, dass Sie dann am Ende dieses Termins nicht so wirklich erreicht haben, was Sie eigentlich wollten.«

Herr Ebert stöhnte, schenkte sich Kaffee samt Zucker nach, sortierte alles erneut in Reih und Glied und wischte schließlich imaginäre Krümel vom Tisch. Erstaunlicherweise wirkte er beinahe noch nervöser und fahriger als bei seinem ersten Termin in der Beratungsstelle.

»Ich weiß, dass ich im Grunde total zufrieden sein müsste. Meine Frau ist durch und durch wunderbar. Wir verstehen uns super, und sie unterstützt mich, wo sie nur kann. Sie macht mir keine Vorwürfe und sagt immer, dass wir das alles schon schaffen werden und es ja sogar ganz schön werden kann. Mit dem Kind da ...« Er grinste schief. »Das ist alles fast zu gut, um wahr zu sein.«

»Ist es das, was Ihnen zusetzt? Dass Sie glauben, es müsste irgendwo ein Haken sein, den Sie nur gerade nicht sehen?«, fragte ich.

Er nickte. »Ja. Auch.«

Bedauerlicherweise kommt es gar nicht so selten vor, dass wir uns selbst die Freude verderben, weil wir tief in unserem Inneren völlig unsinnigerweise ein gesticktes Spruchband aufgehängt haben, auf dem steht: »Das ist zu schön, um wahr zu sein!«

Daneben steht eine Frau mit verkniffenem Mund und erklärt mit streng erhobenem Zeigefinger, dass wir extrem vorsichtig sein müssen, wenn es in unserem Leben gut läuft. Denn dann stimmt etwas ganz und gar nicht. Und je mehr Glück wir haben, desto größer und furchterregender wird der Haken sein, den das Ganze hat und der alles in Schutt und Asche legen wird, wenn er im Moment des größten Glücks auf uns niedersaust. Da wäre es doch viel besser, wenn das Leben immer so ein bisschen scheiße wäre und man mehr Grund hätte, sich zu beklagen, als glücklich zu sein, denn dann – und nur dann – wäre man sicher vor diesen Haken, die aus dem Nichts kommen und alles zerstören.

Dieser Glaube ist schrecklich und bescheuert zugleich, und ich bin sehr dafür, dass wir uns sofort alle hinsetzen und ein neues Spruchband besticken oder am besten gleich ein Graffiti an die Wand sprühen. Vielleicht mit »Alle sagten: ›Das geht nicht!‹ Dann kam einer, der wusste das nicht und hat's einfach gemacht.« Oder noch besser: »Zu viel des Guten? Bitte, gern!« Oder etwas ähnlich Motivierendes.

Der Dame mit dem erhobenen Zeigefinger drücken wir einen Cocktail mit einem bunten Schirmchen und Zuckerrand in die Hand und setzen sie sanft, aber bestimmt in einen Liegestuhl mit Blick auf den Sonnenuntergang.

Auch Herrn Ebert hätte ein Cocktail eventuell besser geholfen als der dritte zerzuckerte Kaffee. Nicht, dass Alkohol eine Lösung wäre … natürlich nicht. Aber Koffein und Zucker eben genauso wenig.

Er sah mich grimmig an. »Ich bin einfach ein Idiot.«

»Hm«, erklärte ich. »Das ist natürlich ein Problem.«

Herr Ebert nickte. »Ja. Ist es.« Er nickte noch ein wenig vor sich hin und fuhr dann fort: »Es gibt eigentlich gar kein Problem. Nur …«

»Nur, dass Sie eben ein Idiot sind«, vervollständigte ich seinen Satz und grinste, als er mich erstaunt und auch ein klein wenig empört ansah. »Herr Ebert. Wollen Sie mir nicht erzählen, weshalb Sie glauben, dass Sie ein Idiot sind? Vielleicht kann ich ja irgendwie helfen oder so … ich meine, das ist immerhin mein Job.«

»Das Problem ist, dass ich …« Er stockte. »Also, dass ich mich immer so … so blöd fühle nach den Treffen mit Julia. Oder wenn wir uns geschrieben haben.«

Ich mache es kurz: Es stellte sich heraus, dass im Grunde tatsächlich alles gut war. Zumindest um Herrn Ebert herum.

Bloß leider nicht in Herrn Ebert drin. Er war gefangen in dem Gedanken »Ich will nicht, dass es ist, wie es ist« und hegte deshalb massive Schuldgefühle seinem ungeborenen Kind gegenüber. Er freute sich zwar, dass Julia sich unkompliziert und nett verhielt, hatte jedoch ständig Angst, sie könnte vielleicht doch von ihm erwarten, dass er sich wie ein Partner kümmerte, der er jedoch keinesfalls sein wollte. Er war unentspannt, weil er sich von ihr quasi zum Vaterwerden gezwungen fühlte, nur um umgehend von Schuldgefühlen wegen dieser Gedanken heimgesucht zu werden. Insgesamt kam er sich daher vor wie ein Idiot. Was er selbstverständlich nicht war.

Nachdem er einmal angefangen hatte zu erzählen, war Herr Ebert kaum mehr zu bremsen.

»… und dann, als wir uns zwischendrin mal getroffen haben, um zu besprechen, was da jetzt an Papierkram zu erledigen ist, da … also, sie sah so wahnsinnig gut aus, dass ich mir gedacht habe: Wieso sieht die denn jetzt so toll aus? Hat sie sich extra für mich so hübsch gemacht? Warum das denn? Will sie irgendwie mehr von mir? Ich fand den Gedanken total unangenehm! Dann haben wir erst so ein wenig Small Talk gemacht, und das war auch ganz nett und entspannt und so. Irgendwann hat sie gefragt, ob ich mich denn auch um das Kind kümmern würde, wenn es da wäre. Und, na ja, ich hab natürlich Ja gesagt. Ist doch klar. Und da hat sie so gestrahlt und sich gefreut, dass ich sofort gedacht habe, also … ich weiß auch nicht, dass sie das möglicherweise falsch verstanden hat und meint, dass ich mich mit ihr *gemeinsam* um das Kind kümmern möchte. Das will ich aber ja gar nicht. Wenn, dann will ich das mit Sandra machen und nicht mit Julia. Obwohl sie wirklich nett ist und alles, aber … ich möchte auf gar keinen Fall, dass Julia glaubt, dass da irgendwie mehr drin ist zwischen uns! Ich fürchte nämlich, dass sie das tatsächlich denkt, weil sie, als sie erfahren hat, dass sie einen Jungen bekommt, also, weil sie mich da gefragt hat, wie er heißen soll, weil sie der Meinung ist, dass wir das gemeinsam entscheiden müssen. Und … na ja, in dem Moment fand ich das total nett von ihr, aber als ich später wieder allein war, kamen mir so Gedanken, dass sie das vielleicht alles nur macht, weil sie mehr von mir will oder eben denkt, wenn ich mit ihr gemeinsam einen Namen aussuche, dass das dann bedeutet, dass ich irgendwie mit ihr … Dings. Dass da irgendwie mehr ist.«

»Vielleicht wäre es gut, wenn Sie das Julia gegenüber ansprechen würden, Herr Ebert.«

»Ich weiß nicht. Ich komme mir blöd vor, wenn ich ihr sage, dass ich mir nach unseren Telefonaten oder Mailwechseln jedes Mal so komische Gedanken mache. Ich weiß auch gar nicht, wie ich …«

»Nein«, unterbrach ich ihn. »Ich meinte, dass Sie ansprechen sollten, dass Sie glücklich sind mit Ihrer Frau und dass überhaupt nicht zur Debatte steht, dass Sie sich trennen, um mit ihr, also Julia, zusammen zu sein. Wenn dieser Punkt geklärt wäre, dann …«

»Das hab ich ihr natürlich längst gesagt! Was denken Sie denn von mir? Da könnte ich ja jetzt fast beleidigt sein …« Tatsächlich warf mir Herr Ebert einen regelrecht anklagenden Blick zu.

»Verzeihen Sie. Dann habe ich irgendwas missverstanden. Also, Sie hatten ein Gespräch mit Julia, in dem Sie ihr gesagt haben, dass Sie auf jeden Fall bei Ihrer Frau bleiben. Wie hat Julia denn darauf reagiert?«

»Das war kein Problem für sie. Sie wusste ja, dass ich verheiratet bin. Als sie mir schrieb, dass sie schwanger ist, habe ich sie gefragt, ob sie das Kind behalten will. Das hat sie bejaht, woraufhin ich gleich geantwortet habe, dass ihr aber klar sein muss, dass sie dann eine alleinerziehende Mutter sein wird, weil ich auf jeden Fall bei meiner Frau bleiben und nicht ihr Partner werden will. Daraufhin hat sie geschrieben, dass sie sich das dachte und es vollkommen okay ist.« Herr Ebert kramte sein Handy heraus. »Ich kann Ihnen den Nachrichtenverlauf zeigen, wenn Sie möchten.«

Ich schüttelte den Kopf. »Nein, nein, das ist nicht nötig. Ich verstehe nur nicht, warum Sie so eine Panik davor haben, Julia könnte Ihre Worte oder Handlungen falsch interpretieren. Ich meine, Sie haben klargemacht, was Sache ist, und Julia hat Ihnen signalisiert, dass das in Ordnung ist für sie. Dass sie bei einem Treffen mit Ihnen gut aussieht, kann ja nun mehrere Gründe haben. Und selbst wenn sie sich ausgerechnet für Sie so hübsch gemacht haben sollte, wäre das an sich nichts Schlimmes. Und wenn sie sich freut, dass Sie sich um den gemeinsamen Sohn kümmern wollen, muss das auch nicht zwangsläufig ein tiefergehendes Interesse an Ihnen bedeuten. Möglicherweise ist sie einfach froh über Ihre Unterstützung.«

Herr Ebert sah mich unglücklich an. »Das weiß ich ja, trotzdem habe ich Angst, dass sie mehr will und …«

»Und was genau tut?«, fragte ich.

»Ich weiß nicht … ich finde einfach den Gedanken schlimm irgendwie … ich kann das nicht so … also …« Er verlor sich in Gestammel, während seine Hand wie automatisch nach der Kaffeekanne griff, um nachzuschenken.

Ich bohrte nach: »Haben Sie Sorge, dass Julia versuchen könnte, Ihre Ehe zu zerstören?«

»Himmel, nein! Natürlich nicht!« Offenbar erschien dieser Gedanke Herrn Ebert vollkommen abwegig. Gut.

»Denken Sie, Julia könnte anfangen, Sie mit Nachrichten und Anrufen zu überschütten oder dergleichen?«

»Nein, das würde sie nicht tun. So ist sie nicht.«

Ich lehnte mich in meinem Stuhl zurück und musterte Herrn Ebert. »Um ehrlich zu sein, nach all dem, was ich von Ihnen über Julia weiß, wirkt sie wie eine nette, verständnisvolle und selbstständige Frau, die keineswegs an Stress oder Streit interessiert ist.«

»Ja, genau!« Herr Ebert nickte zustimmend. »Das hat sie auch schon gesagt. Also, dass sie keinen Streit will und sich wünscht, dass alles harmonisch abläuft. Das ist ihr sehr wichtig.«

Ich schaute Herrn Ebert wortlos an. Er schaute zurück, sah dann auf den Tisch und begann mal wieder, Dinge in Reih und Glied zu schieben. Ich beschloss, weiterhin zu schweigen, und hoffte, dass er es selbst erkannte: Julia war definitiv nicht der Grund für seine unangenehmen Gefühle.

Herr Ebert seufzte.

Er sortierte.

Und seufzte noch mal.

Herzerweichend.

Ich seufzte ebenfalls, aber innerlich. Äußerlich versuchte ich, dem Mann vor mir darzulegen, was er insgeheim vermutlich ahnte, ohne in der Lage zu sein, es zu formulieren. »Herr Ebert, könnten Sie sich vorstellen, dass Ihre Sorgen und unguten Gefühle möglicherweise unbegründet sind?«

Er sah so gequält aus, als hätte ich ihm gerade eröffnet, dass er die nächsten Wochen täglich zum Zahnarzt müsse.

»Sie meinen, ich stell mich nur doof an?« Sein schiefes Grinsen, wenn er solche Sachen sagte, war mir mittlerweile mehr als vertraut.

»Das haben *Sie* gesagt.« Ich musste meinerseits grinsen, und Herr Ebert lächelte mich dankbar an. Es war immer wieder erstaunlich, wie positiv dieser Mensch auf Humor reagierte. »Nein, das meine ich tatsächlich nicht«, fuhr ich ernst fort. »Aber ich denke, dass Sie es sich unnötig schwer machen, und möchte Ihnen gern helfen, damit aufzuhören.«

Es bedurfte eines weiteren Beratungsgespräches, bis Herr Ebert begriff, dass er sich die meisten seiner Probleme selbst bastelte – im Übrigen nicht nur im Hinblick auf seine Situation mit Julia, sondern auch ganz allgemein. Herr Ebert erkannte, dass er oft Gespenster sah, wo keine waren, und er sich den meisten Stress mit Erwartungen bereitete, die niemand an ihn stellte. Nur weil er *dachte,* Julia *könnte* hoffen, dass er seine Frau verließ, um mit ihr zusammen zu sein, geriet er in eine innere Bedrängnis, als hätte sie ihn mit vorgehaltener Waffe gezwungen, Sandra anzurufen und sich umgehend von ihr zu trennen.

Das zu erkennen, war für Herrn Ebert erleichternd und verstörend zugleich.

»Sie meinen, da sind eigentlich gar keine Probleme und ich kann ganz entspannt sein, bin es aber eben nicht, weil ich mir Schwierigkeiten einbilde, die sich total echt anfühlen? Das ist … ganz schön bescheuert!« Er sah mich Hilfe suchend an.

Ich ging den Zucker auffüllen und erklärte sehr bestimmt, dass es insgesamt und auch gerade im Hinblick auf unsere Gespräche mehr als hilfreich wäre, wenn er sich nicht ständig als Idioten und seine Gedanken und Gefühle als bescheuert bezeichnen würde. Als ich mich wieder zu ihm setzte, bat ich ihn, ein bisschen netter zu sich selbst zu sein und sich Zeit zu geben.

»Sehen Sie, Sie haben inzwischen erkannt, dass die meisten Ihrer Probleme sozusagen hausgemacht sind. Das ist sehr gut und ein erster Schritt in die richtige Richtung. Aber werden Sie bitte nicht unfair sich selbst gegenüber, indem Sie erwarten, von jetzt auf gleich ein anderer Mensch mit völlig neuen Gedankengängen und Gefühlen zu sein. So was braucht Zeit.«

Herr Ebert stimmte mir seufzend zu und vereinbarte zwei weitere Termine für die nächsten Wochen.

Aus den zwei Terminen wurden sechs. Den gesamten Prozess, den Herr Ebert durchlief, an dieser Stelle zu erläutern, würde zu viel Raum einnehmen. Vielleicht schreibe ich irgendwann einmal ein ganzes Buch über diesen Mann. Ich bin mir sicher, dass der Stoff dafür ausreicht. Allein mit Kaffeerühren und der Neuanordnung meiner Schreibtischutensilien ließen sich zwei Kapitel füllen. Drei weitere wären vollgestopft mit Halbsätzen über Selbstzweifel und Mutmaßungen darüber, wer vielleicht warum wie was gemeint haben könnte. Freilich ohne es direkt genauso gesagt zu haben oder gar, indem genau das Gegenteil dessen formuliert wurde, was Herr Ebert meinte, unter Umständen daraus herauslesen zu müssen. Oder auch nicht.

So viel sei gesagt: Herr Ebert war hoch motiviert, seine »bescheuerten Panikgedanken«, wie er sie schließlich nannte, loszuwerden, und tatsächlich war er nach einiger Zeit in der Lage, sie zu kontrollieren. Nicht immer. Nicht komplett. Aber eben so, dass er selbst eine deutliche Verbesserung spürte. Wir waren beide recht zufrieden. Und nach den sechs Terminen dauerte es eine ganze Weile, bis ich erneut von Herrn Ebert hörte.

Er war ein wunderbarer Klient, denn er war offen, motiviert und verlor nie seinen Sinn für Humor. Ich gebe zu, das hilft auch mir als Psychologin, denn ich arbeite immer mit Humor. Ich bin der festen Überzeugung, dass man auch und gerade bei schweren Themen und intensiven Gefühlen ein wenig Leichtigkeit braucht. Durch sie kann man spielend einen oder mehrere Schritte zurückgehen und das Ganze aus einiger Entfernung betrachten.

Das ist wie der sogenannte Comic Relief, der in Filmen benutzt wird, um kurzfristig Spannung abzubauen. Wenn Indiana Jones mitten in einer wahnwitzigen Actionsequenz genervt die Augen verdreht, ist es befreiend, einmal laut auflachen zu können, bevor es in der nächsten Sekunde spannungsgeladen weitergeht.

Daneben gibt es tatsächlich nur wenige Dinge, die schneller zu Entspannung und Zufriedenheit führen, als über sich selbst zu lachen. Das eigene Leben hin und wieder aus einer gewissen Entfernung zu betrachten, sich selbst nicht allzu ernst zu nehmen und sich bewusst zu werden, dass man es (in der Regel) ganz schön gut hat – das hat einen starken Effekt.

Probiert es aus!

Nehmt euch nicht so ernst, lacht über euch und erkennt vor allem, dass aus der Distanz alles, was gerade noch schlimm aussah, im Großen und Ganzen betrachtet gar nicht so unlösbar und/oder schrecklich ist, wie ihr angenommen habt.

Und bedenkt, dass zwar vermutlich keiner von uns so gut im »Probleme selbst zusammenbasteln« ist wie Herr Ebert, wir aber durchaus ebenfalls Phasen durchleben, in denen wir ihm glatt Konkurrenz machen könnten.

Falls ihr euch gerade in so einer Problembastelphase befindet, legt mal eine kurze Pause ein. Ja, auch dann, wenn ihr es euch mit Kleber, grauem Problemflitter und gruseligen Wackelaugen in eurer kuscheligen Bastelecke schon so richtig gemütlich gemacht habt. Legt trotzdem die Heißklebepistole beiseite und steht auf. Schüttelt eure Beine aus, streckt euch und entfernt euch ein paar Schritte von der Bastelecke, atmet durch, hüpft ein wenig auf und ab, ruft einen Freund an, lacht und geht noch ein paar Schritte zurück. Und dann schaut mal zu eurer Bastelecke, die gar nicht so kuschelig, sondern eher eng und ungemütlich ist, und erkennt: Ihr könnt auch einfach aufhören mit dieser Bastelei.

Falls ihr euch insgeheim fragt, was Herr Ebert eigentlich in diesem Buch verloren hat, obwohl er noch nicht mal Vater ist: Wir können aus seiner Geschichte auch und gerade als Eltern eine Menge lernen. Denn für das Wohlbefinden eines Kindes ist es unter anderem von Bedeutung, wie es seinen wichtigsten Bindungspersonen geht. Es tut Kindern gut und unterstützt sie in der Entwicklung eines eigenen intakten Beziehungserlebens, wenn ihre Hauptbezugspersonen mit sich im Reinen sowie weitestgehend ausgeglichen sind, über sich selbst lachen können und es schaffen, eine gute Beziehung zueinander zu haben – sei es als Paar, getrennt lebend, in einer bunten Patchwork-Familie oder konfrontiert mit einem Seitensprung.

Mit Herrn Ebert lernen wir, dass offene Gespräche hilfreich sind und wie man aus Gedankenspiralen und Problembastelecken herausfindet – all das ist auch für uns Eltern hilfreich.

Und so bitte ich euch: Nehmt euch selbst nicht so ernst, lacht über euch, betrachtet euer Leben aus der Entfernung, erkennt, wie viel Grund zum Freuen und Dankbarsein ihr habt, und verlasst eure miefige Problembastelecke.

Das mag ein bisschen viel auf einmal sein, deshalb beginnt mit etwas Einfachem und lächelt.

Das geht bestimmt.

Und dann atmet durch, lächelt weiter und klopft euch selbst auf die Schulter, denn ihr habt begonnen, etwas zu verändern. Und das ist wunderbar!

Es muss nicht jeder alles können – Gemeinsam sind wir stark!

Erinnert ihr euch, dass Katja damals so unglücklich war mit ihrer Entscheidung, Florian im Schlafanzug in die Schule zu schicken? Das lag natürlich in erster Linie daran, dass es ihr Morgen-Problem nicht gelöst hatte, aber für Katja war in dieser Situation auch schrecklich gewesen, dass Florians Klassenlehrerin, Frau Rommelsberger, so ungehalten reagiert hatte. Und das, wo es doch gerade wieder ganz gut lief mit der »ollen Rommelsberger«, wie Tine die Lehrerin gern nannte.

Lehrer … Ich habe seit meiner Kindheit zu Lehrern – und nebenbei bemerkt gleichermaßen zu Ärzten – ein äußerst schwieriges Verhältnis. Bei beiden Berufsgruppen bin ich leider zu vielen von den nicht so tollen bis katastrophalen Exemplaren begegnet. Selbstverständlich weiß ich, dass es viele richtig gute Lehrer und ebensolche Ärzte gibt. Nur bedauerlicherweise eben zu selten in meinem Umfeld.

Florians Klassenlehrerin beispielsweise gehörte definitiv zu den tendenziell katastrophalen, und ich bedauerte Katja zutiefst.

Nicht nur, dass Frau Rommelsberger die Erstklässler regelmäßig demoralisierte, indem sie sie vor versammelter Klasse tadelte, ein selbst gemaltes Bild gern mal mit Rotstift durchstrich und »Gefällt mir gar nicht« (mit drei Ausrufezeichen) sowie einen traurigen Smiley zur Verdeutlichung dazukritzelte und sogar mehr als einmal einem Kind eine düstere Zukunft ohne Schulabschluss vorhersagte – sie versetzte auch die Eltern in Angst und Schrecken. Zumindest solch perfektionistische Exemplare wie Katja.

Meine Freundin legte sehr viel Wert darauf, ihre Kinder bestmöglich zu fördern – glücklicherweise ohne sämtliche Nachmittage mit Fremdsprachen für Kleinkinder und Ähnlichem zu verplanen. Ganz so weit ging sie nicht, war jedoch über die Maßen bemüht, alles richtig zu machen, was dazu führte, dass sie sich hin und wieder allzu schnell verunsichern ließ.

Eigentlich hatte sich Katja fest vorgenommen, Frau Rommelsberger beim ersten Elternabend darum zu bitten, das ständige negative Feedback und den inflationären Gebrauch des Rotstifts einzuschränken. Aber schon auf dem Rückweg rief sie mich völlig aufgelöst an und erklärte, sie habe Florian nicht gut genug auf die Schule vorbereitet, müsse unbedingt mit ihm zur Ergotherapie und einen Nachhilfelehrer besorgen. Außerdem müsse sie sich um Kurse für Marie kümmern, damit wenigstens sie in zwei Jahren eine Chance auf einen normalen schulischen Werdegang habe. Für Florian komme vermutlich jede Hilfe zu spät. Sie sei eine miese Mutter und könne das Versäumte bestimmt nie wieder aufholen geschweige denn gutmachen.

Spätestens seit diesem Elternabend plädierte ich dafür, ein Gespräch mit Frau Rommelsberger oder besser noch mit der Direktorin der Grundschule zu führen. Der Schaden, den diese Lehrerin der Psyche der Schulkinder (und der mancher Eltern) zufügte, war nicht zu unterschätzen. Allerdings sah ich ein, dass

Katja dafür vermutlich die Falsche war. Sie brauchte Tage, um sich von diesem Elternabend zu erholen, und begann tatsächlich mit der Suche nach einem Nachhilfelehrer für Florian und diversen Förderkursen für Marie. Sogar für die noch nicht einmal einjährige Leni recherchierte Katja nach Lernangeboten, so verunsichert war sie.

Ich fand, dass man Frau Rommelsberger nicht einfach so weitermachen lassen konnte, denn das war definitiv nicht zum Wohl der Kinder.

Tine und ich rieten Katja dazu, sich mit anderen Eltern zusammenzutun beziehungsweise die Elternsprecherin zu informieren.

»Dafür gibt's die doch, diese Elternsprecher. Oder nicht?« Tine verstand nicht, warum die Klassengemeinschaft nicht längst etwas gegen die Lehrerin unternommen hatte.

Katja dagegen schon. »Die Elternsprecherin hat sich nach dem Elternabend total freundschaftlich mit Frau Rommelsberger unterhalten. Die hilft mir ganz sicher nicht. Und die meisten Eltern kenne ich ja noch gar nicht. Woher weiß ich denn, wem ich trauen kann?«

»Himmel, du klingst, als würden wir in der DDR leben und die anderen Eltern könnten Stasi-Spitzel sein! Man kann doch immer miteinander reden und …«

Katja unterbrach Tine ungewohnt heftig: »Man kann nicht immer miteinander reden! Hier geht's um Flori und seine Zukunft! Woher weiß ich, ob die Mutter von Niklas nicht vielleicht eine gute Bekannte von Frau Rommelsberger ist? Oder ob Lauras Mutter den pädagogischen Ansatz von der sogar total toll findet und dann ihrerseits eine Initiative startet, um mich von der Schule verschwinden zu lassen, oder …«

»Katja, findest du nicht, dass du ein wenig übertreibst?«, stoppte ich sie. »Ich meine, das ist eine Grundschule und kein Kriegsschauplatz!«

Katja sackte in sich zusammen und sah furchtbar traurig aus. Dann murmelte sie mit Grabesstimme: »Das ist das, was *du* denkst.«

Wir saßen eine Weile da und fanden keine Worte. Schließlich nahm ich Katja in den Arm.

»Hey …«, flüsterte ich.

Nach einem kurzen Moment der Weigerung ließ sie sich an mich sinken und begann hemmungslos zu weinen. Tine und ich blickten uns betroffen an. Wir hatten Katja noch nie weinen sehen.

Ich fühlte mich hilflos, weil ich keine spontane Lösung parat hatte, nichts, was das Problem sicher, risikolos und nachhaltig aus der Welt schaffen konnte. Also hielt ich Katja weiter im Arm, reichte ihr hin und wieder ein Taschentuch, wartete ab und … war einfach da.

Manchmal ist das für den Moment das Einzige, was man tun kann. Und auch wenn es sich anfühlt, als wäre es nichts, und sich gerade bei den »Problemlösern« unter uns angesichts dieses »Nichtstuns« ein Gefühl der Machtlosigkeit einstellt, sei gesagt: Jemanden im Arm zu halten, seiner Trauer, Angst und Verzweiflung Raum zu geben und nicht von seiner Seite zu weichen, bis der erste Sturm vorüber ist – das ist keineswegs »nichts«, sondern eine sehr kraftvolle und hilfreiche Geste der Freundschaft und der Liebe.

Natürlich löst sich dadurch keine blöde Lehrerin, kein doofer Nachbar und auch sonst kein handfestes Problem in Luft auf. Zumindest nicht, dass ich wüsste (falls doch, bitte ich dringend um eine entsprechende Nachricht!).

Sich auszuweinen, kann jedoch durchaus hilfreich sein – genauso, wie vor sich hin zu schimpfen, wenn man gerade nicht weinen kann oder will. Beides ist Ausdruck dafür, dass man in diesem Moment einfach mal alles so richtig doof findet.

Und das muss eben manchmal sein. Ich bin felsenfest davon überzeugt, dass weinen oder auch ungefiltert vor sich hin fluchen noch hilfreicher und wirkungsvoller ist, wenn derjenige, der weint oder flucht, dabei nicht allein ist, sondern bei einem Freund. Und zwar bei einem, der zunächst einfach nur da ist und damit zwei wichtige Dinge signalisiert: »Ich bin hier, also bist du nicht allein«, und: »Du darfst traurig, ängstlich, wütend und verzweifelt sein. Es ist okay. Es darf sein.«

Und so saßen Tine und ich auf dem Sofa bei Katja und ließen sie sich ausweinen. Heimlich weinte ich ein bisschen mit und bemerkte, dass auch in Tines Augen Tränen standen. Ihrem Gesichtsausdruck nach zu urteilen allerdings in erster Linie Tränen der Wut.

Als Katja einen Berg Taschentücher vollgeschnäuzt, die verschmierte Wimperntusche beim Versuch, sie wegzuwischen, noch ein wenig mehr verschmiert und sich mehrfach entschuldigt hatte für ihre Heulerei (wie sie es nannte), platzte es aus Tine raus: »Wenn du nicht zur Direktorin gehst, dann mach ich das!«

Wie ihr unschwer erkennen könnt, ist Tine von uns dreien diejenige mit dem größten Drang, Probleme sofort und nachhaltig zu lösen.

Katjas Augen wurden wieder nass. »Und was willst du sagen? Du hast doch nicht mal ein Kind auf der Schule.«

»Aber ich hab ein Freundinnen-Kind dort! Ich behaupte einfach, Flori sei mein Patenkind.«

»Aber du kannst doch nicht …«

»Doch! Kann ich!«

Ich versuchte zu vermitteln: »Tine, ich versteh dich und du hast vollkommen recht, dass etwas getan werden muss. Trotzdem verstehe ich auch Katja.«

Tine sah mich ernüchtert an. »Und? Wie bringt uns das jetzt weiter?«

Das war eine verdammt gute Frage.

»Ihr habt beide recht mit eurem Standpunkt. Beides gleichzeitig funktioniert allerdings nicht. Das ist, wie wenn man sich vom Sams einander widersprechende Dinge wünscht. Das geht nicht gut aus!«

»Deine Vergleiche waren auch schon mal besser«, grummelte Tine.

Da hatte sie recht.

Ich seufzte. Und eine Lösung war ebenfalls nicht in Sicht. Denn tatsächlich konnte ich recht gut nachvollziehen, was in Katja vorging. Zwar ließ ich mich nicht so schnell verunsichern wie meine Freundin, kannte jedoch das unangenehme Gefühl, wenn man plötzlich überlegt, ob man seine Meinung sagen oder nicht vielleicht doch einfach nur nicken, lächeln und den Mund halten sollte, damit dem eigenen Kind bloß keine Nachteile entstehen.

Meine Tochter Amelie ging ebenfalls in die erste Klasse. Glücklicherweise auf einer anderen Schule ohne Lehrerinnen wie Frau Rommelsberger, aber dennoch … Auch ich hatte an mir eine ungewöhnliche Zurückhaltung bemerkt, als es beim Elternabend um die Klärung von Fragen ging wie die, ob die Kinder ihr Pausenbrot miteinander teilen durften oder besser nicht, wieso sie so besorgniserregend wenig Hausaufgaben bekamen oder was zu tun sei, wenn eine Hochbegabung festgestellt wurde. Ich blieb still und dachte mir meinen Teil. Am besten so unsichtbar sein wie möglich, damit ich nicht am Ende jemandem, der meinem Kind das Leben erschweren konnte, unangenehm auffiel!

Auf dem Heimweg hatte ich mich über mich selbst geärgert und kaum fassen können, dass ich nichts beigetragen, sondern lieber unauffällig unter einem imaginären Tarnumhang gesessen hatte. Schließlich hatte ich mich damit getröstet, dass es ja nur um unwichtige Dinge gegangen war – und für mich selbst gehofft, dass ich anderenfalls meine vornehme Zurückhaltung aufgegeben hätte.

Ich verstand Katjas Sorge also durchaus. Trotzdem war eines klar: Frau Rommelsberger musste damit aufhören, die Kinder zu demotivieren.

»Wir brauchen einen Schlachtplan«, sagte ich. Von wegen »Das ist eine Grundschule und kein Kriegsschauplatz«. Entschlossen fragte ich schließlich: »Was ist unser Ziel?«

»Na, dass die olle Rommelsberger rausfliegt!« Tine war für endgültige Lösungen.

»Na ja, ich wär schon zufrieden, wenn sie insgesamt netter wäre. Zumindest zu den Kindern.« Katja seufzte.

Tine genügte das nicht. »Und wie willste das machen? Die hat doch ganz offensichtlich so viel pädagogisches Feingefühl wie der Psychopath, der den ›Struwwelpeter‹ geschrieben hat. Und wahrscheinlich hasst sie Kinder. Die wird sich nie ändern! Und deshalb muss die weg!«

Ich hätte Tine allzu gern zugestimmt, war jedoch mal wieder zu vernünftig – oder zu langweilig, wie Tine es genannt hätte.

»Ich befürchte, dass wir es nicht schaffen werden, Frau Rommelsberger zeitnah aus der Schule zu entfernen. Davon abgesehen, dass die dann ja nur weg von Floris Schule wäre, an einer anderen aber weiterhin Kindern ihre Bilder mit traurigen Smileys und fiesen Sprüchen verunstalten würde.«

Tine starrte mich böse an. »Niemand mag Menschen, die immer recht haben, das weißte schon, oder?«

Ich grinste. Von Katja war ein leises Kichern zu hören, was dazu führte, dass Tine ebenfalls grinsen musste und damit aufhörte, mich böse anzustarren.

»Naaa gut«, erklärte sie. »Dann ist unser Ziel eben, die olle Rommelsberger irgendwie pädagogisch wertvoller zu machen. Erst mal. Aber wenn das nicht klappt, dann …«

»Dann schießen wir sie auf den Mond.«

»Guter Plan!« Mit dieser Aussicht war Tine hochzufrieden.

Katja allerdings legte die Stirn erneut in Falten. »Was ist, wenn das nach hinten losgeht und Frau Rommelsberger Florian hinterher noch mieser behandelt und sein ganzes Selbstbewusstsein zerfleddert und er deswegen ein Schulversager wird und …«

Bevor Katja erneut in Tränen ausbrechen konnte, unterbrach ich sie. »Okay, ich weiß, wie wir anfangen müssen. Was ist das Schlimmste, was passieren kann?«

Tine funkelte mich schon wieder böse an. »Na, das nenn ich mal einen positiven Ansatz.«

Da schluchzte Katja auch schon auf, überfordert von all den Dingen, die ihr nun einfielen. Das hatte ich ja prima hinbekommen …

»Ich will doch nur, dass wir einen konkreten Plan für den schlimmsten Fall entwickeln, damit wir entspannter sein können.«

Tine deutete auf das Häufchen Elend, das einmal unsere Freundin gewesen war, und zog die Augenbrauen hoch. »Klappt super.«

Zugegeben, es lief gerade nicht wirklich gut. Im Gegenteil. Ich wollte helfen und machte irgendwie alles nur schlimmer.

Ich setzte neu an. »Was ich meine, ist: Wir sollten aufhören, uns so viele Sorgen zu machen, weil wir sonst nämlich vermutlich gar nix erreichen. Und deshalb sollten wir überlegen, was schlimmstenfalls passieren kann, und …«

»Und schon geht's uns allen besser und wir haben keine Angst mehr. Yeah!«

»Mensch, Tine, lass mich doch mal ausreden.«

»Na gut.« Sie verschloss pantomimisch ihren Mund, warf den Schlüssel über die Schulter und sah mich erwartungsvoll an.

»Also, das Schlimmste wäre, dass Frau Rommelsberger beratungsresistent ist, die Direktorin nichts Verwerfliches darin sieht, Kinder vor der ganzen Klasse zu demütigen, die anderen Eltern ihre Kinder nicht mehr mit Flori spielen lassen und Frau Rommelsberger alles, was Flori macht, mit heulenden oder wütenden Smileys versieht.«

Katja atmete schwer, und Tine fixierte mich mit zusammengekniffenen Augen. Lange würde ihr pantomimisches Schloss am Mund nicht mehr halten. Ich beeilte mich, zum Punkt zu kommen: »Wenn dieser schlimmste Fall eintritt, was ich nicht glaube, aber wenn doch, dann brauchen wir einen Plan, was zu tun ist. Und ich denke, FALLS dieser schlimmste Fall eintritt, müsste Flori die Schule wechseln. Richtig?«

»Ja, schon.« Katja sah mich zweifelnd an. »Aber wie soll das gehen mitten im Schuljahr? Und geht das überhaupt in der Grundschule?«

»Es ist nicht einfach, aber es geht. Man muss einen Antrag stellen, und natürlich dauert es, bis so was genehmigt wird, aber es ist möglich.«

»Aber bis dahin muss Flori dann ja weiter auf seine Schule gehen und alle sind gemein zu ihm und …« Da war es abermals um Katja geschehen. Sie weinte.

Ich vermied es, Tine anzuschauen – ihre Blicke spürte ich auch so mehr als deutlich.

»Katja, bitte hab ein ganz klein wenig Vertrauen, dass nicht *alle* Menschen, die etwas zu sagen haben, unfähig und böse sind. Und sicherlich könnte Flori, sofern dieser unwahrscheinliche schlimmste Fall eintreten sollte, für eine Weile krankgeschrieben werden und müsste gar nicht zur Schule. Und bevor du dir *darüber* Gedanken machst: Nein, er wird in diesem Fall nicht die erste Klasse wiederholen müssen, weil du ihm das, was sie da lernen, prima zu Hause beibringen kannst. Außerdem ist Flori so clever, dass du ziemlich sicher gar keinen Unterschied merkst, wenn er eine Weile nicht zur Schule geht, weil er den Stoff problemlos innerhalb kürzester Zeit nachholen wird.«

Katja beruhigte sich, und ich sah, dass sie tatsächlich über das nachdachte, was ich gesagt hatte. »Aber wenn dann derjenige, der entscheidet, ob Flori die Schule wechseln darf, der Bruder von der ollen Frau Rommelsberger ist und …«

»Dann zieht ihr eben um«, kam es von Tine. »Wenn ihr in unserer Ecke wohnt, kommt Flori auf die Schule, auf die Amelie geht, und Marie kann dann mit Anna eingeschult werden und wir wohnen näher beieinander und …« Tine unterbrach sich selbst, schaute uns triumphierend an und erklärte: »Ha! Ich hab das Problem gelöst! Ihr zieht um! Zu uns! Perfekt! Los, ruf einen Makler an!«

Katja lächelte. »Danke. Mir geht's schon viel besser.«

»Hey, ich mein das ernst. Zieh zu uns! Das ist auch viel umweltfreundlicher, weil wir dann kein Auto mehr brauchen, um uns zu besuchen, und …«

»Okay, ich denk drüber nach. Aber möglicherweise will mein Mann auch noch ein Wörtchen mitreden.«

Tine schnappte sich ihr Handy. »Ich ruf ihn an.«

Katja lachte, und wir hatten endlich einen Plan für den schlimmsten Fall, der plötzlich gar nicht mehr sooo schlimm wirkte.

Ich möchte an dieser Stelle kurz etwas zu diesem »Worst-Case-Szenario« erklären. Grundsätzlich ist es selbstverständlich besser und in der Regel auch realistischer, nicht vom schlimmsten Fall auszugehen, weil der nur sehr selten eintritt. Im Grunde fast nie. Deshalb habt Vertrauen! Habt Vertrauen in Menschen, in das Leben und vor allem in euch selbst! Die meisten Dinge, über die wir uns Sorgen machen, treten nie ein. Folglich ist es nicht nur gesünder, sondern tatsächlich auch vernünftiger, sich weniger zu sorgen. Ja, das sagt sich sehr leicht, ich weiß.

Aber glaubt mir, man kann lernen, mehr zu vertrauen und sich weniger zu ängstigen. Denn wenn ich das geschafft habe, dann schafft ihr das auch.

Ich bin nämlich in einem Umfeld aufgewachsen, in dem sich zumindest der weibliche Teil der Familie in einem exorbitanten Maß damit beschäftigt hat, was alles passieren und wie man schon im Vorfeld alle Eventualitäten verhindern könnte. Ich habe dieses Verhalten übernommen und erst spät bemerkt, dass ich sehr viel Zeit damit verbrachte, mich mit Dingen zu beschäftigen, die nie eintraten.

Auch hier gilt: Es kommt auf das Maß an.

Zum Glück hat man ja nicht nur die Wahl zwischen der ständigen Erwartung von Katastrophen und einer gedankenlos grinsenden Wird-schon-nichts-passieren-Einstellung, die oftmals in unangenehm egoistischem Verhalten mündet. Nein, ich plädiere für einen gesunden Mittelweg, der je nach Temperament und Veranlagung durchaus variieren darf.

Mein persönlicher Mittelweg sieht zum Beispiel anders aus als Tines, die von Natur aus eher in Richtung Wird-schon-nichts-passieren gepolt ist. Als wir mit unseren damals noch sehr kleinen Kindern als Familien gemeinsam für zwei Wochen nach Gran Canaria flogen, konnte sie überhaupt nicht fassen, was ich alles in die Wickeltasche gepackt hatte.

»Sophie, wir sind doch nur ein paar Stunden unterwegs. Danach bekommen wir unsere Koffer wieder und sind im Hotel. Wozu brauchst du also den ganzen Kram?«

Ich verkniff mir den Hinweis darauf, dass ich eben auch einen oder zwei Tage einigermaßen entspannt ohne meine Koffer auskommen wollte, weil die sich eventuell gerade auf dem Weg nach Mallorca, Nigeria oder Island befanden, und erklärte lediglich, dass doch während des Fluges eine Situation eintreten konnte, in der ein frischer Strampelanzug, ein T-Shirt, Nasenspray oder Stoffwindeln gebraucht würden. Tine lachte und erklärte freundlich, aber bestimmt, ich sei schon ziemlich bekloppt.

Drei Stunden später bedankte sie sich ein wenig zerknirscht für die Wechselklamotten für Anna und sich selbst, ohne die sie beide in Tomatensaft-getränkter Kleidung bis zur Ankunft im Hotel hätten ausharren müssen. Es sind die kleinen Freuden …

Dabei muss ich gestehen, dass ich selbst so gut wie nie Gebrauch von meinen immer und überall mitgebrachten Ersatzshirts, Strumpfhosen und sonstigen Kleidungsstücken gemacht habe. Bis heute nicht. Ich verleihe sie aber regelmäßig und freue mich, dass ich mit meinem Sicherheitsfimmel auf diese Weise etwas Gutes tun kann.

Nur beim Abiball meiner Tochter Amelie war ich einmal mutig und hatte keine Ersatzstrumpfhose in meine Handtasche gestopft. Ihr dürft raten, was passiert ist. Der Fotograf war dann übrigens so nett und hat die gigantische Laufmasche wunderbar retuschiert, sodass das einzige Problem auf dem Foto meine Frisur ist. Aber davon erzähle ich euch ein anderes Mal.

Ach, und wo wir gerade bei schrulligen Eigenschaften wie beispielsweise der des Abschweifens sind – bitte erinnert euch: *»It's not a bug, it's a feature.«*

Wo war ich?

Genau: bei Katja auf dem Sofa, gemeinsam mit Tine und dem Frau-Rommelsberger-Problem.

Ich hatte das »Worst-Case-Szenario« deshalb angesprochen und uns quasi gezwungen, diese Möglichkeit in Betracht zu ziehen und eine Lösung dafür zu finden, weil es hin und wieder unmöglich oder schlicht nicht sinnvoll ist, es außer Acht zu lassen.

Vielleicht kennt ihr das: Wenn man sich einmal in etwas reingesteigert hat wie Katja, dann ist das Hirn blockiert und lässt sich nicht umschalten auf »Wird schon alles gut gehen« – was oftmals zwar unnötig und nervig ist, manchmal aber durchaus seine Berechtigung hat. Denn selbstverständlich gibt es Entscheidungen, die wir erst dann treffen sollten, wenn wir uns über die Risiken im Klaren sind. Und wenn wir für den schlimmstmöglichen Ausgang eine Lösung parat haben, können wir uns umso entspannter dem eigentlichen Problem zuwenden.

Und das taten wir.

Katja ging es sichtlich besser. Vor dem Hintergrund eines möglichen Schulwechsels beziehungsweise Umzugs konnte sie nun endlich wieder klar denken.

»Also«, begann ich vorsichtig. »Ein paar von den Eltern kennst du doch schon aus dem Kindergarten. Richtig?«

»Nur zwei, weil Flori doch im Waldkindergarten war.«

Ich warf einen warnenden Blick zu Tine. Sie fand diese Elterninitiative, in der Katja ihre Kinder betreuen ließ, »völlig hirnverbrannt« und sparte in der Regel nicht mit entsprechenden Kommentaren oder Witzen.

Heute jedoch lächelte sie mich nur beruhigend an und fragte: »Und diese zwei sind … nicht vertrauenswürdig? Ich meine, ihr habt doch sicher mal über die olle Rommelsberger gequatscht, oder?«

Katja seufzte. »Doch. Schon.«

»Aber?«

»Also, die einen sind die Eltern von Malte und …«

»Kotz-Malte?« Tine kicherte.

Katja lächelte schief. »Ja, die Eltern von Kotz-Malte. Die haben ihre eigenen Probleme und werden mich bestimmt nicht bei meinem Kampf gegen die Klassenlehrerin unterstützen.«

»Vielleicht ja gerade doch?«, warf ich ein. Denn sicherlich litten diese Eltern genauso unter Frau Rommelsberger. Ihr Sohn Malte hatte sich im Waldkindergarten nämlich dadurch ausgezeichnet, dass er sich jedes Mal, wenn er mit der Gesamtsituation hinreichend unzufrieden war, übergeben hatte. Vorzugsweise auf andere Kindergartenkinder, die Erzieherinnen oder auch höchst effektvoll in die Legokiste. Er hatte sich dazu weder den Finger noch sonst was in den Hals stecken müssen, sondern sich einfach ohne Vorwarnung spontan entleert. Ratet, wer von uns ihm den Namen »Kotz-Malte« gegeben hat.

»Ich finde ja, das ist so was wie eine Superheldenfähigkeit. Wer kann schon auf Kommando losreihern?« Tine grinste breit. »Wir sollten ihn Kotz-Man nennen. Ach, und wir hätten ihm zur Einschulung ein Superheldencape schenken können mit …«

»Tine!« Ich versuchte, ernst zu bleiben, aber es gelang mir nicht. Auch Katja kicherte vor sich hin.

»Flori hat erzählt, dass sich Malte inzwischen zwar seltener übergibt, aber wenn, dann trifft er so gut wie immer Frau Rommelsbergers schicke Schuhe.«

»Ein Hoch auf Kotz-Man!«, rief Tine begeistert. »Na, logo müssen wir uns mit seiner Familie verbünden!«

»Aber nur, wenn du aufhörst, ihn so zu nennen. Malte. Er heißt Malte.« Ich fühlte mich zwar ein wenig oberlehrerhaft, hatte jedoch Sorge, dass wir den Namen sonst so sehr in unseren normalen Sprachgebrauch aufnähmen, dass er Katja am Ende in der Schule rausrutschte. Tine grummelte etwas von »nichts darf ich«, erklärte sich aber einverstanden.

»Ich hab bereits mit Maltes Eltern geredet«, erklärte Katja. »Aber … also, ich will halt nicht …« Sie seufzte entnervt auf. »Ich weiß, dass das doof ist, aber ich will halt nicht, dass Flori mit Kotz-Malte in einen Topf geschmissen wird und dann … äh … also …« Tine und ich sahen Katja schweigend an. »Ähm … das ist echt scheiße von mir. Glaubt ihr, ich weiß das nicht? Aber Malte … Mich nervt diese ewige Kotzerei, und die ist ja echt alles andere als normal. Ich will nicht, dass …«

»Schon gut. Ich versteh dich«, beruhigte ich meine Freundin.

»Echt?«

»Ja, klar. Was denkst du denn? Aber doof isses natürlich trotzdem.«

Katja seufzte. »Ich weiß.«

»Für das Frau-Rommelsberger-Problem musst du vielleicht über deinen Schatten springen. Aber du hast von zwei Elternpaaren gesprochen. Wer ist das andere?«

Katja stöhnte. »Die anderen sind die Eltern von Katharina.«

»Oh.«

Katharinas Eltern hatten in irgendeiner Studie gelesen, dass das Verbringen von Zeit im Wald den Intelligenzquotienten von Kindern um soundsoviel Prozent steigere. Da sie jedoch offenbar keine Lust hatten, selbst Zeit mit ihrer Tochter im Wald zu verbringen, gaben sie sie folgerichtig in die Obhut des Waldkindergartens. Sie waren die Prototypen jener leistungsorientierten Eltern, die sich nie selbst mit ihrem Kind beschäftigen, weil es ständig von irgendeinem Fachmann für was-auch-immer gefördert werden muss. Und so besuchte Katharina jeden Tag nach der Schule diverse Kurse wie Japanisch für Kinder, Ballett, Schach und dergleichen. Mit Sicherheit wollten die Eltern nur das Beste für ihre Tochter, trotzdem waren sie leider das Gegenteil von herzlich oder sympathisch. Und dennoch …

»Ich verstehe, dass du mit denen nichts zu tun haben willst«, sagte ich. »Und ich finde auch, dass ihr Verhalten äußerst zweifelhaft ist. Aber gerade solche Eltern lassen sich von nichts und niemandem einschüchtern oder aufhalten und setzen Himmel und Hölle in Bewegung, wenn es um ihre Kinder geht. Und zwar ohne Rücksicht auf Verluste.«

»Ja, schon, allerdings finden die bestimmt gut, dass Frau Rommelsberger so streng ist. Denen geht's doch nicht darum, dass ihre Tochter sich wohlfühlt oder womöglich gar Spaß hat. Die wollen nur, dass Katharina später mal irgendwelche Preise gewinnt und auf irgendeine Eliteuni geht und so. Boah, die sind so unangenehm!«

Ich nickte. »Versteh ich, trotzdem haben wir eine Mission zu erfüllen. Und dabei sind vor allem solche Eltern wahnsinnig hilfreich, weil sie über Leichen gehen, wenn die Gefahr besteht, dass ihr Kind womöglich nicht genug gefördert wird.«

»Wem sagst du das!« Katja hob entnervt die Arme und stöhnte. »Ich saß ja schließlich bei den Elternabenden vom Waldkindergarten stundenlang im Bauwagen fest, weil Katharinas Eltern eine Idee nach der anderen anbrachten, um die Kinder ›bestmöglich auf eine akademische Karriere vorzu-bereiten‹. Kotzwürg!«

»Perfekt!«

Tine und Katja schauten mich verständnislos an.

»Aber der ollen Rommelsberger geht es doch darum, dass die Kinder was leisten sollen und bloß keinen Spaß haben und so. Das ist doch exakt das, was die Katharina-Eltern auch wollen!«

»Ja und nein. Die Katharina-Eltern wünschen sich, dass ihre Tochter viel lernt und später auf einer Spitzenuni den bestmög-lichen Abschluss macht. Aber das können sie abhaken, wenn ihre Tochter weiterhin von Frau Rommelsberger unterrichtet wird, weil sich das Lernklima direkt auf das Lernverhalten der Kinder auswirkt. Unter Stress schüttet sogar ein Wunderkind wie Katharina Cortisol aus und wird dadurch ein Stück weit begriffsstutzig. Ihr Hirn funktioniert genauso wie das der anderen Kinder. Folglich lernt auch sie besser, wenn sie an sich glaubt und davon ausgeht, dass sie in der Lage ist, die ihr gestell-ten Aufgaben zu lösen. Außerdem kann sich Katharina – wie alle anderen Menschen – Dinge besser merken, wenn sie sich wohlfühlt und Freude am Lernen hat. Und das sagen nicht nur Psychotanten wie ich, sondern insbesondere Neurobiologen, also selbst in den Augen von Katharinas Eltern ›richtige‹ Fachleute.«

»Du meinst, wir müssen einfach nur einen Haufen wis-senschaftlicher Studien zusammensuchen, die zeigen, dass Katharina mit der ollen Rommelsberger als Lehrerin die Aufnahmeprüfung für Harvard bereits so gut wie verkackt hat und niemals den Nobelpreis gewinnen wird, und schon werden Katharinas Eltern die ganze Arbeit für uns erledigen?« In Tines Stimme schwang Bewunderung mit.

»Na ja, äh … irgendwie schon.« Ich gebe zu, es so formuliert zu hören, fühlte sich ziemlich feige an. Andererseits musste irgendjemand Katja und vor allem den armen Schulkindern helfen.

»Ich find die Idee super!« Tine klatschte in die Hände, während Katja unsicher vor sich hin starrte.

»Aber wie stelle ich das an? Schick ich den Katharina-Eltern ein Paket voll mit wissenschaftlichen Studien, Fachartikeln, Statistiken und ’nen anonymen Brief, oder wie?«

Tine kicherte. »Ja, genau. Und du unterschreibst mit ›Ein Freund, der es gut mit Ihnen meint‹.«

»Ich dachte eher daran, einfach mit ihnen zu reden«, gab ich zu, womit ich in Tines Augen vermutlich mal wieder zur Spaßbremse mutierte. An Katja gewandt fuhr ich fort: »Sag ihnen, dass du deiner Freundin, die Diplom-Psychologin und Sachverständige für familienrechtliche Gutachten ist, von Frau Rommelsbergers Unterrichtsmethoden erzählt hast und dass diese Freundin diesbezüglich sehr entsetzt und besorgt war, weil Flori unter den gegebenen Umständen Gefahr läuft, nicht nur nicht richtig gefördert, sondern sogar in seiner Intelligenzentwicklung langfristig behindert zu werden.«

»Wow«, machte Katja. »Das klingt echt übel.«

»Eben!«

Katja atmete tief durch. »Ich glaube, das könnte funktionieren. Ich sag Katharinas Eltern, dass du mir sogar wissenschaftliches Material dazu ausgedruckt hast.«

»Perfekt! Denn dann ist es ihre Idee, die Studien lesen zu wollen!«

»Und du musst einfach nur abwarten.« Tine strahlte. »Katharinas Eltern machen das dann schon. Garantiert!«

Unser gleichermaßen feiger wie genialer Plan ging auf. Und wie! Katharinas Eltern starteten eine Kampagne in der Schule, sie holten Experten, die Vorträge und Lehrerfortbildungen abhielten, und fertigten mit ihnen zusammen Broschüren und Flyer an. Die Direktorin war zwar nicht sonderlich glücklich über das vereinnahmende Wesen der Katharina-Eltern, erkannte jedoch den Wert ihrer Bemühungen und stimmte ihnen inhaltlich voll und ganz zu.

Aus Frau Rommelsberger wurde leider trotzdem keine liebevolle, ständig lobende Lehrerin, und niemand hat sie je lachen sehen, aber zumindest bemühte sie sich, die neuen Standards der Schule umzusetzen, und wurde zu einer, nennen wir es mal, »normalen« Lehrerin. Sie war bei den Kindern nicht so beliebt wie die fröhlich-chaotische Pädagogin der Parallelklasse, aber nachdem Frau Rommelsberger ihr negatives Feedback, das Rotstift-Aufkommen und ihr Schimpfen vor der gesamten Klasse deutlich reduziert hatte, zeigte sich, dass sie über eine angenehme Klarheit und Verlässlichkeit verfügte, die die Kinder zwar nicht liebten, aber doch auf eine Art zu schätzen wussten. Immerhin. Damit konnten alle leben.

Und es war doch deutlich besser so, als wenn man Frau Rommelsberger dazu verdonnert hätte, die Schule zu verlassen, und damit lediglich dafür gesorgt hätte, dass sie *andere* Kinder in Angst und Schrecken versetzt hätte.

Katja war dennoch nicht so ganz glücklich: »Ich hätte das niemals so hinbekommen. Niemals! Ohne die Katharina-Eltern …«

»Hey«, versuchte ich die beginnende Selbstzerfleischung zu verhindern. »Schau, im Grunde sind die Verbesserungen allein dein Verdienst. Denn ohne dich hätten sich die Katharina-Eltern niemals so ins Zeug gelegt. Du hast den Stein ins Rollen gebracht und dann delegiert. Das ist nichts Verkehrtes, sondern genau richtig.«

»Eben«, sprang mir Tine bei. »Ich bin nämlich sehr froh, dass du nicht so bist wie die Katharina-Eltern, sondern wie du! Weil, also … mit denen mag ich echt nicht befreundet sein. Trotzdem ist es natürlich toll, was sie da alles auf die Beine gestellt haben. Bisschen gruselig, aber in erster Linie toll.«

»Genau! Und deshalb sollten wir dich feiern! Katja, das Genie im Hintergrund!«

Katja kicherte, nur um sofort wieder ernst zu werden. »Aber wieso kann ich so was denn nicht? Ich meine, was hätte ich denn gemacht, wenn wir keine Katharina-Eltern in der Klasse gehabt hätten oder sie nicht auf den Zug aufgesprungen wären?«

»Dann hättest du eine andere Lösung gefunden«, erklärte ich. »Außerdem hat Tine recht: Ich bin sehr froh, dass du *du* bist und keine Katharina-Mutter! Es muss doch nicht jeder alles können! Oder verfällst du in Depressionen, weil du euer Haus nicht selbst gebaut hast oder einen Arzt brauchst, wenn eins deiner Kinder eine Blinddarmentzündung hat? Und nein, das ist nichts anderes! Im Gegenteil – es ist prima, wenn jeder macht, was er kann. Sieh mal, du hast etwas sehr Wichtiges geschafft: Du hast das Problem mit Frau Rommelsberger erkannt und entsprechend gehandelt, während alle anderen Eltern schweigend zu Hause saßen. Die Katharina-Eltern sind nämlich erst in Aktion getreten, *nachdem* du sie darauf hingewiesen hast!«

»Und außerdem …«, ereiferte sich Tine, »außerdem will ich den Erfolg jetzt feiern! Und dazu muss die Hauptperson, nämlich du, Katja, mitfeiern! Sonst macht es keinen Spaß und ist doof und dann werde ich traurig und muss weinen und …«

Katja lachte. »Schon gut, schon gut. Ihr habt ja recht.« Leise fügte sie hinzu: »Danke. Für eure Hilfe und dafür, dass ihr mir sagt, wenn ich blöde Sachen denke.«

»Bitte, gerne. Jederzeit!«

Und dann feierten wir. Mit Luftschlangen, Girlanden, Kuchen und Musik. Eine unserer »Das Leben ist schön«-Partys, die wir so nannten, weil wir unseren Kindern nicht immer so ganz den Grund unserer Feiern erklären konnten, sie aber trotzdem unbedingt daran teilhaben lassen wollten.

Ich liebe diese Tradition und finde ganz generell, dass wir viel mehr feiern sollten, weil doch so häufig etwas Wundervolles geschieht. Und wenn es »nur« das Leben selbst ist. Nicht jeden Tag, dann wäre es ja nichts Besonderes mehr, aber eben häufiger als nur ein paarmal im Jahr.

Und so feierten wir mit unseren Partnern und den insgesamt sieben Kindern unsere »Das Leben ist schön«-Party. Die Kinder genossen den Abend und fragten gar nicht nach dem Grund, sondern feierten einfach mit, diese klugen Geschöpfe.

Und hier kommt noch die ratgebermäßige Zusammenfassung der Dinge, die mir besonders am Herzen liegen:

Falls ihr zu den Menschen gehört, die sich häufig zu viele Sorgen macht, dann freue ich mich, wenn ihr euch künftig ab und an fragt, ob eure Ängste wirklich berechtigt sind oder ob ihr eure Gedanken nicht eventuell ein wenig mehr in Richtung Vertrauen und Zuversicht lenken könntet. Seid geduldig mit euch, wenn es nicht gleich klappt, und versucht es einfach immer mal wieder.

Sofern ihr zu den Menschen gehört, die gänzlich unbesorgt durchs Leben hüpfen, gratuliere ich euch erst einmal dazu, dass ihr es geschafft habt, nicht in die Sorgenfalle zu tappen. Anschließend bitte ich euch, euch einmal umzusehen.

Gibt es vielleicht Menschen in eurem Umfeld, die es schwer haben mit eurer Unbesorgtheit? Ich meine damit nicht die Freundin, die euch im Notfall mit Ersatzstrampelanzügen und Ähnlichem versorgt, die leidet vermutlich nicht darunter, sondern freut sich einfach über ein nettes Dankeschön von euch.

Aber prüft mal, ob sich in eurem Umfeld nicht jemand belastet fühlt, weil er sich um zu vieles kümmern muss, was ihr aus lauter Unbekümmertheit nicht übernehmt. Falls ihr so jemanden entdeckt, könntet ihr demjenigen ja in Zukunft ein wenig entgegenkommen.

Des Weiteren rate ich dazu, Situationen, die euren Kindern nicht guttun, wie beispielsweise ein Schultag mit Frau Rommelsberger, im Sinne eurer Kinder zu verändern.

Und wenn euch als Erstes die Frage durch den Kopf schießt: »Ja, wie soll das denn gehen?«, dann sprecht mit jemandem – einer Freundin, mehreren Freunden, eurer Mutter, eurem Vater, Fachleuten – oder schreibt auf, was euch zu folgenden Fragen einfällt:

Wenn alles möglich wäre, wie würde unser Leben im besten Falle aussehen?

Wenn ich ein bisschen größer denke als sonst, welche Wege ergeben sich dadurch rein theoretisch, um dieses rundum gute Leben zu erreichen?

Und kann ich mit ein wenig Unterstützung und Vertrauen diesen Weg möglicherweise einfach beginnen zu gehen und die ersten Schritte in Richtung eines rundum guten Lebens tun?

(Psst … die letzte Frage war rein rhetorisch, denn die Antwort lautet natürlich: JA.)

Was mir besonders am Herzen liegt, ist aber das:

Haltet zusammen, helft euch gegenseitig, unterstützt euch!

Seid eine gute Freundin oder ein guter Freund für jemanden!

Und helft anderen Eltern, selbst wenn sie ein bisschen seltsam sind, denn im Grunde wollen wir doch alle das Gleiche: dass es unseren Kindern gut geht.

BITTE LÄCHELN – AUSWEGE AUS GEDANKENKARUSSELLS UND ABWÄRTSSPIRALEN

Einige Wochen nach meinem vorerst letzten Termin mit Herrn Ebert erhielt ich eine E-Mail mit einem Babyfoto und den zugegebenermaßen wenig enthusiastischen Worten: »Liebe Frau Seeberg, ich bin dann jetzt wohl Vater geworden. Herzliche Grüße und vielleicht ja bis bald, Herr Ebert.«

Ich gratulierte ihm und bekam drei Wochen später eine E-Mail zurück: »Danke und bis nächste Woche.« Nanu …?

Ich warf einen Blick in den Terminkalender. Tatsächlich: Herr Ebert hatte für den folgenden Mittwoch einen Termin bei mir vereinbart.

»Es ist alles ganz, ganz schrecklich! Einfach furchtbar!«

Ja, das war offensichtlich. Herr Ebert sah zwar nach wie vor ziemlich James-Bond-mäßig aus, aber wie ein sehr verzweifelter, unglücklicher MI6-Agent.

»Hallo, Herr Ebert«, begrüßte ich ihn. »Das tut mir sehr leid. Was genau ist denn so schrecklich und furchtbar?«

»Alles!«

Das war typisch Herr Ebert, und ich war fast geneigt, mir den Begriff »Rückfall« zu notieren und ihn mit unzähligen Ausrufezeichen zu dekorieren. Mit hochgezogenen Augenbrauen musterte ich ihn. »Ihre Frau hat sich von Ihnen getrennt?«

»Nein!« Herr Ebert schüttelte empört den Kopf.

»Ah, ich verstehe. Sie haben sich von Ihrer Frau getrennt.«

»Nein! Wie kommen Sie denn auf so was?« Er sah mich an, als hätte ich den Verstand verloren.

»Na ja, Herr Ebert, ich dachte, wenn alles ganz schrecklich und furchtbar ist, dann …«

»Jaja …«, gab er grinsend zurück. »Machen Sie sich ruhig lustig über mich. Es ist eben *fast* alles schrecklich.«

Ihr ahnt es sicher bereits: Herrn Eberts furchtbares Problem befand sich mal wieder »nur« in seinem Kopf. Doch diesmal hatte sich das Problem da drin so richtig häuslich eingerichtet und dachte überhaupt nicht daran, wieder zu verschwinden. Es hatte sich ein bequemes Sofa aufgestellt, trank Bier, aß Pizza und rülpste hin und wieder so laut, dass die zaghaften Lösungsversuche, die anfangs scheu um die Ecke linsten, umgehend das Weite suchten. Und so hing das Problem unbehelligt in Herrn Eberts Kopf herum, klappte irgendwann sogar die Matratze aus dem Schlafsofa, fläzte sich darauf und wurde von Tag zu Tag dicker, bis es irgendwann den gesamten Raum in Herrn Eberts Gedankenwelt eingenommen hatte, was dazu führte, dass der arme Mann kaum noch an etwas anderes denken konnte. Er ging mehr und mehr dazu über, sämtliche Handlungen und Äußerungen seiner Umgebung ungefiltert an das Problem weiterzureichen.

Dieses wiederum stellte all diese Eindrücke mit einem triumphierenden »Hab ich's doch gesagt!« wie Siegerpokale in ein Regal, und bald war Herrn Eberts Kopf angefüllt mit unzähligen Regalreihen voller stumpfsilberner Pötte auf Marmorsockeln, und jeden zierte eine eingravierte Erwartung, ein Vorwurf oder eine vage Vermutung. Herr Ebert rannte panisch zwischen den Regalen hin und her, wedelte dabei mit den Armen über dem Kopf und stieß immer wieder ein »Ist das alles schrecklich!« aus.

Ich gebe euch mal ein Beispiel.

Julia zu Herrn Ebert: »Magst du diese Woche vorbeikommen, um Leo zu sehen?«

Herr Ebert erstarrt und reicht die Frage an sein Problem weiter, um mit ihm gemeinsam darüber zu sinnieren, dass diese Julia nun schon wieder mit ihren Erwartungen an ihn hinredet und sicher noch viel mehr will, als dass er seinen Sohn besucht. Und überhaupt ist es ja nicht nur diese Julia, die ständig etwas von ihm erwartet, alle anderen überschütten ihn ebenfalls mit Erwartungen. Alle wollen, dass er ab sofort ständig irgendwas mit seinem Sohn … seinem Sohn … wie das schon klingt! Sein Sohn … er ist nun Vater … warum spürt er nichts? Wieso stellen sich keine Vatergefühle ein? Hilfe, er empfindet nichts für seinen Sohn! Null. Nichts. Er will kein Vater sein. Will keinen Sohn haben. Verdammt!

Das ist der Moment, in dem ein zweites Problem dazukommt. Quasi die Frau vom rülpsenden Pizzafresser. Mit verschränkten Armen und dem vorwurfsvollsten Blick, den man sich vorstellen kann, steht sie da und starrt Herrn Ebert an. Lediglich ab und zu, in besonders wirkungsvollen Momenten, schüttelt Frau Problem kaum merklich den Kopf und zischt mit einer Stimme, die durch Mark und Bein geht: »Was bist du für ein mieser Vater! Schämen solltest du dich! Pfui Teufel!«

Wie war das passiert? Nun, kaum dass Leo das Licht der Welt erblickt hatte, fühlte Herr Ebert das, was viele junge Väter (und auch Mütter) zumindest für einen kurzen Moment überkommt: Panik.

O Gott, diese Verantwortung! Was kostet so ein Kind eigentlich? Werde ich mich mein Leben lang kümmern müssen?

Nie wieder frei sein? Was, wenn ihm etwas passiert? Wenn es krank wird? Was, wenn es mich nicht mag?

Und in Herrn Eberts Fall noch zusätzlich: Was, wenn meine Frau es nicht mag? Was, wenn Julia nicht mag, dass meine Frau es nicht mag? Was, wenn ich mein Kind nicht mag?

Diese Liste ließe sich endlos fortführen.

Bei den meisten jungen Eltern wechselt sich diese Panik mit unbeschreiblicher Liebe ab, schrumpft beständig und verschwindet nach einer gewissen Zeit fast vollständig. Bei Herrn Ebert blieb die Panik einfach da. Und mischte sich mit Schuldgefühlen. Denn Herr Ebert suchte nach einem Gefühl für das Baby, und je mehr er suchte, desto weniger fand er es. Das verunsicherte ihn zutiefst und führte – zusammen mit seiner Angst vor Julias vermeintlicher Erwartungshaltung – dazu, dass er sich sein altes Leben ohne Julia und Leo zurückwünschte. Was wiederum neue Schuldgefühle nach sich zog, wodurch er sich klein und mies vorkam, noch unglücklicher und empfindlicher wurde, noch gereizter auf eingebildete Erwartungen reagierte, immer angespannter im Umgang mit Julia und Leo wurde und ... abermals in unserem Besprechungsraum landete.

Zunächst einmal musste Herr Ebert beruhigt werden.

Ich erinnerte ihn daran, was wir vor einigen Monaten besprochen hatten, und erklärte anhand von Beispielen wie »Magst du diese Woche mal vorbeikommen, um Leo zu sehen?«, dass es *seine* Gedanken waren, die daraus etwas machten wie: »Du solltest diese Woche aber nun wirklich endlich mal vorbeikommen, um Leo zu sehen. Und du solltest mindestens drei Stunden bleiben. Überhaupt, warum warst du letztes Mal nur so kurz da? Wieso muss ich dich überhaupt fragen, ob du kommen magst? Kannst du nicht mal von selbst auf die Idee kommen? Was bist du nur für ein Mensch?!«

Ich überlegte. Ich brauchte etwas, womit ich Herrn Ebert dazu bringen konnte, die Situation aus einer anderen Perspektive zu sehen. Also stand ich auf, seufzte einmal ziemlich laut und sah Herrn Ebert undurchdringlich an. Der bemerkte sofort, dass irgendetwas anders war, schwieg jedoch.

Ich sagte: »Wissen Sie, Herr Ebert, man könnte diese Frage ›Kommst du mal vorbei‹ auch ganz anders interpretieren.«

»Ach ja?«, seufzte er. »Wie denn?«

»Na ja, zum Beispiel: ›Sag mal, du hast doch nicht etwa vor, diese Woche schon wieder hier vorbeizukommen, blöd in meiner Wohnung rumzusitzen und deinen Sohn dumm anzustarren? Nee, oder? Kannst du nicht einfach mal wegbleiben? Ich will nämlich meine Ruhe haben. Und Leo auch. Bleib doch einfach zu Hause!‹«

Herr Ebert starrte mich an.

Fast erwartete ich, dass er wortlos aufstehen und gehen würde. Er schien es in diesem Moment tatsächlich bitter zu bereuen, abermals die Beratungsstelle aufgesucht zu haben. Sein Mund stand offen, während er in meinem Gesichtsausdruck vermutlich nach irgendeinem Anflug von Ironie suchte. Er fand keinen.

»Also, das … entschuldigen Sie, Frau Seeberg, aber das ist … totaler Blödsinn! Natürlich meint Julia nicht *so was,* wenn sie mich fragt, ob ich diese Woche vorbeikommen möchte!«

Ich blieb ungerührt. »Und wieso nicht? Woher wollen Sie das wissen?«

»Na, weil das total unrealistisch ist!«

»Aber Ihre Version ist realistisch?«

»Ja, klar!«

Ich schüttelte den Kopf. »Das glaube ich nicht. Ich denke vielmehr, dass Julia total genervt von Ihnen ist und nicht will, dass Sie vorbeikommen.«

»So ein Quatsch!« Herr Ebert war nun so ungehalten, dass ich befürchtete, zu weit gegangen zu sein. »Wieso sollte sie das denken? Sie haben doch gar keine Anhaltspunkte dafür, dass sie so denkt!«

»Aber Sie haben welche für Ihre seltsame Interpretation?«, fragte ich trocken.

Herr Ebert kratzte sich am Kopf und sah nun aus, als hätte James Bond zusammen mit Oliver Hardy ein neues Comedy-Duo gegründet.

»Also … ich finde meine Version einfach … naheliegender«, murmelte er irgendwann.

»Das kommt ganz auf den Blickwinkel an«, antwortete ich. »Wissen Sie, wenn Sie ein sehr unsicherer Mann wären, der unbedingt mit Julia zusammenkommen will, aber glaubt, nicht gut genug zu sein, dann wäre meine Interpretation die naheliegendere.«

»Was!?«, rief Herr Ebert aus. »Ich will überhaupt nicht … wie kommen Sie darauf, dass ich …!«

Ich unterbrach ihn. »Wissen Sie, was die noch naheliegendere Interpretation ist? Nein?« Ich wartete keine Antwort ab. »Ich sag's Ihnen. Halten Sie sich fest, denn das wird Sie vermutlich überraschen.« Ich machte eine kurze Pause. »Mit ihrer Frage, ob Sie diese Woche noch vorbeikommen werden, um Ihren Sohn zu sehen, möchte Julia – Achtung, jetzt kommt's –, sie möchte wissen, ob Sie diese Woche vorbeikommen werden. Nur das. Sonst nix. Verrückt, oder?« Und dann endlich gestattete ich mir ein Grinsen.

Gott sei Dank brach sich daraufhin auch bei Herrn Ebert ein Lächeln Bahn, quer über sein unverschämt gut aussehendes Gesicht. »Ich finde, Sie machen es sich da ein bisschen zu einfach, Frau Seeberg.« Er verschränkte die Arme.

»Es *ist* einfach!«, entgegnete ich, und jetzt, wo er verstanden hatte, worauf ich hinauswollte, musste er sich noch meine flammende Rede anhören. Ich zählte auf, wie verdammt gut er es getroffen hatte und wie dankbar er sein konnte. Seine Frau unterstützte ihn und machte ihm keinerlei Vorwürfe, dass er ein Kind mit einer anderen Frau hatte. Im Gegenteil. Und die andere Frau? Die jammerte nie, machte ihm ebenfalls keinerlei Vorwürfe, sondern verhielt sich entspannt und haderte nicht mit ihrem Schicksal als Alleinerziehende. Zumindest nicht vor ihm. Sie ließ ihn seinen Sohn sehen, wann immer er wollte, bot an, ihn zu ihm zu bringen, wenn seine Zeit knapp war, und zeigte sich rundum kooperativ. Alle um Herrn Ebert herum waren bestrebt, ihm zu helfen, ihn nicht zu überfordern, und keiner erwartete mehr, als Herr Ebert geben konnte. Eventuell sogar ein bisschen weniger.

Und er selbst? Reagierte darauf mit gedanklichen Konstrukten über mutmaßliche Beweggründe, die am Ende drohten, über ihm zusammenzustürzen und ihn vollends unter sich zu begraben.

Im Hinblick auf seine Panik und die Schuldgefühle erklärte ich Herrn Ebert, dass auch Väter, die sich gemeinsam mit ihren Partnerinnen für ein Kind entscheiden, nach der Geburt manchmal mit genau den gleichen Gefühlen dastehen wie er. Sogar manchen Müttern geht es so.

Herr Ebert schaute mich ungläubig an. »Ernsthaft?« Das konnte er gar nicht fassen.

»Ja, ernsthaft. Es redet bloß kaum jemand darüber, weil es in unserer Gesellschaft und in unseren Köpfen etwas ist, was nicht sein darf. Eltern, die sich nicht über ihr Kind freuen. Und schlimmer noch: Eltern, die ihr Kind nicht wollen. Die sich ein Leben ohne dieses Kind wünschen, weil sie sich komplett überfordert fühlen. Weil sie nicht die Gefühle haben, die sie nach Ansicht der Allgemeinheit haben sollten.«

Herr Ebert wirkte betroffen. Und verunsichert. »Aber … also … echt jetzt?«

»Ja, echt jetzt.« Nun war ich es, die seufzte. »Und ich wünsche mir, dass mehr darüber gesprochen wird, damit sich diese Menschen nicht länger wie Monster fühlen müssen. Denn wenn der Erwartungsdruck wegfällt, finden die meisten ganz von allein zu dem Gefühl, das sie so verzweifelt gesucht haben. Und falls nicht, gibt es auch dafür eine Lösung.«

Zweifellos ist es verwirrend und verunsichernd, wenn man feststellt, dass man in irgendeiner Hinsicht nicht der vermeintlichen Norm entspricht – insbesondere, wenn es um die Norm als Elternteil geht. Wenn beispielsweise eine Mutter nicht fühlt, wie eine Mutter »zu fühlen hat«, steht die Welt schockiert mit aufgerissenen Augen und vor den Mund geschlagener Hand da, zeigt mit dem Finger auf die Rabenmutter und schießt Versagens- und Schuldgefühle wie Spiderman seine Spinnenfäden.

Dabei können die unterschiedlichsten Gründe dazu führen, dass sich eine Mutter oder ein Vater nicht in der erwarteten Art zum eigenen Baby hingezogen fühlt. Manchmal hinkt das Innere den Veränderungen im Außen schlicht hinterher, und man braucht Geduld mit sich. In manchen Fällen überlagern Stress und Verunsicherung das Mutter- oder Vatergefühl. Ganz selten sind auch schwerwiegende psychische Störungen der Grund dafür, dass ein Elternteil nicht in der Lage ist, eine Beziehung zum eigenen Kind aufzubauen. Und daneben finden sich noch so viele weitere Gründe wie es unterschiedliche Menschen gibt.

Mich macht es jedes Mal von Neuem traurig, dass es unter Eltern so wenig Vertrauen und Solidarität gibt. Wenn wir untereinander ehrlicher wären, hätten sich die Grenzen dessen, was als normal empfunden wird oder wodurch sich eine gute Mutter oder ein guter Vater auszeichnet, längst im Sinne einer größeren Vielfalt verändert. Es gibt Ansätze in diese Richtung, über die ich mich sehr freue, aber damit befinden wir uns erst am Anfang.

Bei meinem ersten Kind, meiner Tochter Amelie, hatte ich ebenfalls ein Problem. Es war nicht so schwerwiegend wie das von Herrn Ebert, reichte jedoch aus, um mich massiv zu verunsichern. Es gelang mir nicht, am Weinen meiner Tochter zu hören, was genau ihr gerade fehlte. Eine *gute* Mutter, so hatten Bücher, Zeitschriften, Fernsehsendungen und diverse Mütter in meinem Bekanntenkreis mir eingebläut, erkennt an der Art des Schreiens ihres Kindes den Grund der Unzufriedenheit.

Ich nicht. Für mich klang Amelies Schreien stets nach dem, was es war: Geschrei. Sicherlich unterschiedlich. Mal lauter, mal mehr ein Schluchzen und mal schrill, aber ich konnte kein Muster erkennen. Lautes Gebrüll meiner Tochter konnte bedeuten, dass sie hundemüde war und keinen Schlaf fand, Hunger hatte oder Nähe brauchte. Oder dass die Windel voll war. Oder dass ihr zu kalt, wahlweise zu warm war. Oder irgendwas anderes.

In der Regel ist es mir gelungen, dafür zu sorgen, dass sie das Gebrüll nach einem angemessenen Zeitraum einstellte und mich aus ihren blauen Augen wieder zufrieden anschaute. Allerdings nicht, weil ich von vornherein gewusst hatte, was sie mir mit ihrem Schreien sagen wollte, sondern durch messerscharfes Kombinieren, wie beispielsweise: Kind ist schon mehrere Stunden wach, wurde gestillt, hat eine frische Windel, schwitzt und friert nicht, ist also wohl müde. Oder durch Ausprobieren verschiedener Möglichkeiten. Zugegebenermaßen des Öfteren mit wachsender Verzweiflung, klingelnden Ohren und Augenringen tiefer als der Marianengraben.

Und obwohl Amelie keineswegs stundenlang schrie und sich nicht beruhigen ließ, fühlte ich mich unfähig und machte mir Sorgen. Wenn ich schon hier versagte und nicht verstand, was mein geliebtes Kind mir durch sein Weinen mitteilen wollte, welche Defizite trug ich sonst noch mit mir herum? Offenbar fehlte es mir ja bereits an den grundlegenden Fähigkeiten als Mutter. Ich bedauerte meine Tochter zutiefst.

Pro Woche ging ich zu drei Babygruppenterminen (Stillgruppe, Babyschwimmen und PEKiP-Kurs) in der Hoffnung, dort zu lernen, wie man trotz fehlenden Talents eine gute Mutter wird.

Für diejenigen, die noch nichts von PEKiP gehört haben: Das ist die Abkürzung für »Prager Eltern-Kind-Programm«, was wiederum ein spezielles Konzept für die Gruppenarbeit mit Eltern und Kindern im ersten Lebensjahr ist, in dem es um Unterstützung, Frühförderung des Babys und Erfahrungsaustausch der Eltern geht.

Tine sagte dazu immer: »PEKiP ist auch nur 'ne Krabbelgruppe, bloß dass die 'nen schicken Namen hat und sich auf irgendein Akademikerkonzept beruft. Aber letztendlich geht's da zu wie in den stinknormalen Krabbelgruppen: Die Babys werden ins Bällebad gesetzt, die Mütter quatschen, und am Ende wird gesungen, dass alle Leut nach Haus gehen.«

Mein armes Kind war sowohl in der PEKiP- als auch der Babyschwimm- und der Stillgruppe das einzige, das mit einer offenbar total unfähigen Mutter geschlagen war. Alle anderen Mütter wussten sofort, warum ihre Kinder weinten. Immer. Jedes verdammte Mal.

Sagten sie jedenfalls im Brustton der Überzeugung.

Natürlich erzählte ich ihnen nichts von meinem Defizit und lebte in der ständigen Angst aufzufliegen.

Eines Abends, als ich mit meiner Freundin Gabi telefonierte, die ein paar Wochen vor mir ihr zweites Kind bekommen hatte, begann meine Tochter überraschend zu weinen. Gabi lebte Hunderte Kilometer entfernt, sodass wir uns selten bis nie trafen. Stattdessen telefonierten wir regelmäßig. Ich hatte sie extra erst angerufen, nachdem Amelie frisch gewickelt, gestillt und nach dem obligatorischen Bäuerchen auf meinem Schoß eingeschlafen war. Normalerweise schlief sie dann für mindestens ein bis zwei Stunden zuverlässig.

Nicht so an diesem Abend. Sie weinte.

Gabi fragte: »Was hat sie denn?« Und weil ich mit Gabi immer so entspannt plaudern konnte, rutschte mir ein »Keine Ahnung« raus. Erschrocken hielt ich die Luft an.

Die Antwort war unerwartet, denn Gabi lachte: »O Mann, ich weiß das auch nie! Ich meine, wenn Lenni gerade getrunken und kein Bäuerchen gemacht hat, dann schreit er wahrscheinlich, weil ihn die Luft im Magen drückt. Aber vielleicht auch wegen was anderem. Meine Schwiegermutter behauptet immer, sie hätte bei ihren Kindern sofort gehört, was ihnen fehlte. Und dann schaut sie mich an, als wäre ich kurz davor, Lenni zu ermorden. Bloß weil ich nicht immer gleich weiß, was er hat. Das ist doch bekloppt! Ich glaube, manchmal weiß er das selbst nicht. Und ich glaub auch nicht, dass meine Schwiegermutter immer gleich gewusst hat, was ihre Kinder wollten, wenn die gebrüllt haben. Von wegen!«

Ich weiß nicht mehr, was Gabi sonst noch erzählte. Ich glaube, es waren ein paar Anekdoten über ihre Schwiegermutter und das, nennen wir es leicht angespannte, Verhältnis der beiden zueinander. Ich erinnere mich nur noch, dass ich unendlich erleichtert war – ich glaube, ich habe sogar geweint (aber das tat ich damals ohnehin ständig).

Übrigens war Amelie inzwischen wieder eingeschlafen. Als hätte sie gespürt, dass ihrer Mutter gerade ein ganzes Gebirge vom Herzen gefallen und damit alles gut war. Wenn nämlich Gabi keine Ahnung hatte, warum ihr Sohn weinte, dann musste ich so was ebenfalls nicht wissen. Gabi war eine großartige und einfühlsame Mutter, die ganz sicher niemand als Rabenmutter bezeichnet hätte (abgesehen vielleicht von ihrer Schwiegermutter, aber die zählt nicht).

Also war ich vielleicht doch gar nicht so ein Reinfall als Mutter. Was für ein atemberaubender Gedanke, der sich da zaghaft in mir breitmachte!

Da ich nicht aus meiner Haut kann, möchte ich an dieser Stelle in puncto Babygeschrei eines unbedingt klarstellen: Es ist nicht gut, wenn man sein Baby schreien lässt. Nein. Das ist gar, gar, GAR nicht gut. Es ist sogar falsch.

Lasst euer Baby nicht weinen. Denn es weint, weil es ein Bedürfnis hat, das es nicht selbst befriedigen kann. Es braucht euch, damit ihr ihm helft. Euer Baby meint es niemals böse, wenn es schreit. Es kann nicht anders.

Und es ist keineswegs so, dass ein Säugling uns mit seinem Gebrüll terrorisieren will und man ihm deshalb gleich von Anfang an beibringen muss, dass es nicht ständig um ihn gehen kann. Wer so etwas sagt, liegt falsch! Ganz und gar falsch!

Das Einzige, was euer Baby lernt, wenn ihr es schreien lasst, ist: »Ich bin allein, niemand steht mir bei, die Welt ist ein unfreundlicher Ort, dem ich hilflos ausgeliefert bin.«

Bitte kümmert euch um euer Baby, wenn es weint, und sagt eurer Schwiegermutter, dass die Frau Seeberg Sachverständige fürs Familiengericht ist und es wissen muss. Und zwar besser als sie, obwohl die Schwiegermutter ja offenbar zumindest ein Kind nicht komplett traumatisiert, sondern ganz passabel hingekriegt hat (schließlich wärt ihr sonst nicht mit ihm verheiratet). Dennoch: Wenn sie findet, dass ihr euer Baby schreien lassen solltet, dann irrt sie sich. Und euer Partner oder eure Partnerin ist nur *trotz* dieser falschen Erziehungsmaßnahme so wunderbar geworden, nicht deswegen!

Aber nun zurück zu Herrn Ebert.

Bis sich bei ihm ein Gefühl der Erleichterung darüber einstellte, dass er nicht allein war mit seinen Zweifeln, dauerte es eine ganze Weile. Wir hielten regelmäßige Sitzungen ab und trainierten Disziplinen wie das Anhalten des Gedankenkarussells, die Panikabwehr, Gelassenheitsfindung und einiges mehr. Wir feierten Erfolge, seufzten bei Rückschlägen und retteten uns mit Humor durch langwierige Plateauphasen, in denen scheinbar Stillstand herrschte.

Aber es kam der Tag, an dem sich Herr Ebert endgültig von mir verabschiedete. Ja, er ordnet noch immer Dinge. Und es passiert ihm nach wie vor, dass harmlose Fragen zu Blaulicht und Sirengeheul in seinem Kopf führen, aber die Frequenz hat nachgelassen. Und wenn doch mal der Alarm losgeht, bekommt Herr Ebert das heillose Gedankendurcheinander ganz gut in den Griff. Er tritt einen Schritt neben sich, mustert sich von oben bis unten und fragt: »Drehst du gerade wieder durch?«

Die Antwort darauf lautet meistens: »Ja, und wie.« Und damit einher geht der Impuls, die Gehirngaudi umgehend zu stoppen, was Herrn Ebert in der Regel auch gelingt.

Er ist kein neuer Mensch geworden, und das sollte er auch gar nicht. Er mag noch immer leicht verschroben sein, ist aber deutlich glücklicher. Und er genießt die Zeit mit seinem Sohn. Die beiden haben ein wunderbar entspanntes Verhältnis zueinander – ebenso die beiden Frauen Sandra und Julia.

Es ist wie in einem dieser Frauenromane mit Happy-End-Garantie, die ich so sehr liebe. Denn was gibt es Entspannenderes, als zu wissen, dass am Ende alle glücklich und zufrieden sind?

So auch Herr Ebert, Sandra, Leo und Julia. Und hoffentlich auch deren Kinder und Kindeskinder.

Und am besten überhaupt alle.

Immer.

Das wäre schön.

Ich kann euch sagen: Wenn Herr Ebert es geschafft hat, sich so weit zu verändern, dass er inzwischen deutlich glücklicher und entspannter ist, dann gelingt euch das genauso. Ernsthaft.

Solltet ihr also gerade das Gefühl haben, Herrn Ebert allzu gut verstanden zu haben, weil ihr ebenfalls dazu neigt, zu viel herumzugrübeln, und anderen hin und wieder Dinge unterstellt, die diese weder gesagt noch gedacht haben, dann probiert doch mal aus, ob ihr euch mithilfe dieser Geschichte ein Stück weit in Richtung Gelassenheit, Freude und Entspannung hangeln könnt. Wenn es allein zu schwierig wird, bittet einen guten Freund um Hilfe. Oder sucht euch einen Profi, der euch unterstützt. In jedem Fall bin ich sicher, dass ihr nicht gefangen bleiben müsst in einem unangenehmen Gedankenwust. Ihr seid in der Lage, euch da rauszuwurschteln.

Und während ihr das lest, jetzt, in diesem Moment, könnt ihr bereits den ersten Schritt tun: lächelt.

Und jetzt vielleicht noch einen kleinen Schritt?

Atmet tief durch. Richtet euch auf, nehmt die Schultern zurück, hebt den Kopf, schaut nach vorn, atmet durch.

Und lächelt. Nicht das Lächeln vergessen!

Wenn ihr diese Übung eine Minute lang durchzieht, produziert euer Gehirn Glückshormone, weil euer Körper das Signal bekommt, dass es euch prima geht. Deshalb: weiterlächeln. Die Hälfte habt ihr schon geschafft.

Falls ihr gerade allein seid – oder in Gesellschaft von jemandem, der tolerant und offen für Neues ist –, dann könnt ihr – lächelnd – noch einen draufsetzen.

Stellt euch breitbeinig hin, stemmt eine Hand in die Seite, reckt das Kinn nach oben, ballt die andere Hand zur Faust und streckt sie in die Luft. Oder macht eine andere Superheldenpose. Wichtig ist: lächeln. Und total superheldenmäßig dastehen.

Falls ihr jetzt lachen müsst, ist das perfekt. Denn das ist glatt noch besser als lächeln, aber eher was für Fortgeschrittene.

So, und wenn ihr wollt, dürft ihr nun wieder damit aufhören, denn die Minute ist um.

Ich gebe zu, diese Übung löst keine Probleme, aber Lächeln und besonders Lachen tut auf jeden Fall gut. Das sogenannte Power Posing, also das superheldenmäßige Dastehen, hat überdies den kurzfristigen Effekt, dass man sich wenigstens eine Minute lang wie ein Superheld fühlen kann. Außerdem ist es ein gutes Gefühl, sich so viel wert zu sein, dass man etwas derart Albernes tut, wie in der Mittagspause heimlich sechzig

Sekunden lang grinsend als Superheld kurz vorm Abflug in der Toilette herumzustehen.

Zwar konnten wissenschaftliche Folgestudien bislang leider nicht nachweisen, dass Menschen durch das Power Posing tatsächlich in der Lage sind, ihren Hormonhaushalt zu beeinflussen, dennoch mag ich diese Übung. Und im Sinne des Placeboeffekts hilft es bereits, wenn ihr einfach dran glaubt, dass ihr ein bisschen superheldenmäßiger werdet, wenn ihr hin und wieder so dasteht.

Das Lächeln dagegen hilft übrigens tatsächlich. Und man kann es auch außerhalb der Toilette tun, ohne für verrückt gehalten zu werden. Deshalb lächelt doch gleich noch einmal. Und noch mal, wenn ihr das nächste Mal an einem Spiegel vorbeikommt.

Und bitte verschenkt auch ein Lächeln an den freundlichen Kassierer im Supermarkt, die nette Arzthelferin, den Postboten und eure Nachbarn. Und dann lächelt bitte ganz besonders liebevoll für euren Partner, eure Eltern und eure Kinder. Und für all die anderen Menschen, die sich über ein Lächeln von euch freuen.

Lasst uns eine riesige Lächel-Verschenk-Aktion starten und alle Probleme und Sorgen in Grund und Boden lächeln. Ha!

Wir sind die neuen Superhelden: Smile-Man und Smile-Woman!

Okay, an den Superheldennamen muss ich vielleicht noch ein wenig feilen …

Aber ansonsten finde ich diese Idee wunderbar.

DA MUSS ES DURCH – WENN DAS BAUCHGEFÜHL KLÜGER IST ALS ALLE ANDEREN

Kennt ihr diesen Spruch: »Da muss es durch«? Gern untermalt mit einem distanziert desinteressierten Achselzucken und vielleicht auch noch mit einem vorangesetzten »Tja«.

»Tja, da muss es durch.«

Gemeint ist das Kind, das irgendwo durchmüssen soll. Häufig findet sich dieser Satz in Verbindung mit »Das hat uns früher auch nicht geschadet«.

Davon abgesehen, dass ich den meisten Menschen, die behaupten, empathieloses oder gar gewalttätiges Verhalten von Erwachsenen habe ihnen als Kind »auch nicht geschadet«, umgehend zurufen möchte: »Doch! Hat es! Aber hallo!«, habe ich ein äußerst angespanntes Verhältnis zu der pseudopädagogischen Aussage »Da muss es durch!«.

Unbestritten gibt es Dinge, durch die Kinder durchmüssen. Das gehört zum Leben und ist nicht diskutierbar. Nehmen wir ein drastisches Beispiel: Wenn die Mutter stirbt, dann muss ein Kind da durch. Keine Frage.

Dass ein Kind wo auch immer durchmuss, bedeutet jedoch *nicht*, dass man es dabei alleinlassen muss. Und lediglich im pathologischen Sinne gefühlsgestörte Menschen kämen auf die Idee, in einer solch tragischen Situation wie dem Tod der Mutter die Schultern zu zucken und das Ganze mit einem »Da muss es durch« abzutun. Gott sei Dank.

Nun werdet ihr vollkommen zu Recht einwenden, dass es ein Unterschied ist, ob ein Elternteil stirbt oder ob das Kind beispielsweise im Kindergarten bleiben soll.

Ja, da besteht ein gewaltiger Unterschied – *wenn* man in der Lage ist, langfristig zu denken und Folgen abzuwägen. Aber genau das können Kinder in der Regel noch nicht so wahnsinnig gut. Manchmal auch überhaupt nicht.

Und so ist das Gefühl eines neu eingewöhnten Kindergartenkindes, wenn es allein bei den Erziehern bleiben soll, möglicherweise ein existenziell bedrohliches.

Selbstverständlich gilt das nicht für alle Kinder, die weinen, wenn sich die Eltern verabschieden. Die Gründe für Abschiedstränen sind so unterschiedlich wie Kinder beziehungsweise Familienkonstellationen. Es gibt eine Menge Kinder, die sich schnell beruhigen und den Kindergartentag in vollen Zügen genießen, obwohl sie sich in der Garderobe noch an Mamas Hosenbein geklammert haben. Nicht selten erzählen mir die Mütter später einigermaßen empört, dass der Fabian beim Abholen doch glatt genauso viele Tränen vergossen hat wie am Morgen, weil er sich nun nicht von seinen Freunden trennen wollte.

Was aber, wenn ein Kind sich nach dem Abschied von den Eltern nicht oder nur scheinbar beruhigt? Wenn es Unterstützung und Hilfe benötigt, wir Erwachsene aber nur ein »Da muss es durch« in den Raum werfen und uns vom Kind ab- und der Kaffeemaschine oder dem Handy zuwenden? Dann ist das so ganz und gar nicht das, was das Kind in dieser Situation braucht.

Meiner Erfahrung nach kommt der schulterzuckende Da-muss-es-durch-Spruch in erster Linie dann zum Einsatz, wenn Erwachsene finden, sie selbst oder eine andere Bezugsperson des Kindes hätten sich nun genug um das Kind gekümmert, so schlimm sei das ja nun auch wieder nicht, man selbst habe das schließlich ebenfalls durchmachen müssen als Kind (und es habe einem nicht geschadet), und überhaupt würden Kinder heutzutage viel zu sehr verwöhnt, und man wisse ja, wohin das führe. Und so weiter.

»Jetzt verwöhn den doch nicht immer so. Da musser jetzt halt durch. Hat uns auch nicht geschadet. Da lernt er was fürs Leben.«

Da musser durch.

Ich mag diesen Satz nicht. So was von überhaupt gar nicht. Und das liegt nicht daran, dass man ein Kind in Watte packen, in eine Ecke setzen und dort gemeinsam mit ihm warten sollte, bis es erwachsen ist. Natürlich nicht.

Es liegt an der Tonalität dieses Satzes und der achselzuckenden Nicht-mein-Problem-Haltung, die dahintersteht.

Ich wünsche mir, dass wir Erwachsene unseren Kindern beistehen. Und nicht einen pseudopädagogischen Satz als Ausrede dafür heranziehen, uns nicht um die Gefühle unserer Kinder kümmern zu müssen.

Und ich wünsche mir, dass wir Eltern wieder lernen, auf unsere Intuition zu hören. Denn die haben wir.

Alle.

Bei manchen mag sie etwas mehr verschüttet sein als bei anderen, und es gibt einige wenige Ausnahmen, bei denen eine psychische Störung oder gar Krankheit es momentan unmöglich macht, auf diese gesunde Intuition zurückzugreifen, aber ich behaupte jetzt einfach mal, da du dir dieses Buch ausgesucht hast und noch immer liest, verfügst du garantiert über ein gesundes Bauchgefühl.

Ganz bestimmt. Du weißt tief in deinem Inneren, was für dein Kind gerade richtig und wichtig ist. Dein Herz weiß es. Dein Bauch weiß es. Du weißt es. Du brauchst keine Ratgeber. Du weißt, was richtig ist.

Hab einfach einen Tunnelblick auf dein Kind. Und zwar – das ist ganz wichtig und ausschlaggebend dafür, dass der Tunnelblick in die richtige Richtung geht – ohne Egoismus und ohne auf deine eigenen Bedürfnisse zu schauen, ohne die Erwartungen von außen zu berücksichtigen und ohne die Vorstellung davon, was normal ist oder sein sollte.

Sieh einfach nur dieses Wunder, dein Kind. Und dann weißt du, was es braucht.

Davon bin ich überzeugt.

Ich werde dir im Folgenden eine sehr persönliche Geschichte erzählen. Ich bin ja Diplom-Psychologin, berate Eltern und arbeite als Sachverständige für das Familiengericht. Ich bin fachlich kompetent.

Trotzdem war und bin ich als Mutter keineswegs perfekt. Das ist nicht überraschend oder sonst wie besonders, denn niemand ist perfekt. Selbstverständlich weiß ich das. Meistens. Dennoch habe ich eine ganze Weile gebraucht, um es zu akzeptieren. Na ja, wenn ich ehrlich bin: Ich arbeite noch an der vollständigen Akzeptanz dieser unerhörten Tatsache.

Ich wäre gern eine perfekte Mutter gewesen. Oder wenigstens ab sofort perfekt. Und es fällt mir nach wie vor manchmal schwer, zu akzeptieren, dass ich eben genau das nicht bin.

Insofern könnt ihr sicher sein, dass ich die Ratschläge, die ich euch in diesem Buch mit auf den Weg gebe, immer wieder auch und manchmal sogar ganz explizit mir selbst erteile.

Nachdem das geklärt ist, möchte ich euch von einem meiner Fehler erzählen, der vermeidbar gewesen wäre, hätte ich damals jemanden gehabt, der mir gesagt hätte, dass ich *weiß*, was für mein Kind richtig ist, und dass ich auf mein Bauchgefühl hören soll – und hätte ich demjenigen dann auch geglaubt.

Meine Kinder sind beide keine Draufgänger, sondern eher zurückhaltende, schüchterne Wesen, die sich nie in eine Horde fremder Kinder gestürzt hätten, und wäre die Horde noch so fröhlich und freundlich gewesen. So blieb im Urlaub die mitgebuchte Kinderbetreuung stets ungenutzt. Freundschaften schlossen meine Töchter seit jeher nur langsam, dann aber richtig.

Ich war und bin selbst so ähnlich und der Vater der Kinder, mein damaliger Mann Sven, ebenso. Wir Eltern hatten also Verständnis für unsere beiden Am-Rand-Sitzer-und-erst-mal-lange-Zugucker, auch wenn es Momente gab, in denen ich mir wünschte, dass sie anders gewesen wären.

Normaler.

Weil sie es dann leichter gehabt hätten.

Und weil dann nicht die ebenso beleibte wie bestens gelaunte Kinderbetreuerin unseres Hotels auf Gran Canaria Amelie und Lotta in Angst und Schrecken versetzt hätte, indem sie die beiden resolut an den Händen packte und mit sich zog, weil doch schließlich jedes Kind gern bei der Mini-Disco mittanzt.

Nach dieser Erfahrung wollten Amelie und Lotta nur noch von meinem Schoß aus zuschauen, um geschützt zu sein vor weiteren Entführungsversuchen dieser so seltsam lauten und überfröhlichen Dame. Ich hatte und habe volles Verständnis dafür.

Die meisten Kinder kostet es Kraft, etwas nicht zu wollen, was »normale« Kinder aber doch verdammt noch mal zu wollen haben. Ich zum Beispiel fand es als Kind äußerst anstrengend und mühselig, mich immer wieder rechtfertigen zu müssen, wenn ich nicht mit fremden Kindern spielen wollte, nur weil es zufällig ebenfalls Kinder waren. »Da, schau, mit denen kannst du spielen. Die sind auch zehn – wie du. Jetzt geh schon!«

Mir ist diese elterliche Argumentation bis heute rätselhaft. Auch wenn es durchaus Kinder gibt, die ein so offenes Wesen besitzen, dass sie jederzeit und überall mit egal wem spielen (wobei sie den Hinweis ihrer Eltern nicht mal mehr hören, weil sie längst losgerannt sind, um sich kreischend und lachend ins Getümmel zu stürzen).

Leider ist es so, dass sich ebenjene Kinder diesen Satz anhören müssen, die viel lieber neben ihren Eltern stehen oder sitzen bleiben würden, wenn sie schon nicht zu Hause in ihrem Zimmer sein können.

Bitte missversteht das nicht.

Ich bin grundsätzlich *für* soziale Kontakte von Kindern, denn die tun ihnen gut. Meist jedoch nur dann, wenn sie sich an den Bedürfnissen der Kinder orientieren. Und diese sind nun einmal recht individuell. Davon abgesehen unterstellen Erwachsene dieses unkritische Zusammen-was-machen-Wollen, weil man zufällig gleich alt ist, das gleiche Geschlecht hat oder eben einfach »auch da« ist, grundsätzlich nur Kindern und Jugendlichen.

Warum nur?

Ich bin dafür, dass Frau Schmitt, die ihr Kind gerade zu den anderen Kindern geschickt hat, weil das schließlich auch Kinder sind, sich nun ihrem Mann in Hemd und Pullunder zuwendet, auf die Gruppe lederjackentragender Motorrad-Rüpel deutet und spricht: »Da, schau, Hans-Dieter, mit denen kannst du Bier trinken. Das sind auch Männer. Wie du. Jetzt geh schon!« Ein kleiner Schubs in die richtige Richtung, und schon ist Hans-Dieter ebenso aufgeräumt wie das Kind, sodass Frau Schmitt endlich in Ruhe ihr Kännchen Kaffee genießen kann.

Während sich diese Szene vor meinem geistigen Auge abspielt, stelle ich mir die Frage, ob es vielleicht ganz gut wäre, wenn speziell der Hans-Dieter mal mehr unter andere Männer käme. Das könnte seinen Horizont ebenso wie seine sozialen Kompetenzen erweitern.

Hm … Ich denke da mal drauf rum.

Aber abgesehen von Hans-Dieter und seiner möglicherweise in ihm schlummernden Affinität zu Lederjacken samt Motorrädern: Bitte lasst eure Kinder selbst entscheiden, ob sie mit fremden Kindern spielen wollen oder nicht. Und wenn ihr ein »Ich-muss-mir-das-erst-mal-ganz-lange-anschauen«-Kind habt, dann gebt ihm Zeit und fragt nicht alle paar Sekunden, ob es nicht doch hingehen und mitmachen will, weil die anderen Kinder »doch so schön zusammen spielen«.

Und vor allem: Versucht, diesen Unterton wegzulassen, in dem mitschwingt, dass ihr das Verhalten der anderen Kinder normaler und wünschenswerter findet als das Herumgesitze und Zugegucke eures eigenen Sprösslings. Lasst euer Kind rumsitzen, zugucken und vielleicht irgendwann nach einer ganzen Weile feststellen, dass es *möglicherweise* doch ganz nett sein könnte, wenn man selbst auch mal kurz den Ball in Richtung Tor kicken würde.

Zeigt eurem Kind, dass es vollkommen in Ordnung ist, wenn es sich nicht verhält wie die anderen. Das ist nämlich neben »Du wirst geliebt, wie du bist« eine der wichtigsten Botschaften an unsere Kinder: »Du darfst anders sein. Du darfst sogar *sehr gern* anders sein.«

Nun haben wir ja insbesondere in der Medizin Normwerte, die durchaus Sinn ergeben. Und auch im Hinblick auf die Entwicklung eines Kindes kann es hilfreich sein zu bemerken, wenn ein Entwicklungsschritt normalerweise längst hätte geschehen können und vielleicht sogar sollen.

Es gibt beispielsweise ein Alter, in dem Kinder in der Regel beginnen zu sprechen. Und es ist gut und wichtig zu wissen, wann das ungefähr ist, um sich auf die Suche nach Gründen zu machen, falls ein Kind auch nach diesem Norm-Zeitpunkt nicht spricht. Es könnte nämlich sein, dass Schädigungen des Gehörs oder der Sprechorgane die Ursache dafür sind und eine entsprechende Behandlung erfolgen sollte. In solch einem Fall ist es also sinnvoll und zum Wohl unserer Kinder festzustellen, ob sie von der Norm abweichen und vor allem, warum.

Der Sohn einer Bekannten sprach auch mit drei Jahren nicht. Überhaupt nicht. Er machte lustige Geräusche, die die Eltern Dingen oder Tätigkeiten zuordnen konnten, aber selbst für den Laien war erkennbar, dass sich Friedhelm im Hinblick auf seine Sprachentwicklung außerhalb des Normbereichs befand. Ansonsten verhielt er sich unauffällig und zeigte keine weiteren Defizite. Sein großer Bruder war ebenso wie die Eltern hochbegabt, Friedhelm jedoch sagte partout kein verständliches Wort.

Er war mehrfach von diversen Spezialisten untersucht worden, doch niemand hatte einen Grund für Friedhelms Sprachlosigkeit gefunden. Eines Tages fragte mich seine Mutter leise und mit hektischen Blicken nach links und rechts, ob ich vielleicht einen Psychiater kenne, der sich ihren Sohn einmal ansehen könne. Ihr war es furchtbar peinlich, dass Friedhelm nicht »funktionierte« und offenbar so überhaupt gar nicht in ihre Hochbegabtenfamilie passte.

Obwohl ich Friedhelm und seine Familie nicht besonders gut kannte, stellte ich die gewagte Prognose auf, dass Friedhelm bald sprechen würde, wenn man ihn nur in Ruhe machen ließe. Vermutlich dann gleich in ganzen Sätzen, wie es sich für einen Hochbegabten gehört.

Seine Mutter sah mich irritiert an. »Sie meinen, wir sollen einfach abwarten?«

Ich nickte. Ja, das meinte ich. Es waren alle möglichen und unmöglichen Ursachen ausgeschlossen worden, sodass es nichts gab, was man fahrlässig versäumte, wenn man ein wenig Zeit verstreichen ließ. Und zwar möglichst entspannt. Denn das war so ziemlich das Einzige, was die Familie noch nicht ausprobiert hatte. Vielleicht hatte Friedhelm ja auch seine Gründe, sich vorerst nicht an der familiären Kommunikation zu beteiligen.

Den Gedanken behielt ich vorsichtshalber für mich und erklärte seiner Mutter lediglich, dass Friedhelm momentan wahrscheinlich mehrere Entwicklungssprünge auf einmal tätigte und sich deshalb erst einmal sortieren musste. Bestimmt würde er demnächst höchst intelligent drauflosplappern.

Und das tat Friedhelm dann auch.

Ein halbes Jahr später sprach er fehlerfreie Mehrwort-Sätze, und seine Mutter hatte schon beinahe vergessen, dass da einmal ein Problem gewesen war.

Entspanntes Abwarten kann manchmal eine sehr machtvolle Therapie sein.

Sofern keine Behinderungen oder Krankheiten vorliegen, lernen alle Kinder früher oder später sprechen, laufen, schlafen, Zähne putzen, Schuhe anziehen und all die anderen mehr oder weniger lebensnotwendigen Dinge. Und wenn sie irgendwann 42 Jahre und Elektroingenieur sind, ist es vollkommen egal, ob sie im Kindergarten die Letzten waren, die es zuverlässig rechtzeitig zur Toilette schafften.

Wie viel entspannter wäre das Leben, wenn wir nicht von uns und anderen so sehr erwarten würden, normal zu sein! Denn wenn ein Kind anscheinend grundlos noch nicht krabbeln, ein Männchen malen, eine Schleife binden oder eben sprechen kann, während die meisten anderen Kinder dazu längst in der Lage sind, dann hilft es allen Beteiligten, Ruhe zu bewahren, abzuwarten und das Kind genauso oder glatt noch ein bisschen mehr zu lieben.

Daneben wäre es hilfreich, wenn wir Eltern bezüglich der vermeintlichen Leistungen unserer Kinder einen ehrlicheren und unterstützenderen Umgang miteinander pflegen würden.

Wie schön wäre es, mit so einer Einstellung beim Elternabend im Kindergarten offen darüber sprechen zu können, dass unser Emil noch immer bei uns im Bett schläft und wir das wunderbar finden. Ohne dass daraufhin auch nur einer die Nase rümpft oder mit seiner Sitznachbarin tuschelt.

Oder stellt euch einmal folgendes Szenario vor: Hannahs Eltern gestehen, dass sie unsicher sind, ob ihre Tochter im Rahmen der Übernachtung bei den Großeltern mit der Oma eine Kochshow im Fernsehen ansehen darf oder eher nicht – und niemand empört sich über die Idee, ein Kind in diesem Alter überhaupt bei den Großeltern übernachten oder gar fernsehen zu lassen und dann auch noch diesbezüglich keine klare Meinung zu haben. Keiner beginnt davon zu erzählen, wie er das beim Oskar-Kunibert handhabt und dass dies der einzig richtige Weg sei. Und es gibt nicht eine einzige Anekdote von irgendeinem Kind, das den Übernachtungsbesuch bei den Großeltern aus welchem Grund auch immer nicht überlebt hat.

Nichts dergleichen passiert.

Stattdessen nickt Lennarts Mutter und erklärt: »Ja, das kenne ich. Manchmal weiß man einfach nicht, was richtig ist.«

Woraufhin Neles Vater sagt: »Ich finde es toll, dass ihr hier ansprecht, dass ihr unsicher seid.«

Seine Frau fragt: »Können wir euch irgendwie helfen?«

Und Robins Mutter bietet an: »Erzählt doch mal was zu Hannah und den Großeltern. Vielleicht finden wir gemeinsam eine Lösung.«

Lennarts Mutter fügt schließlich lächelnd hinzu: »Ich glaube, das ist die Kochshow, die ich auch so gern sehe.«

Danach wird sich gegenseitig zugehört, wertgeschätzt, unterstützt und gemeinsam nach individuellen und praktikablen

Lösungen gesucht. Und am Ende des Abends steigen die Eltern auf ihre Einhörner und fliegen nach Hause …

Das wird niemals passieren? Vielleicht ja doch. Nur weil ich noch kein Einhorn gesehen habe, heißt das ja nicht, dass es nicht doch irgendwo welche gibt.

Na gut, das ist jetzt eventuell etwas übertrieben. Trotzdem könnte ja irgendwann irgendwo irgendein Elternabend wenigstens so ähnlich ablaufen. Von mir aus ohne die Einhörner. Aber mit dem ganzen Rest. Das wäre doch herrlich, oder?

Und die gute Nachricht ist: Wir können alle etwas dafür tun! Lasst uns mit gutem Beispiel vorangehen und offen davon erzählen, dass unsere Kinder weder besonders schlau noch besonders schnell in ihrer Entwicklung, aber dennoch unfassbar wundervoll sind und von Herzen geliebt werden. Und falls ihr einen hochbegabten Klugscheißer zu Hause habt, berichtet davon, wie euch das manchmal überfordert und dass auch der Klugscheißer hin und wieder Angst hat und dringend zum Lachen gebracht oder umarmt werden muss. Und dass er in seiner ganzen Klugscheißerhaftigkeit sehr geliebt wird.

Lasst uns denjenigen Eltern, die uns gerade ihr Herz ausgeschüttet haben, nicht ungefragt irgendeinen Ratschlag geben, sondern ihnen stattdessen Verständnis und Mitgefühl entgegenbringen und mindestens drei Dinge aufzählen, die an ihnen und ihren Kindern liebenswert sind. Wie wäre es, wenn ihr das einfach bei nächster Gelegenheit einmal ausprobiert?

Ach, und lasst uns außerdem dem »Normalsein« weniger Bedeutung beimessen, damit wir alle entspannter durchs Leben gehen können. Es ist vollkommen okay, normal zu sein, aber es ist eben kein Muss.

Neben berühmten Schulversagern, die Herausragendes geleistet haben, wie beispielsweise Winston Churchill, Thomas

Mann oder Abraham Lincoln, gibt es eine große Menge besonderer Kinder. Ich habe unzählige Eltern beraten, deren einzige Sorge darin bestand, dass ihr Kind nicht war wie »die anderen«.

Wenn es dabei nicht um pathologische Verhaltensauffälligkeiten oder Krankheiten mit Leidensdruck geht, wünsche ich mir, dass wir Eltern lernen, uns über die Besonderheiten unserer Kinder zu freuen, statt zu bedauern, dass sie nicht sind wie der Durchschnitt. Ganz nach dem Motto: *It's not a bug, it's a feature.*

Glaubt mir, ich habe allergrößtes Verständnis, wenn ihr euch wünscht, dass eure Kinder normal in dem Sinne sein sollen, dass sie gute Noten in der Schule haben, etwas einigermaßen Krisensicheres wie Handwerker, Arzt oder Beamter werden und bis an ihr Lebensende finanziell abgesichert sind.

Ich ertappe mich selbst immer mal wieder dabei, mir für meine Kinder in erster Linie Sicherheit zu wünschen und dabei zu übersehen, dass die zwar wichtig ist, für sich genommen aber vielleicht gar nicht so wahnsinnig glücklich macht.

Ich kenne einen jungen Mann, der große Schwierigkeiten in der Schule hatte, was ihn so sehr belastete, dass er psychisch krank wurde und bereits als Teenager mit Depressionen und Ängsten zu kämpfen hatte. Ihr könnt euch die Sorgen seiner Eltern sicherlich vorstellen.

Ich sehe noch die wenig einfühlsame Nachbarin vor mir, wie sie kopfschüttelnd in der Bäckerei die rhetorische Frage stellte, was aus diesem Jungen denn noch werden solle. Nix natürlich. Der Zug war abgefahren. Der würde irgendwann dauerhaft in der Psychiatrie, wahlweise unter einer Brücke sitzen. Ein Bauernbrot, bitte, danke, Wiedersehen.

Was aus dem jungen Mann wurde? Nur anderthalb Jahre später hatte er eine recht erfolgreiche Ausstellung als Künstler mit zwei äußerst wohlwollenden Artikeln in angesehenen überregionalen Zeitungen.

Solche Beispiele gibt es viele. Sie sind so zahlreich, dass ich manchmal glaube, es tummeln sich viel mehr besondere als normale Kinder auf dieser Welt, was die besonderen dann wiederum zu den normalen machen würde. Verrückt.

Meine Eltern hatten leider nicht allzu viel Verständnis für ihre besondere, in diesem Fall schüchterne und leicht verstockte Tochter, ließen mich aber immerhin irgendwann in Ruhe und hörten auf zu fragen, ob ich denn nicht »wie alle anderen Kinder« zu dem lustigen Clown gehen und ihm die Hand schütteln wolle. Sie taten dies zwar mit einem resignierten Blick, aber immerhin: Ich durfte weiterhin allein auf dem Rasen sitzen, wo ich Grashalme zählte, Ameisen beobachtete, aus Steinchen ein Haus zu bauen versuchte und mich – solange es mir gelang, die meine Eltern umwabernde Wolke aus Resignation und Enttäuschung auszublenden – so richtig wohlfühlte.

Sven, der Vater von Amelie und Lotta, hat als Kind Ähnliches erlebt, und so war es für uns ein Leichtes, Verständnis für unsere beiden »Ich-bleib-lieber-hier-sitzen-und-guck-nur-zu«-Kinder zu haben. Wir drängten sie weder zu sozialen Aktivitäten noch zu Freundschaften mit anderen Kindern. Und dennoch sind die beiden keine Sozialphobiker, Eremiten oder Serienkiller geworden. Lotta bewegt sich nach wie vor ungern in großen Menschengruppen und bleibt lieber für sich oder trifft sich mit wenigen auserwählten Menschen. Sie spürt diesbezüglich keinen Leidensdruck, sondern ist einfach, wie sie ist – und zufrieden damit.

Amelie dagegen hat sich im Laufe der Zeit ein wenig anders entwickelt und erinnert nicht mehr allzu sehr an das höchst schüchterne Wesen, das sie in ihrer Kindheit war.

Ich möchte euch von der Zeit erzählen, in der sich beide Kinder noch sehr an Sven und mir orientierten und je nach Umgebung regelrecht an uns klebten. Wie gesagt, wir hatten Verständnis. Aber natürlich entgingen uns nicht die Blicke der anderen Eltern, die des Schwimmlehrers, der Kindergärtnerinnen und all derer, die »normal« waren, weil nicht schüchtern. Wir konnten die stumm gestellten oder geflüsterten Fragen beinahe körperlich spüren.

»Was stimmt denn nicht mit diesen Kindern? Die sind bestimmt überbehütet und deshalb so verunsichert. Die müssten einfach mal Ferien in so einem Kindercamp machen, weg von ihren überfürsorglichen Eltern und rein ins Vergnügen. Dann würden die sehen, wie toll das ist, und könnten endlich ganz normale Kinder werden.«

Die Blicke und hinter vorgehaltener Hand getuschelten Vorwürfe zwickten und taten je nach eigener Verfassung auch mal weh. Aber glücklicherweise verunsicherten sie uns Eltern kaum.

Wenn Amelie und Lotta mehr Freude daran hatten, bei der Mini-Disco zuzuschauen statt mitzutanzen, dann war das eben so – wir konnten nichts Schlimmes daran finden. Und als Amelie doch nicht zum Schwimmunterricht wollte, war ich insgeheim froh, weil mir der aufgeschwemmte Herr Lange mit seinen vielen geplatzten Äderchen im Gesicht und der leichten Alkoholfahne mehr als suspekt war und ich nicht nur an seiner Eignung zum Schwimmlehrer zweifelte. (Jaja, immer diese überbesorgten Mütter … Ich weiß.)

Alles in allem meisterten wir die ersten Jahre mit unseren schüchternen Kindern ganz gut. Und als es Zeit wurde, die beiden zur Betreuung in fremde Hände zu geben, fanden wir eine großartige private Initiative, die gegründet worden war, um Kindern den Weg in den »richtigen« Kindergarten zu erleichtern. Es gab zwei Gruppen, eine, die sich an zwei Vormittagen pro Woche traf, die andere an drei, und in beiden arbeiteten die Eltern regelmäßig mit. Die Gründerin dieser Initiative, Ursula, war ein großartiges Vorbild und Modell für uns in puncto Geduld, Gelassenheit, Kreativität und liebevoller Verlässlichkeit.

Sowohl Amelie als auch Lotta besuchten diesen Vorkindergarten gern, denn Ursula sorgte für ein entspanntes Klima in den kleinen Gruppen und hatte großes Verständnis für alles und jeden, also auch für unsere beiden »Ich-schau-mir-das-erstmal-an-und-spiel-später-vielleicht-mit«-Kinder.

Amelie fiel der Wechsel in den »normalen« Kindergarten nach zwei Jahren mit Ursula erstaunlich leicht. Wir hatten mit mehr Abschiedsschmerz und Problemen im neuen, etwas raueren Umfeld gerechnet, doch Amelie kam erfreulich gut mit den veränderten Umständen zurecht.

Lotta würde es noch ein wenig leichter als Amelie haben, denn sie kannte ihren neuen Kindergarten ja bereits von den vielen Malen, wenn sie gemeinsam mit mir oder ihrem Vater die große Schwester dort hingebracht oder abgeholt hatte. So dachten wir.

So war es aber nicht.

Lotta, die gern zu Ursula gegangen und dort problemlos auch ohne uns Eltern geblieben war, konnte sich überhaupt nicht mit dem neuen Kindergarten anfreunden, obwohl er für sie gar nicht so neu war. Sie kannte alle Erzieherinnen, und ihre große Schwester war zwar in der anderen Gruppe, aber doch zumindest beim Spielen im Freien und auch bei anderen Gelegenheiten für sie erreichbar. Dennoch fühlte es sich für Lotta offenbar nicht vertraut, sondern fremd an. Und blöd. Und beängstigend. Sie wollte nicht dort hingehen und schon gar nicht dort bleiben.

Die Erzieherinnen waren zwar nett, aber ich wusste, dass sie keine Zeit und vielleicht auch nicht die Geduld hatten, sich intensiv mit Lotta zu befassen. Und da Lotta tendenziell ein stilles, schüchternes Kind war, fiel ihr Protest dementsprechend dezent aus. Sie brüllte nicht, sondern weinte leise. Sie warf nicht mit Spielzeug, ärgerte niemanden, sondern verhielt sich still und geradezu höflich. Wenn ich sie abholte, versicherten mir die Erzieherinnen, dass Lottas Tränen versiegten, kaum dass ich weg war – wie bei den meisten Kindern. Aus den Augen, aus dem Sinn. Sobald die überfürsorgliche Mama nicht mehr zu sehen ist, stürzt sich das Kind rein ins Vergnügen und verschwendet keinen Gedanken mehr an sie.

Es gibt Kinder, bei denen es sich so verhält. Lotta gehörte allerdings nicht dazu. Und im Grunde wussten wir das. Trotzdem versuchten wir es weiter. Jeden Tag brachte ich meine weinende Tochter in den Kindergarten, ließ sie tränenüberströmt dort und hatte geradezu körperliche Schmerzen, wenn ich ging.

Lotta stellte das Weinen zwar weitestgehend ein, sobald ich nicht mehr in Sichtweite war, beteiligte sich jedoch an keinem Spiel, sprach kaum und ließ ihr mitgebrachtes Frühstück unangetastet. Irgendwann stuften die Erzieherinnen dieses Verhalten dann doch als besorgniserregend ein und boten einen Wechsel in Amelies Gruppe an, obwohl es im Kindergarten normalerweise nicht gern gesehen wurde, wenn Geschwister dieselbe Gruppe besuchten. Vermutlich war dies aber immer noch besser als das ewig sorgenvolle Gesicht der Psychomutter.

Es brachte nichts.

Wir probierten uns durch die Möglichkeiten: Eine Zeit lang brachte unsere Nachbarin Amelie und Lotta in den Kindergarten, weil es ja vielleicht an mir lag, dass sich Lotta partout nicht einleben konnte und wollte. Wir verkürzten ihre Zeit im Kindergarten, wir verlängerten sie, mit wachsender Verzweiflung versuchten wir dies und jenes. Im Nachhinein kann ich kaum fassen, wie lange wir unsere Tochter und uns damit quälten.

Ja, es lässt sich nicht anders sagen – es war eine Qual. Für alle. Auch für Amelie, die natürlich mitbekam, wie es ihrer kleinen Schwester ging. Und die die Verzweiflung ihrer Eltern sicherlich ebenfalls spürte.

Mir ging es in dieser Zeit ganz furchtbar schlecht. Zum einen, weil nichts, was wir versuchten, eine Verbesserung mit sich brachte, und zum anderen, weil ich tief im Inneren wusste, dass falsch war, was wir taten. Aber das konnte ich damals nur als diffuses Unwohlsein wahrnehmen, weil diese Stimme in mir viel zu leise und zu zaghaft war. Und alle anderen um mich herum so wahnsinnig laut.

Was ich hörte, waren die Äußerungen anderer Eltern, der Erzieherinnen, Verwandten, Nachbarn und sonstigen »Experten«, die nachdrücklich auf Sven und mich einredeten und beständig die rhetorische Frage stellten: »Wie soll das denn später werden, wenn sie jetzt schon so große Schwierigkeiten hat? Da muss sie jetzt durch!«

Da muss sie durch.

Im Nachhinein glaube ich, dass nicht alle Menschen, die uns in dieser Zeit einen Rat gaben, unqualifiziert und doof waren, aber die Doofen plärren ja leider meist deutlich lauter als die nicht so Doofen und gewinnen in unserer Wahrnehmung dadurch an Gewicht. Zumindest war das für mich so, weil ich so unsicher war und so große Angst davor hatte, etwas falsch zu machen. Und weil mir durchaus bewusst war, dass ich eher zu mehr Vorsicht, mehr Verständnis und mehr Rücksicht neige als zu unbesorgtem Laisser-faire, glaubte ich, dass ich nur mal wieder *zu* fürsorglich war. Und so beging ich den größten Fehler in meiner Laufbahn als Mutter.

Ich hörte auf die anderen, denn sie waren viele und sich einig: Lotta *musste* in den Kindergarten.

Sie war zwei Jahre lang im Vorkindergarten gewesen und nun alt genug. Überdies würde sie bald in die Schule kommen, und da gäbe es dann nicht so ein Trara und man würde Lotta nicht länger mit Verständnis begegnen. Ganz im Gegenteil, die anderen Kinder würden sie auslachen und mobben, wenn sie sich so anstellte wie jetzt. Und überhaupt hatte sie ja offenbar gar kein Selbstbewusstsein, sonst hätte sie diese Probleme nicht gehabt. Woher kamen die überhaupt, diese Schwierigkeiten? War sie womöglich bindungsgestört? Oder anderweitig psychisch eingeschränkt? Was machten diese Eltern noch alles falsch mit dem armen Kind? Ganz eindeutig, das Wichtigste war jetzt, dass Lotta sich benahm wie alle anderen normalen Kinder! Also musste sie verdammt noch mal lernen, in den Kindergarten zu gehen, in dem es schließlich nicht schlimm, sondern schön war. Da musste sie jetzt durch!

Ich ließ mich von der Angst leiten, dass Lotta in der Schule nicht klarkommen würde, dass ihre Mitschüler sie ausgrenzen könnten, dass ich irgendwelche schlimmen Erziehungsfehler begangen hatte und meiner Tochter generell nicht guttat. Ich hörte auf all die lauten Stimmen, die vehement die Ansicht vertraten, dass Lotta in den Kindergarten zu gehen habe und ich eine miese Mutter sei, wenn ich das nicht hinbekäme. Vor lauter Unsicherheit und Angst konnte ich weder klar denken noch auf mein Bauchgefühl hören. Sven ging es genauso.

Bis an einem Sonntagmorgen die dicken dunklen Wolken in meinem Kopf einen Moment unaufmerksam waren und eine kleine Lücke für einen Sonnenstrahl ließen. Und der half mir, endlich etwas anderes zu fühlen, zu sehen und zu denken.

Ich glaube, ich habe an diesem Morgen zum ersten Mal seit Lottas erstem Tag im Kindergarten wieder tief durchgeatmet. Und zwar in echt. Ich hatte nämlich vor lauter Stress und Angst offenbar wochenlang nur noch flach geatmet und war immer mehr in mich zusammengesackt.

Aber nun, an diesem Morgen, sah ich den kleinen Sonnenstrahl, atmete tief ein und pustete beim Ausatmen einen Großteil der dunklen Wolken einfach weg.

Ich stand leise auf, um Sven nicht zu wecken, machte mir einen Kaffee, setzte mich auf die Terrasse, atmete noch einmal tief durch, weil das so ein unglaublich tolles Gefühl war, und begann zu weinen. So sehr wie nie zuvor.

Nichts auf der Welt liebte ich so sehr wie Amelie und Lotta. Um diese beiden Kinder glücklich zu machen, sie zu beschützen und ihnen das beste Leben zu ermöglichen, das man sich nur vorstellen kann, hätte ich alles getan. Alles. Meine Liebe zu ihnen war und ist grenzenlos.

Und doch saß ich an diesem Sonntagmorgen auf der Terrasse, weinte hemmungslos in meinen Kaffee und musste mir eingestehen, dass ich Lotta in den letzten Wochen eben nicht beschützt hatte, sondern im Gegenteil: Ich hatte auf andere und vor allem auf meine eigene Unsicherheit und Angst gehört statt auf mein Bauchgefühl, das längst wusste, was zu tun war. Ich hatte mir von anderen so lange einreden lassen, dass Lotta »da nun eben durchmüsse«, um später im Leben zurechtzukommen, dass ich selbst daran geglaubt hatte.

Als ich endlich fertig geweint hatte, machte ich neuen Kaffee und ging damit zu Sven, der gerade aufgewacht war. Er war ein wenig erschrocken – nicht wegen des Kaffees, sondern wegen seiner total verheulten Frau –, aber dann sah er mein Lächeln und nahm sowohl verwundert als auch neugierig die Tasse entgegen.

»Wir nehmen Lotta aus dem Kindergarten«, erklärte ich.

Sven sah mich fragend an. »Aber was ist mit …«

Ich ließ ihn nicht ausreden. Denn ich wollte kein einziges Gegenargument mehr hören. Nicht jetzt. Nicht an diesem Tag. Vermutlich sogar nie wieder.

»Es ist doch so«, sagte ich, »Amelie ist genauso unser Kind wie Lotta, und sie geht ohne Probleme in den Kindergarten. Also liegt es nicht an uns, dass Lotta solche Schwierigkeiten damit hat. Oder eben nicht nur. Es liegt aber sehr wohl an uns, wenn Lotta immer stiller und unglücklicher wird und sich irgendwann von uns nicht mehr beschützt fühlt und uns nicht mehr vertraut! Und *das* finde ich viel, viel schlimmer als die Vorstellung, dass sie eben nicht in den Kindergarten geht und die Einschulung dadurch eventuell nicht so einfach wird oder womöglich gar nicht funktioniert. Damit können wir uns beschäftigen, wenn es so weit ist. Und ehrlich gesagt, glaube ich nicht einmal, dass es problematisch wird, nur weil sie nicht mehr in den Kindergarten geht. Im Gegenteil! Wenn wir jetzt noch länger versuchen, Lotta auf Teufel komm raus dorthin zu schicken, *dann* wird sie Probleme bekommen. Sie will nicht. Sie fühlt sich total unwohl. Warum auch immer. Es ist, wie es ist. Vielleicht sind es schlicht und ergreifend zu viele Kinder. Vielleicht ist es zu laut. Oder einfach zu viel oder zu sonst was. Ist auch egal, was es ist. Lotta geht es beschissen. Und uns auch! Und Amelie! Wir sind alle traurig und gestresst und fühlen uns mies. Das muss aufhören! Ich will nicht mehr, dass wir Lotta hinschicken, wo sie nicht sein will! Ich will, dass wir die Menschen sind, die Amelie und Lotta helfen, wenn etwas doof ist. Und das machen wir ab sofort. Lotta geht nicht mehr in den Kindergarten! Ich weiß, das wird nicht einfach, und wir müssen viel organisieren, aber wir kriegen das hin. Ich kann mir meine Termine anders einteilen, Lotta kann sicher ein- oder zweimal die Woche zu Tine. Wir schaffen das. Und Lotta wird wieder glücklich werden. Bis zur Einschulung ist es noch eine ganze Weile hin. Wir schauen, ob sie davor vielleicht doch noch in den Kindergarten geht. Oder sie geht eben nicht. Ich war nie im Kindergarten, und mir hat es auch nicht geschadet!«

In diesem Moment prustete Sven los und hätte sich beinahe an seinem Kaffee verschluckt.

Ich sah ihn leicht beleidigt an. Immerhin hatte ich gerade eine flammende Rede bezüglich der Zukunft unserer jüngsten Tochter gehalten. »Du hast ›und mir hat es auch nicht geschadet‹ gesagt.« Sven lachte noch immer.

Und ich verstand. Ich hatte genau das gleiche bescheuerte Argument benutzt wie die Menschen, die erklärten, da müsse das Kind eben durch, und denen ich vorwarf, dass es ihnen entgegen ihrer eigenen Behauptung sehr wohl geschadet hatte. Wie peinlich. Und wie lustig.

Ich fiel in Svens Lachen ein.

Dann stellte ich fest, wie lange wir schon nicht mehr zusammen gelacht hatten, und wäre beinahe erneut in Tränen ausgebrochen, als zwei kleine Monster mit eiskalten Füßen in unser Schlafzimmer stürmten und sich zwischen uns kuschelten.

Und so lagen wir zu viert im Bett und atmeten durch.

Ein perfekter Sonntagmorgen.

Als wir Amelie und Lotta später beim Frühstück erzählten, dass Lotta nun erst einmal nicht mehr in den Kindergarten gehen würde, reagierten die beiden erstaunlich unaufgeregt.

Lotta fragte: »Kein Kindergarten mehr?«

Wir nickten.

»Das ist gut«, erklärte Lotta, grinste und biss in ihr Marmeladenbrot.

Ich hatte schon wieder Tränen in den Augen. Lotta. Da war sie wieder. Grinsend. Ins Marmeladenbrot beißend. Entspannt.

Sven lächelte mir zu. Auch er hatte feuchte Augen. Ich lächelte zurück.

Ein wenig hatte ich Sorge gehabt, dass Amelie Lottas Zu-Hause-Bleiben ungerecht finden und verkünden würde, nun ebenfalls nicht mehr in den Kindergarten gehen zu wollen, aber sie war zufrieden mit der Situation und fragte ihre Schwester, ob sie dann ihre Brotdose bekommen könne, weil sie die viel schöner fand als ihre eigene. Lotta stimmte zu, und damit waren alle glücklich und das Thema erledigt.

Endlich ging es uns wieder besser.

Viel besser.

Als ich unserem Umfeld erzählte, dass Lotta den Kindergarten nicht länger besuchen, sondern zu Hause bleiben werde, gab es nur sehr vereinzelt negative Reaktionen und düstere Prophezeiungen in Bezug auf Lotta, deren Zukunft wir nun endgültig ruiniert hätten. Die meisten reagierten erfreut und verständnisvoll.

Damit hatte ich nicht gerechnet.

Menschen, die mir vor Kurzem noch eindringlich erklärt hatten, dass Lotta da jetzt eben durchmüsse, oder die sich wortreich darüber ausgelassen hatten, wie wichtig der Kindergartenbesuch für ihre Entwicklung sei, nickten plötzlich und sagten Dinge wie »Ja, das ist auch besser so; gut, dass ihr euch dafür entschieden habt«, wobei ich in leicht paranoiden Momenten den Vorwurf herauszuhören glaubte, warum wir nicht früher darauf gekommen seien.

Wir bekamen fast ausschließlich positive Rückmeldungen zu unserem Entschluss. Was irgendwie verrückt war.

Und andererseits auch ein kleines bisschen logisch, denn wir traten nun so klar und absolut sicher in unserer Entscheidung auf, dass wir offenbar allein damit unser Gegenüber überzeugten.

Das ist im Übrigen ein Effekt, der unser Leben auf höchst effiziente Weise erleichtern kann. Ihr kennt das bestimmt: Wenn ihr euch einer Sache ganz sicher seid und genau wisst, dass ihr das so und nicht anders haben wollt, dann kommt in der Regel kaum Gegenwehr von anderen. Davon abgesehen, dass es sich zudem deutlich besser anfühlt, wenn wir voll und ganz hinter dem stehen, was wir tun.

Ein gutes Beispiel dafür ist das Anschnallen der Kinder im Kindersitz. Eigentlich ist es ja ziemlich doof, wenn man in so einem Sitz festgemacht wird und sich kaum noch bewegen kann. So doof, dass es im Grunde ein großes und verbreitetes Problem sein müsste, Kinder anzuschnallen. Ist es aber nicht.

Ich kenne kaum Eltern, die Schwierigkeiten damit haben. Sogar die Kinder, die mit Essen nach Tante Hilde werfen und sich weigern, am Abend die Zähne zu putzen oder gar ins Bett zu gehen, lassen sich meist ohne nennenswerte Diskussionen in ihrem Kindersitz anschnallen.

Ich bin mir sicher, dass das größtenteils an der kristallklaren Haltung liegt, die fast alle Eltern in dieser Sache haben. Sie fragen sich vor dem Anschnallen des Kindes nicht, ob das wirklich sein muss oder ob es nicht eventuell sogar besser wäre, dem Kind keinen Gurt anzulegen. Nein, im Hinblick auf das Anschnallen unserer Kinder im Auto kennen wir keine Gnade. Es wird sich angeschnallt. Keine Diskussion.

Und eben wegen dieser wunderbar unumstößlichen Klarheit hinterfragen unsere Kinder nur höchst selten den Sinn oder Unsinn des Anschnallens.

Zugegeben, auch eine klare und felsenfeste Einstellung kann spätestens im Teenageralter Diskussionen zwischen Eltern und Kindern nicht gänzlich verhindern, aber sie hilft – zumindest der eigenen Psyche. Uns geht es gut, wenn wir klare Werte haben und nach ihnen handeln.

Das hört sich furchtbar unsexy und altmodisch an. »Klare Werte«. Dabei ist jemand, der weiß, was seine Werte sind, und danach lebt und handelt, extrem sexy. Es klingt nur nicht so.

Ein Jahr später ging Lotta übrigens in den Kindergarten – zwar nicht jubelnd, aber auch nicht wahnsinnig ungern. Sie ging einfach hin, fand eine Freundin und ließ sich von der Erzieherin sogar überreden, beim Weihnachtstheater einen kleinen, allerliebsten

Tannenbaum zu spielen, der das komplette Stück über stumm neben zwei anderen Tannenbäumen stand und sich nicht rührte. Die perfekte Rolle für Lotta. Und nebenbei bemerkt: Sie war der süßeste Tannenbaum, den die Welt je gesehen hat.

Ich bin absolut sicher, dass es die richtige Entscheidung war, Lotta damals aus dem Kindergarten zu nehmen, und leider auch in Bezug auf die Tatsache, dass wir diese Entscheidung zu spät trafen. Zwar haben diese unsäglichen Wochen Lotta nicht schwer traumatisiert, dennoch war es ein immenser Stress für sie, den wir hätten vermeiden können, wenn wir Eltern nicht so verunsichert und ängstlich gewesen wären, sondern auf unser Herz gehört und ihm vertraut hätten.

Es fiel mir schwer, mir diesen Fehler zu vergeben, zumal ich doch gerade für meine Kinder immer alles perfekt machen möchte. Das habe ich mit vielen Eltern gemeinsam, die ich im Laufe der Jahre kennenlernen durfte: Wenn wir einen Fehler gemacht haben, sparen wir nicht mit langen und ausgiebigen Vorwürfen und tun uns schwer damit, uns selbst zu verzeihen. Parallel dazu sind wir ja auch immer und jederzeit an allem Möglichen und Unmöglichen schuld.

Elternsein ist keine einfache Sache, und wir müssen es uns nicht noch extra schwer machen, finde ich. Wir werden unser Leben lang Eltern sein und Fehler machen. Ja, ich befürchte, ich begehe sie noch immer. Natürlich weiß ich heute einiges besser als früher (wäre ja auch seltsam, wenn es andersrum wäre), aber Amelie und Lotta sind nun junge Erwachsene, und in dieser Situation mache ich als Mutter eben andere Dinge falsch als in ihren Kindertagen.

Obwohl sich mein Perfektionismus im Laufe der Jahre deutlich reduziert hat, wird das Vergeben von Fehlern und das Eben-nicht-an-allem-Möglichen-und-Unmöglichen-schuld-Sein wohl eine lebenslange Lernaufgabe für mich bleiben.

Und weil ich damit nicht allein bin, hier ein paar gute Ratschläge für euch – und für mich selbst.

Es ist wichtig für unsere eigene psychische Gesundheit und für die unserer Kinder, dass wir uns (und selbstverständlich auch anderen) vergeben können. Es nützt niemandem, wenn wir immer und immer wieder darüber nachdenken, was wir hätten anders machen können, beziehungsweise uns vorwerfen, dass wir verdammt noch mal etwas hätten anders machen *müssen*.

Was jedoch hilft, ist, den Fehler einzugestehen, sich selbst zu verzeihen und, falls nötig, andere um Entschuldigung zu bitten. Und natürlich den Fehler, wenn möglich, kein zweites Mal zu begehen.

Ja, das sagt sich so leicht.

Ich weiß, dass das in der Praxis überhaupt nicht einfach, sondern stellenweise richtig schwierig ist. Glaubt mir, ich weiß das sehr gut.

Ich weiß aber auch, dass es sich lohnt, Zeit und Geduld darauf zu verwenden, sich selbst und anderen zu vergeben, denn es ist ein herrliches Gefühl, wenn es einem gelingt.

Nehmen wir der Einfachheit halber meinen Fehler, zu lange dem Irrglauben aufzusitzen, Lotta unbedingt in den Kindergarten schicken zu müssen. Er geschah, weil ich, unsicher und ängstlich, wie ich war, mehr auf andere als auf mein eigenes Gefühl gehört habe, weil ich den anderen mehr getraut habe als mir selbst und weil ich zu sehr im Blick hatte, was Lotta alles *musste,* statt mir das Ganze mit den Augen der Liebe anzuschauen. Hätte ich mit Gelassenheit und Liebe einen Schritt zurück gemacht, wäre es mir leichter gefallen, die Ratschläge und Meinungen der anderen auszublenden und mich zu fragen, was mir selbst am wichtigsten war – und ich hätte deutlich früher erkannt, was zu tun war.

Versteht mich bitte nicht falsch, es war richtig, eine Weile abzuwarten, ob Lotta nicht doch zurechtkäme im Kindergarten.

Denn es hätte durchaus sein können, dass sie lediglich eine kurze Eingewöhnungsphase benötigte, nach der sie problemlos und größtenteils fröhlich in den Kindergarten gegangen wäre.

Nicht richtig war jedoch, es so lange zu versuchen.

Es ist passiert und nicht mehr zu ändern, auch wenn ich mir noch so sehr das Gegenteil wünsche. Da es jedoch bisher niemand geschafft hat, einen Weg zu finden, Fehler der Vergangenheit zu korrigieren, ist es sinnlos, mit den Gedanken dort festzuhängen. Zumal es in dieser Vergangenheit ja nicht einmal schön ist.

Was also kann ich tun (und mit mir alle anderen, die mit einer Entscheidung aus der Vergangenheit hadern), bis irgendjemand eine Zeitmaschine erfindet?

Nun, wir können aus dem Fehler lernen und uns vornehmen, uns künftig ab und an selbst zu fragen, ob wir momentan auf andere hören, weil die es eben einfach besser wissen und im gefragten Bereich kompetenter sind, oder ob wir nur gerade emotional extrem gestresst sind und deshalb nicht mehr klar denken können.

Außerdem können wir darauf achten, sowohl auf unser Herz und unseren Bauch als auch auf unseren Verstand zu hören, denn wenn der nicht von Unsicherheit und Angst vernebelt ist, funktioniert er ganz gut und kann sehr hilfreich sein beim Fehlervermeiden. Eine gesunde Mischung aus Herz, Bauch und Verstand ist ein großartiger Ratgeber.

Mich entlastet es nach einem begangenen Fehler ganz besonders, einen positiven Blick auf die Zukunft zu werfen und zu wissen, dass ich es beim nächsten Mal anders machen kann und den gleichen Fehler kein zweites Mal begehen muss.

Mir zu verzeihen, dass ich Lotta so viele Male weinend im Kindergarten gelassen hatte, fiel mir, wie gesagt, schwer. Ich wusste, dass ich mein Bestes gegeben und nicht aus Nachlässigkeit oder Egoismus gehandelt hatte. Aber das half nicht.

Kennt ihr das, wenn ihr etwas zwar wisst, sich das dazu passende Gefühl jedoch partout nicht einstellen will? So ging es mir in Bezug auf diese Geschichte lange Zeit. Ich fühlte mich, als hätte ich eben doch nicht mein Bestes gegeben, sondern das Gegenteil getan. Meine Gefühle hinkten quasi meinem Wissen hinterher beziehungsweise rannten immer wieder nach rechts oder schräg hinten links davon. Natürlich sprach ich mit Sven darüber, mit Katja und Tine und auch mit einigen vertrauten Kolleginnen. Die Gespräche taten gut und halfen. Allerdings nie langfristig. Früher oder später fand ich mich jedes Mal in dem unangenehmen Gedankenkarussell wieder und schaffte es nicht, auszusteigen.

Es wurde erst besser, als ich begann, mir selbst Briefe zu schreiben. Ich habe mir lange und ausführlich erklärt, dass es wirklich, wirklich in Ordnung ist, Fehler zu machen, dass ich jedem anderen längst vergeben hätte und dass ich mir doch bitte zum Wohle meiner Kinder und unserer gesamten Familie endlich selbst verzeihen möge. Über Monate hinweg schrieb ich Briefe an mich, vergab mir schwarz auf weiß und versicherte mir, dass ich mich im Unrecht befand, wenn ich dachte, ich sei eine miese Mutter.

Für mich hat diese Form der Selbsttherapie schließlich funktioniert. Ich habe mir vergeben.

Möglicherweise fällt euch das gar nicht so schwer wie mir, oder falls doch, funktionieren bei euch eher Gespräche mit Freunden, dem Partner oder einem Therapeuten oder aber Ausdauersport, Töpfern, Meditation oder Kuchen backen. Was auch immer euch dabei unterstützt, mit euch selbst ins Reine zu kommen, tut es! Denn damit tut ihr euch und euren Liebsten einen echten Gefallen.

Vergebung hilft heilen.

Meiner Erfahrung nach gibt es Menschen, die wie ich anderen problemlos die übelsten Dinge vergeben können, sich selbst jedoch nur unter Zuhilfenahme von mehreren Kilo Papier und Stiften oder vieler Therapiestunden.

Und es gibt diejenigen, bei denen es umgekehrt ist. Sie vergeben sich selbst ohne jegliche Schwierigkeit, zürnen anderen dafür aber umso nachhaltiger. Solltet ihr zu diesen Menschen gehören, dann probiert aus, was euch dabei helfen könnte, den anderen zu vergeben. Ihr müsst es ihnen nicht unbedingt ins Gesicht sagen, sondern könnt das auch mit euch allein ausmachen. Aber tut es, denn ihr schadet euch in erster Linie selbst, wenn ihr immer und immer wieder daran denkt, was der andere Blödes gemacht hat. Ich bin sicher, ihr könnt tiefer atmen und schöner lächeln, wenn ihr zumindest versucht zu verzeihen.

Übrigens ist Vergebung eher ein Prozess als etwas, was man einschalten kann wie einen Mixer. Aber auch das mag bei jedem anders sein. Wichtig ist nur, dass man es zumindest versucht, denn es tut so gut.

Ein ähnliches Phänomen wie bei der Vergebung findet sich bei der Schuld. Es gibt Menschen, die glauben, an allem Möglichen schuld zu sein, und diejenigen, in deren Wahrnehmung stets andere die Verantwortung tragen. Beide Varianten sind ungesund und bedürfen einer Korrektur, sofern man beabsichtigt, ein einigermaßen schönes Leben zu führen.

Und ich bin ein großer Verfechter des schönen Lebens. Es klingt banal, aber ich glaube, das Leben hat ein Recht darauf, dass wir uns bemühen, es so schön wie möglich zu gestalten – für uns und insbesondere für andere. Das könnte man sich glatt zur Lebensaufgabe machen.

Und dazu könnte unter anderem gehören, dass wir davon ablassen, anderen die Schuld zu geben, woran auch immer, ihnen zu zürnen und uns selbst als armes Opfer wahrzunehmen.

Wenn ich mich daran erinnere, wie unsere frühere Nachbarin lautstark und vor allem lang anhaltend über all die Menschen schimpfte, die an den Missständen in ihrem Leben die Schuld trugen, dann fühle ich wieder dieses gruselige Unwohlsein, das ich bereits als Kind gespürt habe. Damals konnte ich es nicht definieren, aber heute weiß ich, was mich belastet hat: Es war zum einen die Ungerechtigkeit.

»Und dann erdreistet sich diese dumme Kuh doch tatsächlich, mich zu fragen, was denn los ist und ob sie was helfen kann! Jetzt hab ich wegen der wieder Migräne! Da geh ich nicht mehr Brot kaufen! Da nicht!!«

Folgendes war geschehen: Die stets freundliche Bäckereiverkäuferin hatte sich angesichts ihrer blassen Gesichtsfarbe, der roten Nase und der dunklen Ringe unter den Augen besorgt bei unserer Nachbarin erkundigt, ob sie Hilfe benötigte. Es war ja offensichtlich, dass sie zumindest eine schlimme Erkältung hatte.

Ich kann mich noch erinnern, dass ich am liebsten gleich zur Bäckerei gerannt wäre, um die nette Verkäuferin zu trösten, denn unsere Nachbarin hatte garantiert mit ihr geschimpft und ihr vorgeworfen, dass sie schuld daran sei, wenn es ihr jetzt noch schlechter ginge als ohnehin schon.

Nun könnte man argumentieren, dass sich unsere Nachbarin, tatsächlich erkältet, möglicherweise über etwas anderes geärgert hatte, deshalb vielleicht schon mit extrem dünnem Nervenkostüm in der Bäckerei angekommen war und eben einfach einen ganz schlechten Tag gehabt hatte. Sicherlich. Allerdings kannte ich unsere Nachbarin fast ausschließlich so. In ebendiesem Zustand.

Heute, mit genug Abstand, einem Psychologiestudium und vielen Jahren praktischer Erfahrung, weiß ich, dass sich unsere arme Nachbarin beinahe täglich in einem Teufelskreis befand. Sie stand am Morgen bereits schlecht gelaunt auf und ärgerte sich über das Wetter, das sich heute für Regen entschieden hatte, obwohl sie mit dem Fahrrad zur Arbeit fahren wollte. Das war ja mal wieder typisch! Immer hatte sie Pech. Dann kam ausgerechnet an diesem Tag die Post später als sonst. Da sie auf einen dringenden Brief wartete, kam sie deshalb erst später zur Arbeit los und musste demnach länger bleiben, was ihren ganzen Tagesplan durcheinanderwarf. Dieser bescheuerte Postbote hatte sicher irgendwo zu lange gequatscht und es nicht für wichtig erachtet, ihr die Post pünktlich zu bringen. Eine Unverschämtheit war das! Was dachte der sich eigentlich? Sie würde sich beschweren! Bei der Arbeit erzählte eine Kollegin glücklich, dass sie den Zuschlag für die Wohnung bekommen hatte, die sie sich so sehr wünschte, und schenkte zur Feier des Tages jedem ein halbes Gläschen Prosecco ein. Unsere Nachbarin vertrug den aber nicht und litt den Rest des Tages unter saurem Aufstoßen. Diese dämliche Kollegin mit ihrer Scheißwohnung und ihrem Angeberprosecco! Ekelhaft, wie die sich in Szene setzte und sie auch noch dazu zwang, dieses Gesöff zu trinken! Gesundheitsgefährdend war das! Körperverletzung! Die Kollegin hatte vermutlich sogar gewusst, dass unsere Nachbarin den Prosecco nicht vertrug. Hatte sie das nicht irgendwann einmal in der Mittagspause erzählt? Und ihre Kollegin hatte nun absichtlich mit etwas angestoßen, das ihr Leid zufügte! So eine widerliche Tussi!

Und so weiter und so weiter.

Unsere Nachbarin war ein besonders schwerer Fall.

Neben der Ungerechtigkeit, mit der sie anderen bösartige Motive unterstellte, bedrückte mich als Kind etwas anderes deutlich mehr: die Ausweglosigkeit.

Wenn ich unserer Nachbarin zuhörte, was sich vor allem in den Sommermonaten nicht vermeiden ließ, konnte ich diese traurig-zähflüssige Masse an Hoffnungslosigkeit, die sie umgab, kaum ertragen.

Unsere Nachbarin lebte in einer feindseligen Welt voller Menschen und Gegebenheiten, die verantwortlich dafür waren, wenn sie krank wurde, sich ärgern musste oder sich anderweitig nicht gut fühlte. Sie war immer griesgrämig und unzufrieden mit ihrem Leben.

Und schuld daran waren ihr Mann, der ihr nicht im Haushalt half, der trödelnde Postbote, die niederträchtige Kollegin, das unfaire Wetter und der dumme Zufall.

Wenn unsere Nachbarin ihre eigene Schuldlosigkeit an sämtlichen äußeren und sogar inneren Umständen dazu benutzt hätte, um unbeschwert durchs Leben zu hüpfen und in regelmäßigen Abständen zu kichern und fröhlich auszurufen: »Nicht meine Schuld!«, dann hätte ich ihr Verhalten zwar weiterhin ungerecht gefunden, aber nicht belastend, sondern vielleicht sogar ein wenig lustig.

Das aber tat unsere Nachbarin nicht. Sie fühlte sich immer und jederzeit als ein geschundenes Opfer äußerer Umstände, unfähig, etwas daran zu ändern, weil sie ja weder das Wetter noch den Postboten, die Bäckereiverkäuferin oder den Zufall kontrollieren konnte.

Mir nahm das regelrecht die Luft zum Atmen. Was für ein furchtbares Schicksal!

Klar darf man mal schimpfen und auch jammern! Das gehört zur Psychohygiene und kann kurzfristig äußerst entlastend sein. Es sollte aber keine Gewohnheit werden, die dazu führt, dass wir unser Leben als handlungsunfähiges Opfer verbringen.

Wir haben die Macht über unsere Gedanken und können selbst entscheiden, wie wir Situationen bewerten. Euch ist ganz sicher spontan und ohne weiteres Zutun in den Sinn gekommen, an welchen Stellen unsere Nachbarin ihre Gesamtsituation genauso gut anders, und zwar positiv oder zumindest neutral, hätte bewerten können.

Wie gesagt, es geht mir nicht darum, pausenlos vergeistigt lächelnd durchs Leben zu schweben (wobei das sicher seinen Reiz hätte). Mir geht es um die grundsätzliche Haltung und darum, dass das Leben für uns alle ein entspannteres sein kann, wenn wir so oft wie möglich die Sonnenseite erkennen und betrachten. Denn die gibt es immer.

Lasst uns die Verantwortung übernehmen für unser Leben und unsere Gedanken. Wenn ich etwas wie das Wetter oder die verspätete Post nicht ändern kann, warum mir dann nicht einfach das Positive daran anschauen?

In den seltensten Fällen sind wir komplett machtlos. Nehmen wir das Beispiel unserer Nachbarin: Sie hätte den Prosecco mit dem freundlichen Hinweis auf Unverträglichkeit ablehnen und davon ausgehen können, dass die Kollegin ihr das Glas in bester Absicht angeboten hatte. Sie hätte sich, falls sie den Prosecco getrunken hätte, vornehmen können, das nächste Mal daran zu denken, dass sie ihn nicht vertrug. Im Nachhinein hätte sie sich sagen können, dass das saure Aufstoßen ja wieder vorbeiging und es ein wirklich schöner Moment war, als sie sich alle zusammen mit ihrer Kollegin gefreut und miteinander angestoßen hatten.

Ganz allgemein dürfen wir alle immer und jederzeit dankbar sein. Unsere Nachbarin beispielsweise dafür, dass sie eine Arbeit hat, zu der sie gehen kann, dass sie in einem Land lebt, in dem man mit Prosecco anstößt, statt sich vor Bomben in Sicherheit bringen zu müssen und/oder Hunger zu leiden, und dass sie gesund ist und am Leben.

Wir erweisen unseren Kindern einen ausgezeichneten Dienst, wenn wir gute Vorbilder für sie sind und ihnen vorleben, wie glücklich und zufrieden es macht, Verantwortung für das eigene Leben zu übernehmen und daneben voller Dankbarkeit den Blick auf die Sonnenseite zu lenken.

Wir alle wünschen uns für unsere Kinder, dass sie ausgeglichene, zufriedene Erwachsene werden. Und wir alle können ihnen dabei helfen, indem wir uns bemühen, möglichst nachahmenswerte Modelle zu sein.

Meine Eltern waren in sehr vielen Bereichen des Lebens wunderbare Vorbilder für mich. Ich habe sie als hilfsbereite, besonnene, liebevolle, kreative und humorvolle Menschen erlebt, von denen ich hoffentlich eine Menge dieser Eigenschaften übernommen habe. Allerdings hat sich zumindest meine Mutter stets viele Sorgen gemacht. Auch Schuld war ein beherrschendes Thema.

Daher bin ich sozusagen von Kindesbeinen an Expertin für Schuldfragen aller Art und kann euch in ebendieser Funktion sagen: Die Frage, wer die Schuld an irgendwas trägt, ist bis auf den strafrechtlichen Bereich nur in Ausnahmefällen hilfreich oder zielführend, und ihre Beantwortung löst selten bis nie Probleme oder macht glücklich. Im Gegenteil.

Wenn es also gerade nicht um Straftatbestände, sondern um unser privates Leben geht, ist es sinnvoll, so wenig Zeit wie möglich damit zu verbringen, sich selbst oder anderen die Schuld für was auch immer in die Schuhe zu schieben.

Ich gehöre zu der Gruppe von Menschen mit der Tendenz, sich selbst für alles Mögliche die Schuld zu geben. Wäre Sich-selbst-Schuldgeberei ein gut bezahlter Beruf, ich wäre Multi-Millionärin! Ich bin aus dem Stegreif dazu in der Lage, mir für die unglaublichsten Dinge die Verantwortung aufzuladen. In Bruchteilen von Sekunden. Es ist auf eine verstörende Art beeindruckend.

Um euch einen Einblick zu geben in die wundersame Welt der Sich-selbst-Schuldgeberei, hier ein kurzes Beispiel:

Meine Cousine hatte einen Mann geheiratet, der sich nach kurzer Zeit als nichtsnutziger Choleriker entpuppte. Die

Situation war schrecklich und für meine Cousine äußerst belastend. Meine Mutter erzählte mir eines Abends am Telefon, wie furchtbar sie das finde und dass sie sich schreckliche Vorwürfe mache, weil das doch alles ihre Schuld sei.

Nun fragt ihr euch zu Recht, wie meine Mutter an der unschönen Ehe ihrer Nichte schuld sein konnte. Sie hatte für meine Cousine nicht etwa ein Profil in einem zweifelhaften Online-Dating-Portal angelegt oder Ähnliches. Nein, das nicht.

Irgendwann einmal hatte sie jedoch in einer Zeitschrift gelesen, dass Schwimmen gut gegen Rückenschmerzen sei. Da meine Cousine häufig über ebendiese klagte, hatte meine Mutter ihr den Artikel ausgeschnitten und geschickt. Meine Cousine las ihn und ging im folgenden Sommer einmal pro Woche ins nahe gelegene Freibad. Dort lernte sie den cholerischen Nichtsnutz kennen, der auf sie damals weder nichtsnutzig noch cholerisch wirkte und meine Cousine mehrere Monate später heiratete.

Und deshalb war meine Mutter der Meinung, an der verkorksten Ehe meiner Cousine schuld zu sein.

Versteht ihr?

Der logische Umkehrschluss meiner Mutter lautete nämlich: Hätte sie nie diesen Artikel gelesen und an meine Cousine geschickt, wäre die nicht zum Schwimmen gegangen, hätte folglich diesen Mann nicht kennengelernt, wäre heute stattdessen mit einem netten Biologielehrer verheiratet und würde ein glückliches Leben führen. Das aber hatte meine Mutter ihr gründlich vermasselt.

Ich war zwar problemlos in der Lage, den unsinnigen Gedankengängen meiner Mutter zu folgen, habe aber natürlich dennoch versucht, ihr zu erklären, dass zwischen dem Lesen des Artikels und dem Monate später erfolgten Besuch des Freibads vermutlich gar kein direkter Zusammenhang bestand, und diverse weitere Argumente geliefert, die zeigten, dass meine

Mutter definitiv keinen Anteil an den Eheproblemen ihrer Nichte hatte. Es half nichts. Meine Mutter blieb davon überzeugt, dass sie maßgeblich zu der äußerst unerfreulichen familiären Situation beigetragen, ja, sie sogar verschuldet hatte.

Ich versuchte es andersrum und sagte: »Du hast Moni wahrscheinlich sogar einen Gefallen getan, weil sie ansonsten statt ins Schwimmbad ins Café gegangen wäre, dort Patrick, den Serienkiller, kennengelernt hätte und jetzt tot wäre. Und mit ihr vielleicht sogar unsere ganze Familie! Immerhin ist Patrick ein Serienkiller. Du hast uns also allen das Leben gerettet. Danke, Mama!«

Frei nach dem Motto *act crazy*, denn das ist eine prima Handlungsalternative, wenn einem nichts Sinnvolles mehr einfällt.

Ich habe meine Mutter damit zwar auch nicht überzeugen können, aber immerhin musste sie lachen und war eine Weile durch die Frage abgelenkt, warum aus mir eigentlich eine so merkwürdige Person geworden sei. Ich sei doch früher ein ganz nettes Kind gewesen. Übrigens kam sie recht schnell auf die Antwort: Wer, wenn nicht sie selbst konnte schuld daran sein?

In diesem Punkt habe ich ihr der Einfachheit halber zugestimmt, ein bisschen irre gelacht und ihr einen schönen Abend gewünscht.

Falls ihr euch fragt: Ich habe absichtlich meine Mutter und nicht mich beim Sich-selbst-die-Schuld-Geben beschrieben, um euch zu zeigen, dass es Menschen gibt, die darin noch bewanderter sind als ich. Dass ich den Gedankengängen meiner Mutter problemlos folgen konnte, beweist jedoch, dass ich nicht weit davon entfernt bin.

Ich habe viele Jahre gebraucht, um zu erkennen, wie reflexartig ich für alles und jeden in meinem Umfeld Verantwortung übernahm – und dann noch mal so viele Jahre, um damit aufzuhören. Nein, das stimmt so nicht, denn vollkommen frei davon bin ich bis heute nicht und werde es vermutlich nie sein, aber ich bemerke immerhin meistens, wenn ich mich mal wieder schuldig an irgendwas fühle, wofür ich gar nichts kann.

Dies ist übrigens die Stelle dieses Buches, an der ich meine Psychologinnenfreundin Jutta bat, doch mal genau Korrektur zu lesen, um zu prüfen, ob ich vielleicht zu privat werde beziehungsweise zu irre rüberkomme für eine Autorin, die anderen Leuten Ratschläge geben will.

Jutta schrieb mir hierzu folgende Mail:

> Liebe Sophie,
> ich finde, das alles entspricht bester erprobter Seeberg-Tradition. Frau Seeberg hat einen Sinn fürs Skurrile, wie sie uns ja immer wieder erklärt und in ihren Büchern überzeugend bewiesen hat. Daher ist deinen Leserinnen und Lesern klar, dass du die Überspitzung ins leicht Absurde als Stilmittel nutzt. Deshalb bin ich zuversichtlich, dass niemand über eine Zwangseinweisung in ein psychiatrisches Institut nachdenken wird.

ZÄHMUNG DER ÜBERMUTTIS – ÜBER DEN »MEIN-BABY-KANN-SCHON«- WETTBEWERB UND WIE MAN SICH DAVOR SCHÜTZT

Ich habe ja schon erzählt, dass ich nach Amelies Geburt sage und schreibe drei Babygruppen besuchte. Eine Stillgruppe, einmal Babyschwimmen und dann noch den PEKiP-Kurs.

Das Babyschwimmen ließ ich bald wieder sein, weil mir immer zu kalt war, ich Schwimmbäder generell nicht leiden kann und Amelie meine Abneigung vermutlich spürte und sich ebenfalls nicht wohlfühlte. Nach dem Kurs waren wir jedes Mal beide gestresst, und eine von uns hatte bereits Tage vor der nächsten Stunde ein schlechtes Gewissen, weil sie lieber absagen und zu Hause in Ruhe mit Baby auf dem Bauch auf dem Sofa rumliegen wollte.

Als junge Mutter war ich sehr unsicher. Nicht nur, weil ich dachte, dass ich als *gute* Mutter wissen müsste, warum mein Baby weinte, sondern auch, weil ich von allen möglichen Seiten schon vor der Geburt gesagt bekommen hatte, was man alles falsch machen kann, aber keinesfalls falsch machen darf.

Neben ein paar sinnvollen Hinweisen gab es leider Unmengen von halb- bis pseudo-wissenschaftlichen Vorträgen mit Inhalten wie:

- Tragen im Tragetuch führt zu Missbildungen und Intelligenzminderung
- Zufüttern führt zu Allergien und Darmkrebs
- Stillen führt zu einer Suchtpersönlichkeit
- Das Verwenden von Stoffwindeln führt zu Neurodermitis, ebenso das Verwenden von Einwegwindeln
- Schlafen im Kinderbett, Elternbett, Tragetuch oder sonst wo führt zu plötzlichem Kindstod

Und so weiter und so weiter.

Bitte glaubt nichts davon!

Absolut gar nichts!

Genau das fiel mir mit zunehmender Menge an Informationen, die jeweils mit entsprechenden Horrorgeschichten belegt wurden, schwerer und schwerer.

Obwohl ich mit Schwangerschaft und Geburt nicht sämtliche Gehirnzellen verloren hatte, waren all die Ratschläge, Hinweise und Warnungen als Samen auf den fruchtbaren Boden aus Unsicherheit, Hang zum Perfektionismus, Tendenz zum Sorgenmachen sowie leicht größenwahnsinniger Verantwortungsübernahme für alles Mögliche gefallen und nach Amelies Geburt zu einem beeindruckenden Urwald gewachsen. Und in diesem geradezu undurchdringlichen Dickicht stand ich nun also ziemlich verloren herum, drückte mein Kind an mich und bemühte mich, nicht in Panik zu geraten.

Sven und ich führten in Amelies erstem Lebensjahr eine Fernbeziehung, sodass ich unter der Woche meist mit ihr allein war. Ein Grund mehr für die vielen Babygruppen. Außerdem hegte ich die Hoffnung, dadurch etwas zu lernen und so eine bessere Mutter zu werden. Davon abgesehen strukturierten sie meine Tage, und ich kam zumindest ein paarmal pro Woche geduscht und halbwegs ordentlich angezogen unter Leute. Struktur hilft ja bekanntlich in jeder Lebenslage.

Sven hatte mich darin bestärkt, mehrere Kurse zu besuchen, denn ihm war aufgefallen, dass ich mich bereits in der Schwangerschaft ein wenig einsam gefühlt hatte. Zwar war ich regelmäßig und bis kurz vor der Geburt ins Fitnessstudio gegangen, pflegte ansonsten jedoch kaum noch soziale Kontakte. Mein Freundeskreis hatte sich nach dem Studium in ganz Europa verteilt, und die wenigen, die geblieben waren, beschäftigten sich mit ihrer Karriere, dem neuen Partner oder angesagten Klubs und konnten mit meinem Babybauch einfach nichts anfangen. Spätestens nach der Geburt zogen sich die Letzten komplett zurück, als hätten sie Sorge, sich mit so was wie einem Mutti-Virus zu infizieren. Ich tröstete mich mit dem Gedanken, dass es dann eben sowieso keine Freunde, ja noch nicht mal gute Bekannte gewesen seien. Außerdem blieb mir ja noch Gabi. Sie lebte zwar Hunderte Kilometer entfernt, war aber ebenfalls bereits Mutter und herrlich entspannt. Wir telefonierten regelmäßig, dennoch fühlte ich mich gerade unter der Woche manchmal einsam.

Also war es ein Glück, dass es die Mütter-Gruppen gab! Dort würde ich lauter nette Gleichgesinnte kennenlernen, mich nach den Kursen mit ihnen zum gemeinsamen Spaziergang oder Kaffeetrinken treffen und mir einen neuen (Mütter-)Freundeskreis aufbauen.

Zumindest sagte ich mir das immer wieder in einer etwas zu optimistisch-fröhlichen Stimmlage, die nicht so recht zu mir passte.

In den ersten Wochen bestanden die Baby-Gruppen in erster Linie aus Anleitungen und Erklärungen der jeweiligen Kursleiterinnen und boten wenig Raum für einen Austausch. Das war mir auch ganz recht so, denn wie ihr inzwischen wisst, gehöre ich ja der »Ich-schau-erst-mal-nur-zu«-Fraktion an. Außerdem war ich dankbar für jeden in Baby-Dingen kompetenten Menschen, der mir etwas erklärte und das Gefühl gab, zumindest keine für Amelie lebensgefährlichen Fehler zu begehen. Ich war also mit dem etwas verschulten Ablauf der Gruppenstunden recht zufrieden.

Am Ende der jeweiligen Veranstaltung standen die anderen Mütter schwatzend beisammen, und es wäre der perfekte Moment gewesen, um neue Kontakte zu knüpfen. Wenn mir nicht die Energie gefehlt hätte, um über meinen »Ich-schau-erst-mal-nur-zu«-Schatten zu springen und mich dazuzugesellen. Ich wollte einfach nur nach Hause. Und in Ruhe mein Kind anschauen. Das war nämlich mein neues Hobby: Extrem-Babybetrachting!

Tatsächlich habe ich Stunden damit verbracht, Amelie (und später Lotta) beim puren Da-sein zuzuschauen. Es war so unbeschreiblich, so fantastisch! Nie in meinem Leben habe ich so häufig und so sehr gestaunt wie in diesen ersten Baby-Monaten.

Unglaublich, dass dieses kleine und doch so große Wunder tatsächlich *in mir drin* herangewachsen und nun mitten in meinem Leben war.

Mein Leben, das sich mit Amelies Ankunft so ganz und gar verändert hatte und voller rosa Wolken, Glitzer und golden leuchtender Wunder war! Ja, auch ein bisschen voller durchwachter Nächte, Windelberge, Unsicherheiten und stinklangweiliger Rückbildungsgymnastik. Doch alles in allem war mein Leben erfüllt von diesem unglaublichen Wunder, über das ich täglich staunte.

In diesem Zusammenhang gibt es einen Mythos, der sich so furchtbar hartnäckig hält, dass ich unbedingt etwas dazu sagen muss. Es geht um die Geburt und wie sie angeblich zu verlaufen hat.

Meiner Ansicht nach ist die Geburt eines Kindes etwas ganz Besonderes, etwas Einzigartiges und rundum Wundervolles – zumindest was das Ergebnis betrifft. Ein Kind kommt zur Welt! Wie schön ist das denn?!

Was das betrifft, werden mir die meisten von euch wohl zustimmen. Auch wenn es natürlich Umstände gibt, die die Freude über das geschehene Wunder überschatten können; sei es, dass die Geburt dramatisch verläuft, irgendetwas schiefgeht oder das Kind nicht so gesund auf die Welt kommt, wie wir es erwartet haben.

Wenn euer Kind krank oder mit einer Behinderung zur Welt kam, dann ist das eine schwierige Situation, aber im Ergebnis dennoch genauso wunderbar wie die Geburt des Nachbarkindes, welches das Glück hatte, ganz ohne Einschränkungen sein Leben beginnen zu dürfen. An manchen Tagen braucht ihr bestimmt mehr Kraft als andere Eltern, ihr erlebt aber sicherlich auch innige Momente, habt herzerwärmende Begegnungen und macht Erfahrungen, die ohne euer besonderes Kind so nicht möglich gewesen wären.

Der Sohn meiner Freundin Marion ist Mukoviszidose-Patient. Als wir uns vor Kurzem über ihr »Leben mit der Muko«, wie sie es nennt, unterhielten, sagte sie: »Bei allem Leid und all der Angst ist es trotzdem so: Timos Muko hat mich zu einem besseren Menschen gemacht.«

Was für eine kraftvolle Erkenntnis!

In den meisten Fällen geht bei einer Geburt alles gut, und dann spielt es keine Rolle, wer man ist und wo man sich befindet. Hauptsache, das Kind ist da. Könnte man meinen. Und doch scheiden sich die Geister, wenn es um die Art und Weise des Gebärens geht. Hausgeburt, mit oder ohne Schmerzmittel, Geburt im Krankenhaus oder gar eine Sectio, also ein Kaiserschnitt, geplant oder ungeplant – heutzutage gibt es viele verschiedene Möglichkeiten, ein Kind zur Welt zu bringen.

Aus mir nicht so ganz verständlichen Gründen gilt unter vielen Müttern die natürliche Geburt – am besten in Form einer Hausgeburt – als *die einzig wahre* Art, ein Kind zu bekommen. Meist ist dann noch wichtig, dass es besonders schmerzhaft war, man aber auf Schmerzmittel verzichtet und danach direkt wieder mit dem Alltag weitergemacht hat, als wäre nichts gewesen, weil ein Kind zu bekommen schließlich etwas ganz Natürliches ist.

Ich verallgemeinere. Ich weiß, dass Gott sei Dank nicht alle Frauen so sind. Aber eben leider doch zu viele. Und die sind sehr laut, präsent und teilweise sogar einschüchternd. Ich nenne sie im Folgenden Übermuttis, damit ihr wisst, dass ich keineswegs alle Mütter, sondern lediglich diese bestimmte Art meine.

Beim ersten Termin in den jeweiligen Babygruppen gab es eine Vorstellrunde, die grundsätzlich durchaus Sinn ergibt, hier aber in erster Linie aus Informationen darüber bestand, das wievielte Kind man gerade auf welchem Weg bekommen hatte.

In der Stillgruppe hatten die meisten Frauen wie ich das erste Kind zur Welt gebracht. Das beruhigte mich, weil ich so nicht die Einzige ohne Erfahrung war. Allerdings hatten alle außer mir »normal« entbunden, wohingegen Amelie nach über zwanzig Stunden Wehen per Not-Sectio geholt werden musste. Die Nabelschnur hatte sich um ihren Hals geschlungen und drohte, Amelie zu strangulieren. Diese Erfahrung war keine schöne, zumal die Entscheidung zur Sectio in großer Hektik getroffen werden musste, eine Vollnarkose notwendig war und man damals in dieser Klinik nicht den sogenannten »sanften Kaiserschnitt« praktizierte, bei dem weniger geschnitten und mehr gedehnt wird. Infolgedessen wachte ich irgendwann mit starken Schmerzen aus der Narkose auf, konnte mein Baby nicht gleich sehen und dachte zunächst, es hätte nicht überlebt. Insgesamt war das also nicht das, was man als wahnsinnig schönes Geburtserlebnis schildern kann, aber ich war unendlich froh, dass Amelie *am Leben* und sogar gesund war. Was für ein Glück!

Meine Vorstellung fiel folgendermaßen aus: »Hallo, ich bin Sophie und das ist meine Tochter Amelie. Sie kam per Kaiserschnitt zur Welt und …«

Allgemein erschrockenes Einatmen.

»Keine Sorge«, fuhr ich schnell fort. »Sie ist gesund. Es ist alles gut gegangen.« Ich lächelte in die Runde – und blickte in lauter ernste Gesichter.

»Aber dann hast du ja kein richtiges Geburtserlebnis gehabt«, sagte die Mutter neben mir.

»Ich … äh …«, begann ich.

»Das ist gar nicht gut«, kam es von meiner anderen Seite. »Da hattet ihr einen total unnatürlichen Start. Und jetzt fehlt euch die Mutter-Kind-Bindung!«

Nun kenne ich mich ja berufsbedingt mit Mutter-Kind-Bindungen aus und kann mit Sicherheit sagen, dass sie niemals »fehlt«, nur weil ein Kind per Kaiserschnitt entbunden wurde.

Das äußerte ich aber nicht, denn ich war zu sehr damit beschäftigt herauszufinden, was die beiden Frauen mir eigentlich sagen wollten. Sie klangen nämlich keineswegs mitfühlend, wie man es anhand des Inhalts ihrer Äußerungen hätte erwarten können, sondern … tadelnd. Was sich merkwürdig anfühlte.

Sie warfen mir doch nicht wirklich den Verlauf von Amelies Geburt vor? Oder etwa doch?

Während ich noch versuchte, zu verstehen, um was genau es eigentlich ging, ergab sich folgendes Gespräch:

»Das ist ein ganz schlechter Start für Kinder, wenn sie nicht durch den Geburtskanal kommen dürfen.«

»Total unnatürlich!«

»Aber eben komfortabler für die Mütter. Sie müssen nicht pressen, es tut nichts weh, alles ganz bequem.«

»Klar, man kann es sich natürlich leichtmachen; geht dann halt auf Kosten des Kindes.«

»Tja, nur dass dann eben was Entscheidendes fehlt. Kein gemeinsames Geburtserlebnis, das Kind ist anfälliger für alle möglichen Krankheiten, keine Bindung …«

»Die sollten sich mal klarmachen, was sie deswegen verpassen und ihrem Kind vorenthalten! Das kann man nie wieder nachholen. Nie! Das ist für immer verloren.«

»Ich hab gelesen, dass Kaiserschnittmütter keine richtigen Mütter sind, weil sie ihr Kind nicht unter Schmerzen zur Welt gebracht haben.«

»Also, bei mir waren das unfassbare Schmerzen! Un-fass-bar! Trotzdem hab ich keine Schmerzmittel genommen. Nix. Alles ganz natürlich!«

»Ja, das haben wir auch so gemacht. Man will ja schließlich das Beste für sein Kind!«

Und so weiter und so weiter.

Ich hörte staunend zu.

Natürlich war ich enttäuscht und traurig gewesen, dass Amelie auf diese Art zur Welt kommen musste, ihre Geburt so dramatisch verlaufen war und ich tatsächlich nicht hatte miterleben können, wie meine Tochter das Licht der Welt erblickte, weil ich mich in Vollnarkose befunden hatte. Trotzdem hatte ich das nicht als einen Mangel empfunden, weil es nun einmal dringend notwendig gewesen war – ohne diese Notoperation wäre Amelie heute nicht am Leben. Ich hatte also allen Grund, mich zu freuen und dankbar zu sein, statt mich deshalb schlecht oder gar minderwertig zu fühlen.

Das dachte ich zumindest bis zu diesem Nachmittag in der Stillgruppe, als die anderen Mütter schilderten, wie heldenhaft sie unter unglaublichen Schmerzen gepresst und ihrem Kind schließlich das Leben geschenkt hatten.

Ich war versucht zu erklären, dass ich über zwanzig Stunden Wehen, also durchaus ebenfalls Schmerzen gehabt hatte und so ein Kaiserschnitt im Übrigen auch wehtut. Zu meiner Schande muss ich gestehen, dass ich es nur deshalb nicht sagte, weil mir klar war, dass die anderen dann nur wieder über mich hergefallen wären und erklärt hätten, dass das rein gar nichts zählte, Amelie total gestört und ich keine vollwertige Mutter sei. Kurz überlegte ich, ob ich stattdessen vielleicht vom medizinischen Notfall und der Lebensgefahr meiner Tochter erzählen sollte, um den Kaiserschnitt-Fauxpas in einem milderen Licht erscheinen zu lassen, war dann aber auch für diesen Kommentar zu feige.

Dabei wollte ich so gern dazugehören zum Klub der »richtigen« Mütter, die sich auskannten mit Schmerzen und nicht bereits am Anfang versagt hatten und »nur eine Kaiserschnittmutter« waren.

Wie bekloppt war das denn? Was war das für ein dummer Wettbewerb? Und wieso zur Hölle konnte ich nicht einfach mit einem souveränen Kopfschütteln darüber hinweggehen? Stattdessen fühlte ich mich minderwertig, weil … ja, warum denn, verdammt noch mal?

Weil ich nicht erzählen konnte, wie ich beim Pressen fast ohnmächtig vor Schmerzen geworden war, aber selbstverständlich trotzdem durchgehalten hatte? Warum waren Amelie und ich weniger wert in den Augen dieser seltsamen Übermuttis? Weil wir einen Arzt und sogar eine Operation benötigt hatten und den »natürlichsten Vorgang der Welt« leider nicht natürlich hatten vonstattengehen lassen können, ohne dass mindestens das Baby starb? War es das? Waren die anderen bessere Mütter, weil sie es *allein* hingekriegt hatten? Und wieso zum Henker hatte ich gerade gedacht, dass die anderen bessere Mütter waren?

Ich hatte einen Knoten im Hirn, einen Kloß im Hals und ein ganzes Gebirge auf meiner Brust. Ich fühlte mich mies und war den Rest der Zeit damit beschäftigt, zu atmen und nicht in Tränen auszubrechen.

Immerhin klappte das Stillen bei Amelie und mir problemlos, wohingegen die Übermutti, die mir unterstellt hatte, dass ich es mir nur hatte einfach machen wollen mit meiner überkandidelten Sectio, es diesbezüglich nicht so leicht hatte. Ihr Leandro brüllte und brüllte und wollte sich partout nicht stillen lassen.

Und wisst ihr, was ich fühlte? Eine gewisse Genugtuung! In meinem Kopf formulierte ich gemeine Bemerkungen dahin gehend, dass man als »richtige Mutter« ja wohl keine Probleme mit dem Stillen haben sollte, dass das ganz schlecht für das Kind sei und ähnlich blödes Zeug.

Ich bin nicht sicher, ob es die Hormone waren. Die sind ja im Grunde großartig, weil man sie für so ziemlich alles verantwortlich machen kann, wenn man schwanger ist oder gerade ein Kind bekommen hat. Ich befürchte, dass ich ihnen nicht alles in die Schuhe schieben kann, möchte sie im Hinblick auf meine gemeinen Gedanken zur Übermutti vom brüllenden Leandro jedoch trotzdem gern zumindest als mildernden Umstand geltend machen.

Ich schämte mich wegen dieser Gefühle und Gedanken spätestens in dem Moment, in dem ich mich auf dem Heimweg befand und ein wenig Abstand zwischen mich und die Übermuttis gebracht hatte, zutiefst. So war ich nicht. Und so wollte ich auch auf gar keinen Fall werden! Ich würde nicht zulassen, dass mich diese fiesen Übermuttis dazu brachten, genauso fiese Gedanken zu denken wie sie!

Vor mich hin schimpfend, ging ich nach Hause. Damals hatte man noch keine kaum sichtbaren Kopfhörer, sodass die Passanten hätten denken können, ich würde nur recht aufgebracht telefonieren. Nein, ihnen kam eine rotgesichtige junge Mutter entgegen, die grimmig vor sich hin lamentierte und sich hin und wieder wütend ein paar Tränen wegwischte.

Falls du dein Kind per Kaiserschnitt zur Welt gebracht und womöglich den ein oder anderen Gedanken an die Frage verschwendet hast, ob dich das zu einer weniger guten Mutter oder dein Kind zu einem armen Wicht macht, dem das Geburtserlebnis geraubt wurde, möchte ich dir hiermit sagen: Ein Kaiserschnitt sagt *überhaupt gar nichts* über deine Qualitäten als Mutter oder die Beziehung zu deinem Kind aus. Er bedeutet lediglich, dass dein Kind am Leben und hoffentlich gesund ist, was es vermutlich ohne die Sectio nicht wäre. Was für ein Glück!

Ja, dein Kind kam anders zur Welt als sein Kumpel, der per Hausgeburt mit Räucherstäbchen und Kerzenlicht entbunden wurde, aber glaub mir: Wenn dein Kind und sein Kumpel eingeschult werden, sich verlieben, eine eigene Wohnung beziehen und sich einen Job suchen, wird kein Außenstehender erkennen, welcher der beiden in einem Operationssaal und welcher im Patchoulirauch den ersten Atemzug getan hat.

Es ist schlicht und ergreifend nicht wichtig.

Oder sagen wir so: Du hast es in der Hand, wie viel und vor allem welche Bedeutung du dem Ganzen beimisst. Wenn du der wie auch immer verlaufenen Geburt deines Kindes eine positive Bedeutung gibst und jeden Tag dankbar und glücklich bist, dass dieses kleine und bald schon recht große Wunder in dein Leben getreten ist, dann ist das großartig und wird sich auf dich, dein Kind und deine Umgebung im besten Sinne auswirken.

Und das gilt nicht nur speziell für die Geburt, sondern für alles in deinem Leben.

Dinge, die nicht so gelaufen sind, wie wir uns das gewünscht haben, die wir aber nun einmal nicht mehr ändern können, dürfen wir betrauern. Das ist okay und angebracht. Trotzdem liegt es in unserer Hand, ob dieses Ereignis unser Leben von nun an bestimmen und stets als fette dunkle Wolke über uns schweben wird oder ob wir die Trauerwolke nach einer Weile des gemeinsamen Weges zum Abschied noch einmal umarmen, ihr dann aber die Freiheit schenken und sie von dannen schweben lassen.

Ich glaube, die Wolken segeln viel lieber oben am Himmel herum, als dicht über unseren Köpfen für bedrückte Stimmung zu sorgen. Es ist also eine Win-win-Situation.

Wisst ihr, was ich im Nachhinein das Verrückteste finde? Dass ich tatsächlich weiter in diese unangenehme Stillgruppe ging! Es stand ja niemand mit einer Waffe vor mir und hat mich dazu gezwungen. Nein, ich dachte, ich müsse das für Amelie tun, weil ich glaubte, in dieser Gruppe vielleicht Informationen aufzuschnappen, die ich dringend bräuchte, damit es meinem Baby an nichts fehlte. Also stiefelte ich Woche für Woche dorthin und fühlte mich mies. Bekloppt irgendwie.

In der PEKiP-Gruppe war es netter, auch weil die Leitung der Gruppe freundlicher war und darauf achtete, dass niemand einen Wettbewerb veranstaltete, wer bei der Geburt die größten Schmerzen am heldenhaftesten ausgehalten hatte und damit zur Übermutti des Jahrhunderts gekrönt werden würde.

In der Gruppe wurde sogar hin und wieder gelacht, und ich begann, mich dort so etwas wie wohlzufühlen. Leider wechselte nach ein paar Monaten die Leitung und zwei der besonders angenehmen Mütter beendeten den Kurs. Danach wurde es dort weniger nett.

Das mag allerdings auch daran gelegen haben, dass allmählich die Unterschiede in der Entwicklung unserer Kinder erkennbar wurden und damit eine größere Bedeutung erhielten. Es handelte sich um normale individuelle Unterschiede, die weder etwas über die Intelligenz der Babys, deren spätere berufliche Karriere oder die Fähigkeiten der Eltern aussagten, sondern schlicht und ergreifend zeigten, dass sich Babys in verschiedenen Bereichen unterschiedlich schnell entwickeln.

Was sich durch diese sichtbaren Unterschiede zwischen den Kindern in der eigentlich mal netten PEKiP-Gruppe für Gespräche ergaben, war sehr traurig.

»Ach, dein Nils kann sich noch immer nicht allein rumdrehen? Na ja, mach dir nichts draus, Jungs sind immer hintendran in der Entwicklung, das weiß man ja.«

»Weißt du, dafür ist Nils eben in seiner kognitiven Entwicklung weiter als die anderen. Die Hebamme meinte schon vor Wochen, dass er vermutlich hochbegabt ist.«

»Unter Fachleuten sagt man aber, dass Kinder, die sich motorisch schneller entwickeln, auch intelligenter sind. Anne dreht sich schon lange ohne jede Hilfe um.«

»Na ja, das sollte sie aber auch schon lange können. Stellt euch vor, der Philipp kann schon richtig schnell rückwärts robben! Unglaublich ist das, hat auch der Kinderarzt gesagt. Das liegt wahrscheinlich daran, dass mein Mann und ich beide so sportlich sind.«

»Mein Kinderarzt sagt ja, dass es nicht gut ist, wenn Kinder zu früh mit dem Robben beginnen. Die bekommen dann später mal Rückenprobleme. Und eigentlich sollte sich ja jetzt die Sprache entwickeln. Soll ich dir mal die Nummer von einem guten Logopäden geben? Meine Nachbarin hatte mit ihrem Kind ähnliche Probleme.«

Das war kein harmonisches Klima mehr, sondern hatte was von feindseligem Wettbewerb, in dem sich sogar bislang ganz harmlose Mütter zumindest zeitweise in Übermuttis verwandelten und gegenseitig darin überboten, ihre Kinder sowie das eigene Übermutti-Können zu loben und als überdurchschnittlich hervorragend darzustellen.

Wahnsinnig gern würde ich euch an dieser Stelle erzählen, wie ich damals als Einzige dennoch voller Nachsicht und Nächstenliebe handelte, half und unterstützte, wo immer es möglich war, und auf diese Weise dafür sorgte, dass der unerfreuliche Haufen von Einzelkämpferinnen zu einer harmonischen Gemeinschaft wurde.

Ich habe tatsächlich für einen kurzen Moment drüber nachgedacht, euch das so zu schildern, weil es im Sinne des Modelllernens eine super Wendung in der Geschichte gewesen wäre. Aber so war es nun mal nicht. Und darauf bin ich alles andere als stolz.

Zwar habe ich nicht mitgemacht beim gegenseitigen Überbieten und dem unterschwelligen, manchmal auch erschreckend offenen Schlechtmachen der anderen, aber ich habe es auch nicht verhindert, sondern den Mund gehalten und mich bemüht, möglichst unauffällig zu bleiben, um nicht der geballten Übermutti-Fiesheits-Power zum Opfer zu fallen. Womit ich mich letztendlich nicht besser verhielt, sondern nur stiller.

Woche für Woche taperte ich mit Amelie zu den Gruppentreffen, grummelte auf dem Heimweg vor mich hin und fasste anschließend gute Vorsätze für kommende Termine, die ich aber nie umsetzte. Stattdessen zählte ich mir selbst diverse fadenscheinige Ausreden auf, warum das momentan kein guter Zeitpunkt sei zum Eingreifen. Dabei war ich schlicht und ergreifend zu bequem, zu feige und zu hoffnungslos. Ich ging davon aus, dass ich ohnehin nichts ändern konnte. Und so blieb ich stumm – und schämte mich dafür.

Als unsere Kinder etwa ein Dreivierteljahr alt waren, schlug eine der Übermuttis vor, man könne sich doch mal am Samstagabend treffen und einen Wein zusammen trinken. Inzwischen habe ja nun auch die Letzte (vorwurfsvoller Blick zu mir) abgestillt, sodass ein wenig entspannendem Alkoholgenuss nichts im Wege stehe. Ich nickte verkrampft lächelnd und ließ unerwähnt, dass ich keineswegs abgestillt hatte, sondern bloß nicht mehr voll stillte.

Es war übrigens erstaunlich, wie sich Überzeugungen wandelten, je nachdem, was die Übermuttis aktuell selbst so veranstalteten. War es zu Beginn der Gruppentreffen äußerst verpönt und grenzte an Kindeswohlgefährdung, wenn eine Mutter nicht voll stillte, schwenkte der Übermutti-Geschützturm nach ein paar Monaten um auf die weiterhin stillenden Mütter, die ihrem Kind dadurch wichtige Erfahrungen der normalen Nahrungsaufnahme vorenthielten und es stattdessen in einer künstlichen Abhängigkeit zur Mutter beließen.

Im Grunde war es ganz einfach: Alles, was nicht so gemacht wurde, wie Ober-Übermutti es vorlebte, war falsch und gehörte schlechtgemacht.

Ich war versucht, das gemeinsame abendliche Treffen mit einer geschwindelten Begründung abzusagen, entschied mich letztlich aber doch fürs Hingehen. Möglicherweise verlief ein entspannter Abend ohne Kinder und Zeitdruck ja anders als die Babytreffen. Vielleicht konnte ich doch mal etwas sagen, was zu mehr Freundlichkeit innerhalb der Gruppe führen würde. Und selbst wenn nicht, würde es möglicherweise ein netter Abend werden, denn wenn es nicht um die Kinder ging, wären die Übermuttis eventuell gar nicht mehr übermuttimäßig, sondern lustig und nett. Oder zumindest so was in der Richtung.

Konnte doch sein.

Und tatsächlich ließ sich der Abend recht angenehm an. Es wurde über diverse Restaurants und Kneipen in der Umgebung gesprochen und wo es den besten Rotwein gab. Gelacht wurde auch ab und zu, und ich begann mich zu entspannen. Wahrscheinlich waren Übermuttis normal und nett, wenn man sie in einem Restaurant und vor allem ohne Kinder antraf. Dann musste man sich eben häufiger in dieser Konstellation treffen. Warum nicht?

Während ich so vor mich hindachte und dabei immer mehr zur Ruhe kam, klopfte Marlene an ihr Glas und bat um Stille.

»Ich freue mich sehr, dass wir uns heute ohne Kinder treffen konnten. Und wie ich sehe, haben es fast alle von uns geschafft, die Väter dazu zu bewegen, sich zumindest ein paar Stunden um die Kinder zu kümmern. Das ist ein Fortschritt, den wir dringend ausbauen sollten! Darauf, dass unsere Männer endlich was beitragen! Prost!«

Es wurde allseits zustimmend mitgeprostet, und ich war mal wieder die Einzige, die nicht mitmachte, sondern schwieg.

Obwohl wir wochentags nicht am selben Ort wohnten, hatte ich dennoch nie das Gefühl, dass Sven nicht genug »beitrug«. Allein dieser Sprachgebrauch befremdete mich.

Da erklang die stets zu laute Stimme von Nils' Mutter: »Also, ich hab Matthias gesagt, wenn er es heute nicht schafft, sich die paar Stunden um Nils zu kümmern, dann ist es aus mit uns.«

Erneut gab es zustimmendes Gemurmel. Ich klammerte mich an mein Glas und trank von meiner als Weinschorle getarnten Apfelschorle, um bloß nichts sagen zu müssen. Aus dem Augenwinkel nahm ich wahr, dass Suse ebenfalls an ihrem Glas nippte – vermutlich aus den gleichen Gründen.

»Ich hab Chris einfach gar nichts vorbereitet. Soll er mal sehen, wie das ist, wenn Anna müde ist und gewickelt werden muss und Hunger hat und der Brei noch nicht warm ist und man alles auf einmal machen muss und keiner da ist, der hilft!«

»Mist! Daran hab ich nicht gedacht. Wahrscheinlich läuft bei uns alles problemlos, und ich muss mir nachher wieder anhören, dass das alles halb so wild ist, was ich da mache, und ich mich nicht beschweren soll. Dabei kann Stefan überhaupt nicht richtig mit Jessica umgehen. Null! Ich krieg jedes Mal die Krise, wenn ich das sehe!«

»Boah! Das kenn ich! Meiner macht auch ständig alles falsch. Manchmal denk ich, der macht das absichtlich, damit er sich nicht kümmern muss!«

»Genau wie bei uns! Ganz genau! Das ist so was von bescheuert! Außerdem kapiert mein Mann überhaupt nicht, wie wahnsinnig anstrengend das ist mit dem Kind! Dabei erzähl ich ihm jeden Abend haargenau, was ich alles gemacht hab!«

»Ihr müsst viel konsequenter sein mit euren Männern. Meiner weiß, dass ich ihn verlasse, wenn er nicht spurt. Davor hat er so dermaßen Angst, dass er kein bisschen gemotzt hat, als ich ihm gesagt hab, dass ich heute weggehe.«

»Das mach ich in Zukunft auch so. Gute Idee.«

»Ich hab Hannah keinen Mittagsschlaf machen lassen. Dann kann er mal sehen, wie stressig das ist, wenn die total übermüdet ist und nur noch plärrt und plärrt, sich null beruhigen lässt und nachher das Bett vollkotzt!«

Erneut entstand ein zustimmendes, ja sogar beeindrucktes Gemurmel unter den anderen Müttern. Nur Suse wühlte in ihrer Handtasche, und zwar so ausgiebig, als versuchte sie, darin zu verschwinden. Vermutlich war ihr dieses Gespräch ebenso unangenehm wie mir.

Nach wenigen Sätzen hatte ich bereits begonnen, mich solidarisch mit all den mir unbekannten Vätern zu fühlen, deren Ehefrauen so schlecht über sie sprachen, und hätte zu gern ihre Sicht der Dinge gehört.

Natürlich gibt es Partner, die ihrer Partnerin nicht glauben, dass ein Tag mit Kind anstrengend und ermüdend sein kann. Das ist nicht okay, doch wenn ich mir vorstellte, mit einer dieser Übermuttis verheiratet zu sein und ein gemeinsames Kind zu haben, wurde mir ganz anders, und ich empfand einfach nur noch Mitleid mit diesen Männern. Möglicherweise nicht unbedingt zu Recht, aber ich konnte in dem Moment nicht anders.

Falls ihr das Gefühl habt, dass euer Partner nicht versteht oder anerkennt, wie anstrengend ein Tag zu Hause mit Kind sein kann, versucht es ihm ganz in Ruhe zu erklären. Und mit »in Ruhe« meine ich nicht, wenn ihr beide vom Tag müde und kaputt seid, und auch nicht, wenn ihr gerade sauer auf ihn seid, weil er nämlich im Gegensatz zu euch den ganzen Tag über mit Erwachsenen sprechen, entspannt Mittagspause machen und sogar allein auf die Toilette gehen durfte.

Ich meine damit, dass es hilfreich ist, wenn ihr in einem harmonischen oder zumindest neutralen Moment darüber sprecht. In einer Situation, in der ihr eurem Mann nichts übel nehmt, sondern ihm wohlgesinnt seid. Denn das erhöht die Wahrscheinlichkeit, dass er euch versteht, um ein Vielfaches. Er muss dann nämlich nicht überlegen, was er schon wieder falsch gemacht hat, ohne es zu bemerken, oder sich dafür rechtfertigen, dass er jeden Morgen zur Arbeit geht, obwohl er gern auch mal zu Hause bei seinem Kind bleiben würde. Wenn ihr ein offenes und entspanntes Gespräch mit ihm führt, kann er euch entspannt zuhören und euch besser verstehen.

Mir ist bewusst, dass sich das viel einfacher anhört, als es ist. Einen Versuch ist es aber so was von wert!

Generell macht es das Zusammenleben in einer schwierigen (wie auch in einer einfachen) Zeit leichter und schöner, wenn ihr beide dazu übergeht, dem jeweils anderen einen Gefallen tun zu wollen, statt ihm vorzuwerfen, dass er es vermeintlich einfacher hat als ihr, oder ihm sogar absichtlich Schwierigkeiten zu bereiten, damit er »auch mal sieht, wie das ist«. Durch gegenseitiges Entgegenkommen löst sich ein Teil des täglichen Stresses nämlich in Luft auf. Sogar wenn nur einer von euch beiden damit anfängt, es dem anderen so schön wie möglich zu machen, wird sich etwas zum Positiven verändern.

Bitte probiert es aus.

Falls ihr das Experiment zu gewagt findet, steckt euch einen klaren Zeitrahmen. Nehmt euch vor, ein paar Tage oder am besten eine Woche (oder sogar zwei?) ohne Vorwürfe, Jammern oder Geschimpfe auszukommen. Ihr werdet staunen, was das alles verändern kann.

Den Übermuttis, mit denen ich an diesem Abend im Restaurant saß, konnte ich sicher nicht mit derartigen Ratschlägen kommen. Die fühlten sich viel zu wohl in ihrem Mein-Mann-der-Trottel-Land. Sollten sie. Von mir aus.

Allerdings hatte Hannahs Mutter den Bogen soeben definitiv überspannt. Sogar für mich stummes Wesen, das sich bislang nur flach atmend an der Apfelschorle festgehalten hatte, war hiermit endgültig der Punkt erreicht, an dem das schweigende Zuhören zu viel Mittäterschaft beinhaltete.

Hannahs Mutter hatte absichtlich dafür gesorgt, dass sich ihre Tochter heute Abend aufgrund von Übermüdung ziemlich sicher in ein nicht enden wollendes Geschrei hineinsteigern würde, bloß damit Hannahs Vater »mal sieht, wie stressig das ist«. Sie hatte nicht nur in Kauf genommen, sondern in voller Absicht darauf hingearbeitet, dass ihre Tochter so viel Stress erleben und so sehr weinen würde, dass sie sich sogar würde übergeben müssen. Das konnte doch nicht sein!

Tatsächlich war das mein vorherrschender Gedanke: Das konnte nicht sein!

»Entschuldige«, sagte ich mit peinlicherweise leicht zittriger Stimme. »Du hast Hannah keinen Mittagsschlaf machen lassen, damit sie heute Abend so sehr brüllt, dass sie sich übergeben muss?«

»Gee-nau! Dann kann der nämlich endlich mal sehen, wie das ist! Dann …«

»Du hast dafür gesorgt, dass es deinem Kind *schlecht geht,* damit dein Mann mal sieht, wie das ist?« Ich war aufgestanden. Zum einen, weil ich ohnehin vorhatte, zu gehen, zum anderen, um zumindest körperlich größer zu erscheinen, wenn sich schon meine Stimme keineswegs so souverän anhörte, wie ich es gern gehabt hätte.

Suse sah mich mit großen, verwunderten Augen an, während Hannahs Mutter zischte: »Krieg dich wieder ein, Sophie! Kinder schreien halt mal. Das wirst du vielleicht auch irgendwann noch lernen. Und jetzt misch dich nicht weiter in meine Angelegenheiten.«

Ich sah in die bestätigend nickenden und leicht mitleidigen Gesichter der anderen Übermuttis. Lediglich Suse war wieder in ihrer Handtasche verschwunden.

»Wenn du die arme Hannah missbrauchen musst, damit sie deinem Mann durch ihr Gebrüll und Gekotze etwas erklärt, was du ihm nicht vermitteln kannst, dann bist du ganz schön arm dran. Und vor allem bist du eine Mutter, die ihr Kind missbraucht! Das ist widerlich! Und außerdem: Wie ihr über eure Partner schimpft, sagt viel mehr über euch aus als über eure Männer!«

Mit diesen Worten knallte ich den glücklicherweise zuvor herausgekramten Geldschein auf den Tisch und verließ zügig das Restaurant.

Ich hörte noch, wie Hannahs Mutter etwas wie »arme Irre« und »gut, dass die endlich weg ist« sagte, und dann stand ich auch schon zitternd auf der Straße. Warum zum Henker hatte ich so lange damit gewartet, endlich den Mund aufzumachen? Wie hatte ich diese Ansammlung bösartiger Übermuttis so lange ausgehalten? Und hätte ich die arme Suse vielleicht einfach hinter mir herziehen sollen? Zu spät. Suse musste sich selbst retten.

Während ich nach Hause ging, quälte mich weiterhin die Frage: Weshalb hatte ich erst das verantwortungslose Handeln von Hannahs Mutter gebraucht, bis ich reagierte?

Wirklich seltsam.

Es war ein unschönes Gefühl zu wissen, dass sich die verbliebenen Übermuttis nun einen herrlichen Abend machten, indem sie nicht nur über ihre Männer schimpften, sondern sich auch gegenseitig darin bestätigten, dass diese Sophie eine arme

Irre sei, und vermutlich einen Beweis nach dem anderen fanden, weshalb man ja längst hätte bemerken müssen, wie hysterisch und unfähig Amelies Mutter war.

Ich brauchte einige Schritte, bis es mir einigermaßen egal war, was sie über mich redeten und dachten. Nach ein paar weiteren Schritten fand ich meinen Satz »Wie ihr über eure Partner schimpft, sagt viel mehr über euch aus als über eure Männer« ganz großartig. Schade, dass niemand an diesem Tisch ihn zu würdigen wusste.

Ich kam noch ein wenig aufgeregt, aber breit grinsend zu Hause an, umarmte Sven und erzählte ihm von der heldenhaften Ansprache seiner Frau. Am Morgen danach meldete ich mich von allen Gruppen ab und verbrachte meine Zeit fortan in erster Linie damit, Amelie zu bestaunen, den Frühling zu genießen und mich von Übermuttis fernzuhalten.

Herrlich war das.

Solltet ihr für euch und euer Baby einen Kurs buchen und plötzlich mit Übermuttis konfrontiert sein, ist es vollkommen in Ordnung und verständlich, wenn ihr erst einmal in Schockstarre verfallt und euch auch nach dem ersten Schreck nicht sofort gegen die Truppe auflehnt. Vielleicht findet ihr aber mit der Zeit Verbündete und zettelt eine Revolution an. Oder ihr beobachtet eine Weile, entwickelt einen Schlachtplan und sammelt Kraft und Mut, um eines Tages superheldenmäßig allein anzutreten und die Übermutti-Power empfindlich zu schwächen.

Oder auch nicht.

Ihr müsst keine Revolutionärinnen oder Superhelden sein. Ihr vollbringt ganz sicher jeden Tag genug andere heldenhafte Dinge.

Nur um eine Sache möchte ich euch bitten: Macht nicht mit. Werdet keine fiese Übermutti.

Seid nicht gemein zu anderen.

Seid die Mutter, mit der ihr gern befreundet wärt.

Ein paar Wochen später zogen Amelie und ich zu Sven nach München, und die Zeit der Wochenendehe war endlich vorbei. Ich hatte Glück, denn mit dem Umzug fand ich Katja und Tine, denen ihr ja schon begegnet seid. Ihr werdet es nicht glauben, aber wir lernten uns tatsächlich in einer Krabbelgruppe kennen. Ja, nach meiner mehrmonatigen Kurspause hatte ich es tatsächlich doch noch einmal gewagt und mich in einem Mutter-Kind-Kurs angemeldet. Dort traf ich Katja und Tine, mit denen ich mich auf Anhieb gut verstand. Ich war überglücklich und fühlte mich beinahe wie frisch verliebt. Es waren eben doch nicht alle Mütter blöd! Hurra!

Neben uns nahmen sechs weitere Mütter mit ihren Kindern an der Gruppe teil. In zwei von ihnen erkannte mein inzwischen geschultes Auge eindeutig Übermuttis. Die anderen vier konnte ich nicht sofort einordnen und hoffte das Beste. Die Gruppenleiterin Veronika war eine beinahe schon grotesk fröhliche und positiv gestimmte Polin Ende fünfzig mit einem schier unerschöpflichen Vorrat an Kinderliedern und Bastelideen. Ich fühlte mich gut aufgehoben und beschloss, die Übermuttis einfach zu ignorieren.

Und dann geschah im Laufe der Zeit etwas geradezu Magisches: Diese Krabbelgruppe wurde ein wundervoller Ort der Unterstützung und Solidarität. Veronika sprühte nur so vor Lob, Freundlichkeit und Ideen für gemeinsame Projekte. Katja, Tine und ich sprühten einfach mit, schon allein deshalb, weil wir so glücklich waren, uns gefunden zu haben.

Aber auch, weil es Spaß machte und die Stimmung allseits anhob.

In Nullkommanichts war der gesamte Gruppenraum so vollgesprüht von positiver Energie und fröhlichem Gekicher, dass sich die anderen Mütter schnell infizierten. Die beiden Übermuttis blieben still. Aber irgendwann lächelten sogar sie. Ich fühlte mich rundum wohl. Was für ein herrlich leichtes Gefühl!

Als Veronika eines Tages ein dringendes Telefonat erledigen musste, bat sie mich im Hinauseilen, den nun anstehenden Singkreis zu leiten. Als ich später Sven davon erzählte, brach er in schallendes Gelächter aus, denn niemand ist hierzu ungeeigneter als ich. Meine Gesangsqualitäten sind absolut unterirdisch. Dabei liebe ich Musik und singe sogar gern – allerdings ausschließlich im Auto, wenn ich allein unterwegs bin und die Musik lauter ist als mein Gesang.

Obwohl ich leider nicht mit der Ignoranz so manch anderer gesegnet, sondern mir meiner grausig schiefen Töne durchaus schmerzhaft bewusst bin, habe ich für und mit Amelie und Lotta viele Male gesungen – allerdings oft mit nach oben gerollten Zehennägeln und Gänsehaut, weil die Töne stellenweise kaum aushaltbar falsch aus meinem Mund kamen. Besonders furchtbar war ausgerechnet Amelies und Lottas Lieblingsschlaflied »Guten Abend, gut Nacht«. Allein bei dem Gedanken daran stellen sich mir auch nach über zwanzig Jahren noch die Nackenhaare auf. Es gibt so viele schöne Schlaflieder – sogar welche, die ich einigermaßen erträglich von mir geben kann –, aber besonders Amelie bestand darauf, ganz zum Schluss biiiiitte-bitte-bitte »Guten Abend, gut Nacht« zu hören. Also sang ich.

Bis zu dem Tag, an dem Sven und ich eines Abends die sehr musikalische Lotta das Schlaflied mit exakt genau den falschen Tönen singen hörten, die mir jedes Mal entglitten. Daraufhin beschlossen wir, dass ab sofort entweder Sven, der eine sehr schöne Stimme hat, oder Herr Zuckowski samt seinen Freunden das Singen für unsere Kinder übernehmen würden. Oder auch Veronika, Katja oder Tine. Oder eben jeder andere, der nicht ich war.

Amelie und Lotta freundeten sich recht schnell mit dem neuen Abendritual an – zumal ich, statt zu singen, nun umso länger vorlas, was uns allen große Freude bereitete.

Und bevor ihr mir nun Nachrichten schreibt, in denen ihr mir versichert, dass jeder singen könne: Ja. Stimmt. Jeder. Sogar ich. Denn ich war so genervt davon, nicht singen zu können, dass ich mit Anfang zwanzig Gesangsstunden nahm. Nach einer Stunde einsingen, üben und noch mal üben kamen tatsächlich ein paar richtige Töne aus mir heraus. Ein höchst erhebendes Gefühl. Allerdings blieb es dabei. Ich wurde nicht besser, und schließlich fand ich, dass es an der Zeit war, mir einzugestehen, dass das mit dem Gesang und mir in diesem Leben nichts mehr werden würde. Ich glaube, meine Gesangslehrerin hat heimlich geweint vor Freude, als dienstags um 19 Uhr nicht mehr diese katastrophal unbegabte Person falsche Töne an sie hinschmetterte.

Ihr könnt mir also glauben, ich habe es versucht. Und meinen Frieden damit gemacht. Ich kann nicht singen. Damit kann ich leben – und sogar recht gut.

Nachdem dies geklärt ist, könnt ihr ermessen, was Veronikas Bitte, ich solle den Singkreis für sie übernehmen, bedeutete. Aber stellt euch vor: Ich tat es. Ich fühlte mich in dieser Krabbelgruppe so wohl und geborgen, dass ich mich hinsetzte und vor all den anderen Müttern drauflossang.

Nach dem zweiten Lied rief Tine: »Ich will auch mal! Darf ich, Sophie?«

»Na klar!«, entgegnete ich.

Die allgemeine Erleichterung, die meine Antwort hervorrief, konnte man beinahe mit den Händen greifen. Doch statt mich blöd zu fühlen, musste ich lachen – und steckte alle damit an. So eine märchenhaft schöne Atmosphäre hatten wir da gemeinsam in die Gruppe gezaubert.

Natürlich findet nicht jede von uns in einer Krabbelgruppe oder Ähnlichem gleich zwei grandiose Freundinnen. Da war und bin ich schon sehr vom Glück gesegnet. Aber selbst wenn die anderen Mütter und ihr nicht Freundinnen fürs Leben werdet, könnt ihr doch so was wie eine Unterstützungsgemeinschaft aufbauen.

Überlegt mal, wie viel besser und wohler wir uns alle fühlen, wenn wir dem jeweils anderen behilflich sind und ihn ein klein wenig glücklich machen. Dafür muss man nicht befreundet sein, man muss sich noch nicht einmal kennen.

Wir können der Kassiererin, dem Postboten, der Apothekerin, dem Tankwart und allen anderen Menschen, denen wir im Laufe des Tages begegnen, einen Blick in die Augen und ein Lächeln schenken. Allein das wird die Welt ein kleines bisschen besser machen – genauso übrigens wie ein ehrlich gemeintes Dankeschön, ein Kompliment oder ein guter Wunsch.

Lasst uns uns gegenseitig unterstützen – als Familie, als Freunde, als Nachbarn, als Kollegen und als Eltern.

Und überhaupt immer.

Unter Eltern erlebe ich leider häufig, dass eher ein Konkurrenzkampf als ein solidarisches Miteinander herrscht. Doch gerade hier ist eine solche Atmosphäre besonders schädlich, denn unsere Kinder lernen schließlich am Modell. Wenn sie erleben, wie wir andere schlechtmachen, um uns selbst besser zu fühlen, lernen sie etwas, was wir ihnen ganz sicher niemals beibringen wollten.

Davon abgesehen funktioniert es nicht einmal. Sicher habt ihr das entweder selbst oder bei Bekannten schon erlebt oder vielleicht auch innerhalb eurer Familie gesehen: Wenn wir andere Menschen mies behandeln, fühlen wir uns selbst nicht besser, sondern ebenfalls mies.

Bei sehr frustrierten Personen mag es kurzfristig und vordergründig eine Erleichterung bewirken, einen anderen klein zu machen, langfristig jedoch fühlen wir uns alle ausnahmslos miserabel, wenn wir unsere Mitmenschen schlecht behandeln. Außer wir sind psychisch sehr gestört und dringend behandlungsbedürftig – aber davon möchte ich jetzt nicht ausgehen.

Wenn wir anderen hingegen helfen, wenn wir ihnen ein gutes Gefühl geben, sie loben und unterstützen, dann tut das auch uns selbst gut. Man sollte also schon aus rein egoistischen Gründen alles daransetzen, andere Menschen glücklich zu machen.

Wie wäre es, wenn ihr es einfach ausprobiert?

Es gibt unendlich viele Möglichkeiten.

Ihr könntet der neuen Mutter in der Krabbelgruppe sagen, dass ihr es toll findet, wie entspannt und zufrieden ihr Kind ist. Und falls das besagte Baby gerade wie am Spieß brüllt, könntet ihr eventuell lobend erwähnen, wie entspannt und ruhig sich die Mutter verhält.

Wenn ihr mitbekommt, dass ein Vater nach dem Elternsprechtag traurig und voller Sorge ist, erzählt, wie es euch einmal genauso ging und dass ein paar Monate später alles viel besser lief. Fragt, ob ihr etwas für ihn tun könnt, macht einen Witz über den Lehrer, von dem er sich gerade anhören musste, dass es bei seinem Kind aktuell nicht gut läuft, oder ladet ihn auf einen Kaffee, wahlweise ein Bier oder einen Wein ein und durchsucht gemeinsam das Internet nach Schulversagern, aus denen glückliche Menschen wurden.

Haltet Türen auf, helft, Kinderwagen in den Bus zu wuchten, und lenkt das quengelnde Kleinkind an der Kasse durch Grimassen ab – warten müsst ihr sowieso, also warum nicht dabei einen Zwerg zum Kichern bringen und einem Elternteil eine Quengelattacke ersparen?

Oder wie wäre es, wenn ihr beim Elternabend eine Runde positives Feedback verteilt? Ihr könntet die Lehrerin für ihr Engagement loben, die anderen Eltern für ihre freundlichen Kinder oder euch von Herzen bei denjenigen bedanken, die sich regelmäßig freiwillig melden, um das total nervige Elternabendprotokoll zu führen. Wenn ihr sucht, findet ihr ganz sicher etwas, was ihr positiv hervorheben könnt.

Wie gesagt, die Möglichkeiten sind unendlich.

Und nein, ich laufe leider nicht immer lächelnd und Komplimente verteilend durch die Gegend. Aber ich würde es gern. Wie in so einem Musical, in dem die Heldin, also ich, jedem, dem sie am sonnigen Frühlingsmorgen auf ihrem Weg zum Bäcker begegnet, ein glückliches Strahlen ins Gesicht zaubert, indem sie etwas Nettes sagt, bei etwas hilft oder einfach nur lächelnd mit einer eleganten Handbewegung Freudenglitzer auf den mürrisch dreinschauenden älteren Herrn auf der Parkbank darniederregnen lässt.

So wäre ich gern. Bin ich aber nicht.

Zum einen gehört ja zu einem Musical Gesang – und wir wissen inzwischen alle, wie das in meinem Fall enden würde. Zum anderen aber bin natürlich auch ich ab und zu müde, übellaunig oder traurig und lasse dann eher so was wie Missmutigkeitsflusen regnen statt Freudenglitzer.

Aber möglicherweise begegne ich an so einem Übellaunigkeitstag einem von euch und werde von eurem Freudenglitzerflash gestreift. Ein Großteil meiner Missmutigkeitsflusen würde sich dadurch glatt in nichts auflösen. Und der Rest würde vielleicht beginnen, ein klein wenig vor sich hin zu glitzern. Das wäre schön.

Denn stellt euch vor, dadurch wäre ja nicht nur ich besser gelaunt, sondern auch meine Familie bekäme etwas von eurem magischen Geglitzer ab und könnte ihrerseits ein wenig davon an andere verteilen – und immer so weiter.

Wir alle wollen, dass es unseren Kindern gut geht und sie es schön haben auf dieser Erde. Davon abgesehen, dass wir uns deshalb dringend mit dem Schutz der Umwelt befassen und entsprechend handeln sollten, tun wir unseren Kindern einen großen Gefallen, indem wir andere Eltern unterstützen, weil wir auf diese Weise möglichst viele entspannte Erwachsene um sie herum versammeln.

Wie gesagt: Anderen gutzutun, tut auch uns selbst gut. Und wenn wir gelassen sind, geht es auch unseren Kindern besser.

Damit meine ich keinesfalls und überhaupt gar nicht, dass man sich egoistisch benehmen soll und vor lauter Selbstliebe-Seminaren, Persönlichkeitsentwicklung und der gerade so angesagten Me-time nur noch hin und wieder Zeit für sein Kind einplant – und diese Zeit dann womöglich noch unter dem Motto steht: »Jetzt hab ich mich aber gleich genug gekümmert und es muss auch mal wieder um mich gehen!«

Es ist definitiv möglich und angebracht, einen Mittelweg zu finden, bei dem man ein entspannter, liebevoller Elternteil ist, der sich um die Bedürfnisse seiner Kinder kümmert, ohne das Gefühl zu haben, selbst zu kurz zu kommen. Das geht. Wirklich.

Doch dazu später mehr.

Ich vermute jedoch, dass ihr ohnehin zu jener Sorte Eltern gehört, die viel zu oft am Abend todmüde ins Bett fallen und nicht so richtig zufrieden mit sich sind, weil heute einmal mehr dies und jenes zu kurz kam, nicht geschafft wurde oder nicht so lief wie erhofft.

Ich kenne dieses Gefühl sehr gut.

Und wir alle wissen, dass es nichts bringt, darüber nachzugrübeln, was wir alles hätten anders machen können, uns dafür zu verurteilen, dass nicht alles so geklappt hat, wie es sollte, und uns lauter unfreundliche Dinge zu sagen, die irgendwann gar nichts mehr mit diesem Tag, sondern mit Ereignissen zu tun haben, die irgendwo in der Vergangenheit liegen.

Ich denke dann gern mal an eine unerfreuliche Begutachtung von vor zehn Jahren, ein unangenehmes Gespräch mit Amelies

Klassenlehrerin oder gar an irgendetwas aus meiner Studentenzeit, das nicht optimal verlief. Gedankenkarussellfahren kann ich prima. Ich könnte aus dem Stegreif die Prüfung für das goldene Gedankenkarussellfahr-Abzeichen bestehen. Locker!

Was mir in solchen Situationen hilft, und euch vielleicht auch, ist Folgendes: Ich atme tief durch. Und das mehrfach. Allein das bewirkt, dass ich mich etwas besser fühle. Ich weiß nicht, wie es bei euch ist, aber ich neige dazu, flach zu atmen, wenn ich gestresst bin. Manchmal ziehe ich zusätzlich die Schultern hoch und beiße im wahrsten Sinne des Wortes die Zähne zusammen. Das bereitet Kopfschmerzen, ist nicht schön anzusehen und führt nie dazu, dass es mir besser geht. Nie.

Deshalb atme ich tief durch, richte mich auf und lächle, weil man dabei so schlecht die Zähne zusammenbeißen kann. Wenn ich bereits im Bett liege, strecke ich mich aus und stelle mir vor, aufrecht zu sitzen.

Und dann spreche ich im Stillen zu mir wie zu einer Freundin, die ich beruhigen und unterstützen möchte.

Du hast dein Bestes gegeben. Für heute ist alles getan, und jetzt musst du gar nichts mehr. Du musst dich nicht mehr anstrengen, nichts mehr tun, nichts mehr denken. Du musst gar nichts. Du kannst noch einmal an den Tag denken und daran, was wichtig war. Und anerkennen, dass das alles der Vergangenheit angehört. Und für jedes Erlebnis, das schmerzhaft war oder unzufrieden machte, denk an zwei Dinge vom heutigen Tag, für die du dankbar bist.

Jetzt darfst du entspannen und ausruhen und dich freuen, dass morgen ein neuer Tag voller Möglichkeiten auf dich wartet.

Die Worte lassen sich beliebig variieren, es kommt auf die Botschaft an. Und nein, ich schaffe es nicht an jedem Abend, so liebevoll mit mir zu sprechen. Gerade wenn es mir richtig schlecht geht, vergesse ich es manchmal oder habe keine Lust dazu. Aber ich arbeite daran.

Mit Amelie und Lotta praktizierten wir viele, viele Jahre das Abendritual, dass jede von ihnen zwei Dinge erzählen durfte, die an dem Tag blöd waren. Wenn es ein besonders herausfordernder Tag gewesen war, ausnahmsweise auch mal drei. Manchmal sprachen wir anschließend darüber, manchmal wurde nur aufgezählt. Danach nannten die Kinder fünf oder sechs *gute* Dinge.

Ich hoffe, dass die beiden bis heute daran denken und sich so oft wie möglich vor dem Einschlafen die guten Erlebnisse des Tages in Erinnerung rufen.

Wir können aber auch bereits am Morgen etwas dafür tun, dass es uns gut geht. Neben grundlosem Lächeln, Tanzen oder sonstiger Morgengymnastik bin ich dafür, dass wir uns bei jedem Zähneputzen für diese paar Minuten erzählen, wofür wir dankbar sein können.

Kleiner Tipp: Wenn ihr es nicht nur in Gedanken aussprecht, sondern laut vor euch hinsagt, wird zwar das Putzen der Zähne erschwert, euer Monolog jedoch ungleich lustiger.

Daneben können wir uns überlegen, unter welchem Motto dieser Tag stehen soll. Das hilft besonders Menschen, deren Tag extrem voll mit Aufgaben und Herausforderungen ist und die hohe Anforderungen an sich selbst haben – also beispielsweise Eltern.

Wenn wir uns nämlich am Morgen vorgenommen haben, dass das Motto des Tages etwa »Geduld« sein soll, ist es nicht mehr schlimm, wenn das Essen nicht gelingt, denn das Motto lautete schließlich nicht »Perfektion« oder »leckeres Essen«, sondern »Geduld«. Somit ist eine verpatzte Mahlzeit auf eine Art genau das Richtige für diesen Tag, denn wir können uns dann in Geduld üben mit uns selbst und unseren nicht vorhandenen

Kochkünsten. Auf diese Weise wird das angebrannte Mittagessen wunderbar passend und geradezu ein Grund zur Freude!

Falls ihr euch fragt, wie ich auf dieses Beispiel kam: Bei einem der ersten Elternabende in Amelies Grundschule nahm mich ihre Lehrerin am Ende beiseite und sagte: »Frau Seeberg, vielleicht sprechen Sie einmal mit Amelie wegen der Geschichten, die sie erzählt.«

Ich fragte verwundert nach, denn Amelie neigte keineswegs zu übertriebenen oder gar erfundenen Erzählungen.

»Na ja, wir haben darüber gesprochen, wie das so ist bei den Kindern zu Hause, wer in der Familie was macht und so. Und da hat Amelie erzählt, wenn ihre Mutter sich an den Herd stellen und kochen würde, dann verzögen sich die Hunde sofort in den Keller, weil meistens nach wenigen Minuten der Rauchmelder anginge und schrecklich laut piepsen würde.«

Tja. Was soll ich sagen?

Amelie hatte nichts als die Wahrheit erzählt. Meine Kochkünste beschränken sich auf das Anbrennenlassen von so ziemlich allem, was man anbrennen lassen kann. Und glaubt mir, man kann eine Menge anbrennen lassen! Eine Ausnahme stellen Bratkartoffeln dar. Die kriege ich erfreulich gut hin. Ganz ohne Alarm des Rauchmelders. Allerdings habe ich es nicht geschafft, das unseren Hunden klarzumachen – sie blieben dabei, das Weite zu suchen, sobald ich am Herd stand, egal ob ich Bratkartoffeln geplant hatte oder etwas anderes.

Ich habe in diesem Kapitel ziemlich über die fiesen Übermuttis geschimpft, sie euch quasi als Feindbild an die Wand gemalt und euch inständig gebeten, nicht dem gemeinen Übermutti-Clan beizutreten. Und Letzteres ist wirklich sehr wichtig!

Dennoch möchte ich nun noch einen kleinen Hoffnungsschimmer an den Horizont zaubern.

Ohne Frage sind Übermuttis grausig und angsteinflößend. Manche von ihnen sind von den vielen fiesen Dingen, die sie gesagt und getan haben, schon so verfiest, dass ihnen nur noch zu helfen ist, wenn sie sich selbst entscheiden, auszusteigen aus der Übermutti-Sekte.

Doch selbst bei diesen Monstern lohnt es sich, einmal allen Mut zusammenzunehmen und genau hinzuschauen.

Ich habe das oft noch nicht einmal ansatzweise versucht, was ich im Nachhinein bedaure.

Wenn wir nämlich ganz genau hinsehen, dann entdecken wir ziemlich sicher auch bei der gruseligsten Ober-Übermutti einen Teil, der verletzlich und sogar liebevoll ist.

Ich sage nicht, dass ihr das tun müsst. Ihr dürft wegsehen, besonders dann, wenn ihr selbst gerade verletzt oder traurig oder gestresst oder vielleicht sogar alles zusammen seid. Es ist nicht eure Pflicht oder eure Aufgabe, bei den Übermuttis nach Anzeichen von Freundlichkeit zu suchen. Ganz und gar nicht!

Wenn ihr es schafft, nicht selbst einen Übermutti-Anfall zu bekommen und womöglich eine Gemeinheit zurückzublöken, falls ihr Ziel einer Übermutti-Attacke geworden seid, dann ist das schon heldenhaft genug.

Für den Fall jedoch, dass ihr euch ausgeglichen und stark genug fühlt, macht euch einmal die Mühe und probiert aus, was passiert, wenn ihr hinter all den überheblichen Blicken, den spitzen und gemeinen Bemerkungen und den hochgezogenen Augenbrauen versucht, das Mädchen zu erkennen, das diese Frau einst war. Der Trick, sich jemanden als unschuldiges Kind vorzustellen, hilft nämlich dabei, die Fiesheit auszublenden und hinter die Übermutti-Fassade zu blicken.

Ich betrachte zum Beispiel Übermutti Bettina, die mir soeben das Gefühl vermitteln wollte, mein Kind werde verblöden, weil ich es angeblich nicht korrekt fördere, und denke mir: Diese Frau war irgendwann ein junges Mädchen mit Wünschen und Hoffnungen. Irgendwo auf dem Weg von damals zum Heute muss mit diesem Mädchen etwas sehr Trauriges passiert sein, das dafür gesorgt hat, dass sie sich in Übermutti Susi verwandelte. Das arme Mädchen ist noch irgendwo da drinnen und in diesem Moment sicherlich schrecklich traurig und mutlos, weil es ganz bestimmt nicht zu ihren Wünschen und Hoffnungen gehörte, einst besonders gut darin zu sein, andere zu verletzen. In den Träumen des Mädchens kamen sicherlich keine derartigen Szenen vor, sondern eher welche mit viel Gelächter, mit Freundschaft und Liebe und vielleicht mit einem Ponyhof. In jedem Fall steckt irgendwo in dieser fiesen Übermutti noch das junge Mädchen. Und dieses Mädchen würde ich zu gern in den Arm nehmen und trösten, denn es tut mir aufrichtig leid.

Natürlich darf und soll mir genauso die erwachsene Frau leidtun, aber je nachdem, wie oft und wie sehr ich mich bereits über sie geärgert habe, fällt mir das erstaunlich schwer. Wenn ich mir jedoch das junge Mädchen vorstelle, dann kommt das Mitgefühl von selbst, und es fällt mir leicht, nett zu sein.

Mit dieser Methode habe ich keineswegs jede, aber immerhin so manche Übermutti (zumindest zeitweise) bekehren können. Wenn aus einer fiesen Übermutti für eine Weile oder vielleicht sogar langfristig eine neutrale bis freundliche Frau wird, dann ist die Welt ein bisschen besser als vorher. Und das ist ein grandioses Gefühl.

Wenn ihr das nächste Mal eine besonders gute Phase habt und bereit seid, euch auf ein Abenteuer mit ungewissem Ausgang zu begeben, dann ist so eine Übermutti-Zähmung genau das Richtige.

Und verzagt nicht, wenn ihr einmal Rückschläge kassieren müsst. Es kann nämlich durchaus sein, dass eine Übermutti, der ihr soeben mit Mitgefühl und Freundlichkeit begegnet seid, dennoch etwas Fieses sagt und womöglich sogar euren wunden Punkt trifft. Das fühlt sich umso ungerechter an, weil ihr ja gerade über euren Schatten gesprungen seid und ihr die Hand gereicht habt. Da überwindet man sich und dann kommt so was zurück? Ungerecht! Und wie!

Und dennoch … vielleicht habt ihr ja gerade die Heldin oder den Helden in euch geweckt und bleibt dran. Stellt euch einfach vor, die böse Übermutti sei ein misstrauischer Straßenhund, der zunächst nicht kapiert, dass ihr es gut meint, und euch anknurrt, auch wenn ihr ihm einen leckeren Knochen hinhaltet. Da gebt ihr doch auch nicht nach dem ersten Mal auf, oder?

Und um beim Straßenhund zu bleiben: Manchmal gelingt es nicht, sein Vertrauen zu gewinnen, und der Hund bleibt feindselig, aber dann habt ihr es immerhin versucht.

Wie gesagt, fühlt euch nicht dazu genötigt, euch in Übermutti-Bekehrung zu üben. Ich bitte euch lediglich darum, die Idee im Hinterkopf zu behalten. Denn, wer weiß, eventuell ergibt sich eines besonders schönen Tages doch einmal die Gelegenheit, sie auszuprobieren. Das würde mich freuen.

Trennungseltern und Scheidungskinder – Wie man gemeinsam getrennte Wege geht

»Frau Seeberg, Sie wissen ja, dass ich wirklich alles für meine Kinder tue! Alles! Und trotzdem soll ich sie jetzt einer Situation aussetzen, die ihnen schadet und vor der sie Angst haben? Das werde ich auf keinen Fall tun! Auf gar keinen Fall!« Frau Albrecht sah mich kampfbereit an.

Seit drei Wochen kam sie zu mir in die Elternberatung, weil ihre älteste Tochter in der Schule plötzlich auffällig geworden war. Das sonst so stille Kind hatte Mitschüler angeschrien und sogar geschubst.

Die Gespräche in meiner Praxis verliefen zäh und für beide Seiten unbefriedigend. Ich hatte damit zu kämpfen, dass Frau Albrecht mir nicht allzu sympathisch war und ich einiges an Energie und Kraft darauf verwenden musste, diese Gefühle unter Kontrolle zu halten, um mich auf ihren zweifellos vorhandenen Leidensdruck zu fokussieren. Daneben war ich frustriert und mit meiner Arbeit unzufrieden, weil ich bemerkte, dass ich nicht zu ihr durchdrang, egal welche Technik oder Herangehensweise ich anwandte.

Frau Albrecht ihrerseits musterte mich so häufig mit hochgezogenen Augenbrauen und leicht kopfschüttelnd, dass klar war: Sie hielt mich für nicht sonderlich kompetent. Daher hatte ich ihr nach dem ersten Gespräch angeboten, den nächsten Termin bei einer Kollegin oder einem Kollegen zu vereinbaren, was sie ohne Erklärung und äußerst vehement ablehnte. In Ordnung, hatte ich mir gedacht, dann habe ich ihre nonverbale Ablehnung vielleicht missinterpretiert.

Beim zweiten Termin allerdings stellte ich fest, dass Frau Albrecht tatsächlich jeden einzelnen Vorschlag von meiner Seite entweder bereits ausprobiert und für unwirksam befunden hatte oder aber von vornherein für nicht praktikabel erklärte.

Obwohl ich ihr also kein bisschen helfen konnte, wollte Frau Albrecht dennoch weiterhin zur Beratung kommen. Offenbar war ihr Anliegen ein anderes, als sich von mir in Erziehungsfragen unterstützen zu lassen. Mir war nur nicht klar, welches denn eigentlich.

Frau Albrecht hatte zwei Töchter: Leonie, die die zweite Klasse besuchte und wegen der Frau Albrecht zu mir gekommen war, und Merle, die im folgenden Jahr eingeschult werden sollte. Frau Albrecht war alleinerziehend und arbeitete hin und wieder stundenweise als Aushilfe bei einem Steuerberater. Sie war eine engagierte Mutter und kümmerte sich darum, dass sich ihre Töchter sportlich und kreativ betätigten, unterstützte ihre sozialen Kontakte und informierte sich in diversen Fachzeitschriften und Internetforen über neueste Erkenntnisse der Entwicklungspsychologie. Sie förderte ihre Töchter, ließ ihnen jedoch genug freie Zeit ohne Termine. An den Wochenenden wurde gemeinsam getöpfert, gemalt und im Wald spazieren gegangen. Es gab gleichermaßen Rituale und feste Strukturen sowie Raum für spontane Aktivitäten und Ruhe.

Frau Albrechts Erziehungsverhalten orientierte sich daran, ihren Töchtern die nötige Sicherheit sowie Hilfe zur Selbsthilfe zu geben, um ihnen bestmögliche Entwicklungschancen zu bieten. Sie sorgte dafür, dass das Familienleben harmonisch verlief – und wenn es mal Streitigkeiten zwischen den Geschwistern gab, wurden diese in Ruhe und kindgerecht geschlichtet und ein Kompromiss gefunden, mit dem alle gut leben konnten.

Frau Albrecht hatte Leonie und Merle jeweils ihrem Alter entsprechende Aufgaben im Haushalt zugeteilt, die ihre Töchter gewissenhaft und mit Freude und Stolz ausführten. Sie sorgte dafür, dass jedes Kind seinen eigenen Freundeskreis hatte, die Schwestern aber dennoch genug Zeit gemeinsam verbrachten, um die Geschwisterbindung zu stärken.

Frau Albrecht machte nicht nur alles richtig, ihr unterliefen auch keine Fehler, sie war nie ungeduldig und handelte stets den Bedürfnissen ihrer Kinder entsprechend. Sie war eine perfekte Mutter.

Demnach lag es auf der Hand, dass die Verhaltensauffälligkeiten, die Leonie urplötzlich an den Tag legte, ihren Grund außerhalb der Familie haben mussten. Und als Ursache für Leonies Probleme standen diverse Schuldige zur Verfügung: die unfähige Klassenlehrerin, die Leonie regelrecht psychisch misshandelte; die Klassenkameraden, die Leonie mobbten und heimlich so lange provozierten und ihr körperliche Schmerzen zufügten, bis Leonie sich nicht mehr anders zu helfen wusste, als laut zu werden und zu schubsen; die Direktorin der Schule, die die Lehrerin und die anderen Kinder verteidigte; sowie die Eltern der Klassenkameraden, die sich gegen Leonie und ihre Mutter verschworen hatten und Lügen über sie verbreiteten, um sich nicht eingestehen zu müssen, dass ihre eigenen Kinder emotional verkümmert und dringend therapiebedürftig waren; nicht zu vergessen die neidische Nachbarin, mit der Frau Albrecht inzwischen jeglichen Kontakt abgebrochen hatte, weil sie ihr in Leonies Beisein geraten hatte, *innerhalb* der Familie nach möglichen Gründen für die Verhaltensauffälligkeiten zu suchen, sowie Frau Albrechts Ex-Mann, der sich noch nie für die Kinder interessiert hatte, überhaupt nicht mit ihnen umgehen konnte, aber dennoch auf seinem Recht auf Umgang bestand und dies sogar vor Gericht durchzusetzen versuchte.

So zumindest stellte sich die Situation in Frau Albrechts Erzählungen dar. Sie war die perfekte Mutter, lebte jedoch in einem unverhältnismäßig feindlichen Umfeld voller Menschen, die unfähig waren und sich geradezu bösartig verhielten.

Seltsam, nicht wahr?

Ich nehme an, euch ist klar, dass sich nicht alles genauso verhielt, wie Frau Albrecht es mir schilderte.

Man sollte nie jemanden vorschnell verurteilen – schon gar nicht, wenn man als Psychologin oder dergleichen arbeitet. Dennoch vermutete ich nach meinem zweiten Gespräch mit Frau Albrecht, dass sie die Dinge nicht ganz so darstellte, wie sie sich tatsächlich zutrugen. Beim dritten Termin überprüfte ich diese Hypothese und war sicher: Frau Albrecht lebte in einer Welt ohne jegliche Grautöne. Alles war entweder weiß, nämlich sie selbst und ihre Töchter, oder schwarz, und zwar so ziemlich alle anderen. Ich konnte mir also ausrechnen, in welche Kategorie ich fallen würde, wenn ich ihr mitteilte, was ich dachte.

Frau Albrecht war bestimmt eine engagierte und fürsorgliche Mutter, doch sie beschrieb sich selbst als so perfekt und ihre Umwelt derart negativ, dass klar war: Hier lag eine Störung in der Wahrnehmung vor.

Wir kennen es alle, dass wir Dinge hin und wieder anders in Erinnerung haben als unser Partner, unsere Kinder oder Freunde. Das ist vollkommen normal und menschlich. Und seit ich im Rahmen meiner rechtspsychologischen Fortbildungen die Weiterbildung zur Psychologie der Zeugenaussage absolviert habe, bin ich mehr denn je davon überzeugt, dass die meisten von uns in höchst unterschiedlichen Wahrnehmungswelten leben. Dieser Effekt ist normalerweise nicht weiter tragisch, verstärkt sich aber, wenn wir emotional aufgewühlt sind, und wird problematisch, wenn wir zusätzlich auch noch unbedingt recht haben wollen. Dann erleben wir unsere Wahrnehmung als richtig und die andere als falsch. Gerade im Streit unterstellen wir dem anderen folgerichtig gern eine Lüge. Denn wie sonst käme er zu seinen vollkommen verkehrten Schilderungen?

Dabei könnten es auch durchaus wir selbst sein, die sich falsch erinnern, ohne uns dessen bewusst zu sein. Es ist leicht, dem anderen, den man sowieso gerade doof findet, unlautere Absichten und Lügen zu unterstellen. Manchmal werden wir damit richtigliegen, manchmal aber eben auch nicht. Und meist liegt die Wahrheit, falls wir sie überhaupt definieren können, ohnehin irgendwo dazwischen.

Ich möchte nicht, dass ihr nun alle an eurer eigenen Wahrnehmung zweifelt. Das wäre viel zu anstrengend und zu verwirrend, aber wie wäre es, wenn wir uns häufiger bewusst machten, dass jeder von uns eine etwas andere Version der Realität hat? Und zwar ganz ohne jede böse Absicht. Lassen wir diesen Gedanken einfach mal zu und sehen, was passiert.

Es gibt zwei Arten unrichtiger Erzählungen: Lügen (die ich nicht ausstehen kann) und falsche Erinnerungen (für die niemand etwas kann). Nicht, dass ich immer wüsste, ob mein Gegenüber gerade eine Lüge, eine falsche oder vielleicht sogar eine richtige Erinnerung von sich gibt. Das ist gar nicht der Punkt. Ich finde es aber wichtig zu wissen, dass unser Gedächtnis nicht unfehlbar ist.

Oft ist es hilfreich, wenn wir grundsätzlich erst einmal vom Guten ausgehen und keine böse Absicht unterstellen, wenn jemand etwas ganz anders schildert, als wir es wahrgenommen haben.

Ich kann mich zum Beispiel erinnern, dass meine Mutter einmal recht verwundert reagierte, als sie meinen Schulaufsatz zum Thema »Sommerferien, als ich klein war« gelesen hatte.

Ich war damals etwa elf Jahre alt und hatte in bewegenden Worten beschrieben, wie ich in einem Urlaub einige Jahre zuvor als Erstklässlerin allein kilometerweit von unserem Ferienhaus an den Strand gelaufen und dort stundenlang – ebenfalls allein – gespielt hatte. Auf dem Heimweg hatte ich mich verlaufen und war bis nachts umhergeirrt. Unterwegs hatte ich einen Mann getroffen, der zunächst anbot, mir zu helfen, mich dann aber entführen wollte. Glücklicherweise entdeckte mich meine Mutter rechtzeitig und riss mich dem Entführer aus den Armen. Sie beschimpfte den Verbrecher lautstark, jagte ihn in die Flucht und ging anschließend mit mir den kilometerlangen Weg zum Ferienhaus zurück, wo wir im Morgengrauen ankamen.

Mir war durchaus bewusst, dass ich die Geschichte ein klein wenig dramatisiert hatte, denn ich hatte beispielsweise noch nie erlebt, dass meine Mutter ihre Stimme erhob. Im Großen und Ganzen jedoch war es das, was mir damals widerfahren war.

Dachte ich.

Bis es meiner Mutter gelang, mir unter Zuhilfenahme von Fotos und meinem Vater als vertrauenswürdigem Zeugen glaubhaft zu versichern, dass ich einige Details der Geschichte nicht so ganz realitätsnah abgespeichert hatte.

Tatsächlich hatte sich der Strand nicht weit entfernt vom Ferienhaus befunden, bloß war der Weg zwischen Haus und Meer in Serpentinen verlaufen, sodass er mir als sechsjährigem Mädchen offenbar seeehr lang vorkam. Und ich hatte zwar in der Tat oft allein am Strand gespielt, jedoch nie außerhalb der Sichtweite meiner Eltern.

An besagtem Tag hatte sich mein Vater bei dem Versuch, die Kaffeemaschine zu reparieren, dramatisch in den Finger geschnitten, und meine Eltern waren kurzzeitig mit dem Verbinden desselben beschäftigt gewesen. Exakt dieses Zeitfenster hatte ich benutzt, um mich auf den vermeintlichen Weg nach Hause zu machen. Als meine Eltern nach dem Verarzten meines Vaters zum Strand hinabblickten, war ich verschwunden.

Damals war meinen Eltern noch nicht bewusst, dass ich über keinerlei Orientierungssinn verfügte, und sie kamen nicht auf die Idee, dass ich nicht dazu in der Lage sein könnte, den Weg, den ich bereits mehrfach hin- und hergelaufen war, sicher als Heimweg zu erkennen. Die Tatsache, dass sie mich nun weder am Strand noch auf dem Weg zum Ferienhaus entdeckten, konnte daher nur bedeuten, dass etwas Unheilvolles geschehen sein musste.

Sie waren also zu Recht aufgeregt und rannten sofort in verschiedene Himmelsrichtungen davon, um mich entweder aus dem Meer zu fischen oder aus den Fängen von Kindesentführern zu befreien.

Das Ehepaar, dem ich weinend entgegenkam, vermutete, dass ich meine Eltern verloren hatte, und da eine Verständigung aufgrund der Sprachbarriere unmöglich war, hob mich der Mann kurzerhand hoch in die Luft in der Hoffnung, dass ich von dort vielleicht meine Eltern entdecken würde oder eben umgekehrt. Und wirklich – meine Mutter wurde auf mich aufmerksam, kam angerannt und schloss mich in die Arme. Sie dankte dem Paar von Herzen und trug mich zurück zum Ferienhaus. Ich hatte meinen Kopf an ihrer Schulter vergraben, womit ich mir im Nachhinein erkläre, dass ich dachte, es sei Nacht gewesen.

Insgesamt hatte das reale Erlebnis also nur rudimentäre Ähnlichkeit mit dem von mir beschriebenen.

Ich erinnere mich, dass ich mich zunächst sehr geschämt habe, quasi eine Lügengeschichte als Aufsatz geschrieben zu haben. Meine Eltern reagierten jedoch glücklicherweise verständnisvoll und versicherten mir, dass sie nicht davon ausgingen, ich habe bewusst gelogen, sondern dass mir meine Erinnerung offenbar einen Streich gespielt hatte.

Ich war höchst erstaunt, dass Erinnerungen zu so etwas in der Lage waren, und ließ seitdem bei Erzählungen meiner Klassenkameraden, die Flugzeugabstürze auf einsamen Inseln, Treffen mit Berühmtheiten, Besuche von Außerirdischen und sonstige Unwahrscheinlichkeiten enthielten, Milde walten, weil ich mich nicht wie früher böswillig angelogen fühlte. Vielmehr rechnete ich damit, dass sich da eben auch ein paar Erinnerungen einen Scherz erlaubt und die Realität ein wenig verändert hatten.

Meine Mutter war nach unserem erhellenden Gespräch zwar ein wenig wehmütig, dass ich sie nun nicht mehr als meine heldenhafte Retterin in einer Entführungssituation in Erinnerung behielt, insgesamt aber froh, dass ich die Situation für mich neu bewerten konnte. Der Mann hatte nicht versucht, mich zu entführen, sondern die Absicht gehabt, mir zu helfen – ich gebe zu, ich habe ein wenig gebraucht, um mich an die neue Erinnerung zu gewöhnen.

An ebendieses Erlebnis musste ich denken, als ich Frau Albrecht beim dritten Termin gegenübersaß. Minutenlang schimpfte sie ohne Punkt und Komma über ihren Ex-Mann, die verrückte Frau vom Jugendamt und ihre komplett unfähige Anwältin, die sich doch tatsächlich auf die Seite ihres Ex-Mannes geschlagen und behauptet hatte, er habe ein Recht auf Umgang mit Leonie und Merle.

Als sie endlich innehielt, waren mir zwei Dinge klar: Leonies Verhaltensauffälligkeiten hingen höchstwahrscheinlich mit der konfliktbeladenen familiären Situation zusammen. Und meine Chancen, zu Frau Albrecht durchzudringen, waren sehr gering. Denn bei dieser Frau kamen zu einer verschobenen Wahrnehmung auch noch die Wut auf ihren Ex-Mann hinzu sowie ein extremes Schwarz-Weiß-Denken. Ob sie das immer schon gehabt oder es sich erst im Zuge der Trennung angeeignet hatte, wusste ich nicht.

Es war deutlich, dass Frau Albrecht über ein fundiertes theoretisches Wissen im Hinblick auf die Entwicklung sowie die Bedürfnisse von Kindern verfügte. So erklärte sie in Übereinstimmung mit den entsprechenden fachlichen Ratschlägen für Scheidungseltern, selbstverständlich der Meinung zu sein, dass Kinder ihren Vater bräuchten und es wichtig sei, dass sich nach der Trennung alle weiterhin gut verstünden, und man als Eltern funktionieren solle. Diesbezüglich sei sie ja auch zu allem bereit und habe ihrem Ex-Mann bereits etliche schwerwiegende Fehler verziehen, nur um die Beziehung zwischen ihm und den Kindern zu unterstützen, aber nun könne sie nichts mehr für ihn tun, denn sowohl Leonie als auch Merle würden sich weigern, ihn zu sehen. Selbst gutes Zureden helfe nicht. Zumal sie es als Mutter ohnehin nicht mehr verantworten könne, ihre Töchter diesen Besuchen auszusetzen, denn das Wohl ihrer Kinder sei massiv gefährdet, weil der Vater der Mädchen nun einmal ein gefühlloser Egozentriker sei, der sich noch nie für seine Kinder interessiert habe und sie nur deshalb sehen wolle, um ihr »eins auszuwischen«.

Ich seufzte innerlich tief und tat mir für einen Moment sogar ein bisschen leid. Ich kannte diese Argumentation aus diversen Begutachtungen und wusste, dass in derartigen Fällen nur begrenzt Möglichkeiten der Veränderung bestehen.

Anders als in einer Begutachtungssituation, in deren Rahmen ich sowohl die Kinder als auch den Vater der Kinder kennengelernt und ebenfalls gesprochen hätte, hatte ich es in diesem Fall lediglich mit Frau Albrecht zu tun. Ich konnte mir also kein komplettes Bild machen, hatte aber aufgrund meiner Erfahrung eine Ahnung davon, was geschähe, wenn ich den Ex-Mann und die Töchter träfe.

Das eben noch so eindeutige und klare Bild der verständnisvollen, engagierten und ausschließlich an den Bedürfnissen der Kinder orientierten Mutter würde vom verärgerten Ex-Mann umgehend mit dunklen Wolken, Zahnlücke sowie Teufelshörnern verziert, sodass es in erster Linie verstörend aussähe.

Und nach einer ausführlichen Begutachtung der Kinder würde wahrscheinlich deutlich, dass sie ihren Vater liebten und entspannt mit ihm umgingen, dies aber niemals in Gegenwart der Mutter zugeben konnten oder wollten und sich konstant dahin gehend äußerten, den Vater nicht mehr sehen zu wollen, weil ihnen klar war, dass ihre Mutter dies von ihnen erwartete.

Die beiden Mädchen befanden sich mit an Sicherheit grenzender Wahrscheinlichkeit in einem existenziellen Loyalitätskonflikt, den sie nur lösen konnten, indem sie sich in diesem Scheidungskrieg für den Elternteil entschieden, bei dem sie lebten.

Ich beschreibe das hier bewusst vereinfacht. Selbstverständlich sieht die Realität deutlich komplexer aus.

Frau Albrecht war tatsächlich nicht mit dem Anliegen zu mir in die Beratung gekommen, herauszufinden, warum sich Leonie in der Schule auffällig verhielt, denn dafür hatte sie ja bereits diverse Schuldige gefunden. Sie wollte auch keine Ratschläge von mir im Hinblick auf ihr Erziehungsverhalten, schließlich machte sie alles richtig. Nein, Frau Albrecht war zu mir gekommen, weil sie eine Bescheinigung für das Gericht wollte, in der ich bestätigte, dass es für ihre Kinder besser, ja sogar unbedingt notwendig sei, ihren Vater nicht mehr zu sehen.

Ich versuchte, Frau Albrecht zu erklären, dass ich, ohne ihre Kinder und die Gesamtsituation genau zu kennen, keinerlei Bescheinigungen ausstellen könne. Und dass es vor allem zum Wohl ihrer Kinder diverse andere Möglichkeiten gebe, bevor ein kompletter Kontaktabbruch zum Vater empfohlen werden müsse.

Ich hatte den letzten Satz noch nicht beendet, da verließ Frau Albrecht mit wüsten Beschimpfungen auf den Lippen und türenknallend meine Praxis.

Ich war zu dieser Zeit bereits viele Jahre beruflich tätig und hatte hinreichend Erfahrung als Sachverständige für Familiengerichte, um zu wissen, dass ich korrekt gehandelt hatte und in diesem Fall von fortgeschrittener Umgangsverweigerung quasi von Anfang an chancenlos gewesen war. Dennoch saß ich eine ganze Weile bewegungslos da und starrte auf die zugeschmetterte Tür.

Und begann zu weinen.

Ich weinte um Leonie und Merle, die mit diversen falschen Erinnerungen an ihren vermutlich gar nicht so blöden Vater aufwuchsen. Ich weinte um Herrn Albrecht, der nun viel Geduld und Feingefühl investieren musste, um irgendwann in ferner Zukunft vielleicht wieder ein gutes Verhältnis zu seinen Töchtern aufbauen zu können. Ich weinte um Frau Albrecht, die mit so viel Feindseligkeit in ihrem Denken und Fühlen leben musste und der tief im Inneren vielleicht sogar selbst klar war, dass sie nicht immer und mit allem recht hatte.

Und weil ich gerade dabei war, weinte ich auch noch wegen all der anderen Streitigkeiten, denen Kinder ausgesetzt sind, weil wir Erwachsene es nicht schaffen, uns mit Liebe und ohne Vorwürfe zu begegnen, geschweige denn uns so zu trennen. Ich weinte um all die Menschen, denen so wichtig ist, dass andere die Schuld an ihrem eigenen Elend tragen, die keine Verantwortung übernehmen und deshalb nichts in ihrem Leben verändern können, und um diejenigen, die mit so vielen negativen Gefühlen und Gedanken leben müssen.

Und ich weinte, weil ich all das nicht ändern konnte.

Damit war ich eine ganze Weile beschäftigt.

Glücklicherweise hatte ich an diesem Tag noch einen weiteren Termin mit einem Elternpaar, das sich trotz einiger

Unstimmigkeiten grundsätzlich wohlgesinnt begegnete und zudem hoch motiviert war, zum Wohle ihres Kindes zu handeln. Die Begegnung mit diesem Paar rückte mein leicht in Schieflage geratenes Weltbild wieder zurecht.

Auf diese Weise tun durchaus die Klienten auch ihren Therapeuten gut – nicht nur umgekehrt.

Für uns alle und unsere Kinder wünsche ich mir von Herzen, dass Eltern sich nie wieder trennen, sondern bis ans Ende ihrer Tage glücklich zusammenleben. Und dass niemand mehr krank wird oder sich einsam und unglücklich fühlen muss. Und natürlich Weltfrieden und so.

Bis ich herausgefunden habe, wie sich diese Wünsche in die Tat umsetzen lassen, möchte ich euch gern etwas über Trennungen erzählen und ein paar Tipps geben.

Vorausschickend sei gesagt, dass ich in zwischenmenschlichen Beziehungen ganz genauso versage wie ihr. Ich merke nur wahrscheinlich ein wenig früher, wenn ich mich nicht optimal verhalten habe, kann Ursachen benennen und weiß meist, was ich stattdessen tun sollte – schaffe das aber eben nicht immer.

Trennungen sind für Eltern und Kinder eine Belastung, ebenso wie Krankheiten, Umzüge des besten Freundes, Schulwechsel oder gar der Tod eines Familienmitglieds. Das kann und muss man sich nicht schönreden. Das ist leider so.

Anders als im Fall von Krankheit und Tod haben wir als Eltern bei der Belastung durch Trennung jedoch erfreulicherweise die Möglichkeit, im Sinne unserer Kinder Einfluss zu nehmen. Das tun wir oft zunächst einmal, indem wir uns nicht leichtfertig trennen, sondern versuchen, unsere Ehe zu retten. Und das ist gut so. Allerdings gelingt es nicht immer, denn leider bedeutet, eine gute Beziehung zueinander zu haben, nicht zwangsläufig, dass man für immer zusammenbleibt.

Ich bin für Trennungen, wenn sie notwendig sind. Und das sind sie meiner Ansicht nach, wenn nicht mehr genug Liebe da ist – ihr erinnert euch, ich sprach darüber, als es um das Ehepaar Meier ging.

Es gibt sicherlich manchmal herausfordernde Zeiten in Beziehungen, die richtig schwierig sind, die wir aber überstehen können, wenn noch genug Liebe da ist. Dann lohnt es sich, gemeinsam durch dunkle Täler zu schreiten und sich gegenseitig alles Mögliche zu verzeihen.

Um Missverständnissen vorzubeugen: Ich spreche hier von einer schwierigen Phase, die zeitlich begrenzt sein sollte. Und ich vertrete nicht die häufig geäußerte Ansicht, eine gute Beziehung zu führen, bedeute nun einmal Arbeit. Diese Haltung habe ich noch nie nachvollziehen können und wollen. Eine gute Beziehung hat man nur, wenn man daran arbeitet? Wieso sollte das denn so sein?

Für mich ist eine gute Beziehung geprägt von Liebe, Leichtigkeit, Vertrauen, Sex, Loyalität, Freude und lauter solchen Dingen. Aber ständige Arbeit daran? Nee! Das klingt für mich nach allem anderen als nach einer guten Beziehung. Echt nicht. Das klingt nach Krampf und … na ja, Arbeit.

Klar geht man mal durch das eben beschriebene Tal oder hat eine Meinungsverschiedenheit und noch viel häufiger ein Missverständnis, aber das sollte der Ausnahmezustand sein. Zumal ich das gemeinsame Wandern durch ein Tal nicht als Arbeit ansehe, aber möglicherweise ist das Definitionssache.

Wenn aber nicht mehr genug Liebe da ist, dann finde ich es richtig und wichtig, sich diese Tatsache einzugestehen und das Beste daraus zu machen. Auch das kann beziehungsweise sollte man gemeinsam tun, wenn es irgendwie möglich ist – immer, ob mit oder ohne Kinder.

Wenn wir Eltern sind, müssen wir uns zwangsläufig verantwortungsvoller verhalten als damals, als wir noch keine Kinder hatten und es bei einer Trennung nur um uns und nebenbei um unsere Freunde ging. Den gemeinsamen Freundeskreis nehme ich bei Trennungs- und Scheidungsberatungen immer gern als Bild, mit dem sich vieles verdeutlichen lässt. Denn wir waren wahrscheinlich alle schon einmal Mitglied eines solchen Freundeskreises und haben eine Trennung in diesem Rahmen miterlebt.

Jahrelang hatte man sich in verschiedenen Kombinationen getroffen, je nach Jahreszeit gemeinsam gegrillt oder Glühwein getrunken, Konzerte besucht, Nächte durchgemacht und diesen denkwürdigen Spontantrip nach Amsterdam unternommen … eben das, was ein Freundeskreis so zusammen macht. Herrlich!

Aber dann trennten sich Claudia und Andi, und ehe man sich's versah, hatte Claudia bereits mit den Mädels gesprochen und alles brühwarm erzählt, während Andi die Jungs zu einem wortkargen Männerabend mit viel Bier einlud.

Diese Trennung nach Geschlechtern passiert oft, aber nicht immer. Ich habe sie nur beispielhaft und der Einfachheit halber so gewählt.

Nun wurden also Kerstin, Silvi und ich von Claudia höchst detailliert darüber informiert, wie blöd und gemein Andi sich schon seit einer Weile, insbesondere aber in den letzten Tagen verhalten hatte, lauschten fassungslos den Horrorgeschichten und wunderten uns insgeheim, dass wir an Andi bis auf seinen manchmal nervigen Hang zur Selbstdarstellung bisher nichts auszusetzen gehabt hatten.

Zeitgleich betranken sich Christian, Johannes und Martin in der Stammkneipe gemeinsam mit Andi, der hin und wieder ein »diese blöde frigide Zicke« fallen ließ, während sich das Gespräch ansonsten um das Studium, Autos und die neue Bedienung mit den auffallend großen Augen drehte.

Für diesen einen Abend war das nicht unbedingt ein Problem. Was aber würde aus dem nächsten Treffen in unserer

Stammkneipe? Seit Jahren gingen wir dort jeden Freitagabend gemeinsam etwas trinken. Und nun?

Zunächst beschlossen Kerstin, Silvi, Martin, Johannes, Christian und ich, dass Claudia und Andi ja nicht unbedingt ein Paar sein müssten, um mit uns befreundet zu sein. Wir würden uns einfach weiter verabreden wie immer.

Ratet, wie das erste Treffen dieser Art verlief!

Richtig.

Es war das Grauen!

Claudia war drauf und dran, der erste Mensch zu sein, der es tatsächlich schaffte, einen anderen mit Blicken zu töten. Andi dagegen flirtete recht plump mit der Kellnerin und verkündete, dass er schon sehr lange keinen »richtig guten Sex« mehr gehabt habe. Was sehr dumm von ihm war, denn Claudia war deutlich schlagfertiger als er. Nach einem kurzen, recht einseitigen verbalen Schlagabtausch wussten wir Details vom Sexualleben unserer Freunde, die wir lieber nie erfahren hätten.

Der gesamte Abend war eine einzige verkrampfte Katastrophe, und wir sahen ein, dass es nicht so wahnsinnig schlau von uns gewesen war, die Trennung von Claudia und Andi zu ignorieren.

Wir mussten also umplanen.

Aber das war leichter gesagt als getan.

Wer durfte denn nun weiterhin zu den gemeinsamen Freitagabend-Treffen kommen? Claudia oder Andi? Oder sollten die beiden sich abwechseln?

Abgesehen von der Organisation unserer Treffen, die uns ziemlich überforderte, wurde es zunehmend komplizierter, überhaupt ein Freundeskreis zu bleiben, weil Claudia uns »Mädels« schon allein wegen des gleichen Geschlechts als dem »Team Claudia« zugehörig empfand und entsprechend entsetzt reagierte, als sie hörte, dass Kerstin mit Johannes und Andi bis spät in die Nacht Dart gespielt hatte – wie übrigens auch vor der Trennung schon häufig.

Doch nichts war mehr wie vorher. Weder für Claudia und Andi noch für uns sechs andere.

Martin beispielsweise hatte sich immer sehr gut mit Claudia verstanden, spielte jedoch gemeinsam mit Andi und Christian Handball, sodass sich die drei natürlich regelmäßig zum Training und danach auf ein paar Drinks trafen. Claudia versuchte Martin nicht übel zu nehmen, dass er mit Andi weiterhin viel Zeit verbrachte, aber es gelang ihr nicht.

Martin, der nach wie vor gern mit Claudia joggen wollte, gab nach ein paar Wochen frustriert auf, weil die Stimmung zwischen ihnen so schrecklich verkrampft war, als würde Andi neben ihnen her joggen. Andi seinerseits forderte männliche Loyalität von Martin ein und wollte wissen, ob Claudia inzwischen einen anderen hatte oder mit wem sie sich so traf, was sie über Andi sagte oder dachte und ob sie zu- oder abgenommen hatte, traurig oder gar erleichtert wirkte und dergleichen mehr.

Währenddessen organisierte Claudia zahlreiche Unternehmungen, zu denen sie uns alle einlud, ausgenommen Andi natürlich. Der tat mir nun wiederum leid, weil er so traurig und einsam aussah, da wir am Wochenende mit Claudia eine Hüttenwanderung unternehmen würden und wieder keine Zeit für ihn hatten.

In den folgenden Wochen sagte Andi das Dartspielen mit Kerstin und Johannes ab, blieb freiwillig mehrfach hintereinander unseren Freitagstreffen fern und wurde überhaupt immer stiller.

Ich traf mich mit ihm auf einen Kaffee und versuchte, ihn aufzumuntern. Als Claudia davon erfuhr, warf sie mir vor, »zweigleisig zu fahren«.

Spätestens an diesem Punkt war endgültig klar, dass es nicht möglich war, genauso mit Claudia und Andi befreundet zu bleiben wie vor ihrer Trennung.

Wir mussten uns entscheiden.

Wollten wir aber nicht.

Also planten wir die Versöhnung der beiden – und scheiterten dabei auf ganzer Linie. Claudia war über unser Ansinnen so verärgert, dass sie den Kontakt zu uns allen abbrach. Auch Andi warf uns vor, mit seinen Gefühlen gespielt zu haben, und ging auf Distanz.

Was hatten wir für ein trauriges Chaos veranstaltet!

Obwohl wir es uns von Herzen wünschten, gelang es uns nicht, weiterhin mit Claudia und Andi befreundet zu bleiben.

Und so führt eine Trennung im Freundeskreis sehr oft zu einer deutlichen Veränderung desselben. Leider gelingt es häufig nicht, den Kontakt zu beiden Teilen eines getrennten Paares aufrechtzuerhalten. In unserem Fall hatten wir sogar beide verloren. Eine Trennung verändert nicht nur das Beziehungsgefüge derjenigen, die sich trennen, sondern ebenso das ihres Umfelds.

Was für Erwachsene, wie wir alle wissen und vermutlich selbst am eigenen Leib bereits erfahren haben, eine sehr große Herausforderung ist, erwarten wir seltsamerweise von Trennungs- und Scheidungskindern. Dabei sind diese schon allein aufgrund ihres Alters und der existenziellen Abhängigkeit deutlich stärker von einer Trennung betroffen und befinden sich nicht selten in unlösbaren Loyalitätskonflikten, weil sie nun einmal beide Elternteile lieben.

Die Situation von Trennungs- und Scheidungskindern ist also um ein Vielfaches dramatischer als die von Erwachsenen, deren Freundes- und Bekanntenkreis durch eine Trennung durcheinandergewirbelt wird.

Deshalb bitte ich euch von ganzem Herzen: Trennt euch mit so viel Verständnis und gegenseitigem Entgegenkommen wie nur irgendwie möglich. Das dient eurer eigenen Psychohygiene sowie der eures – eventuell temporär blöden – Ex-Partners. In allererster Linie aber hilft es euren Kindern, mit dieser schwierigen Situation umzugehen. Und die haben es doch nun wirklich verdient, dass ihr euch ganz besonders viel Mühe gebt!

Natürlich kann es sein, dass man mit jemandem zusammen war oder jemanden geheiratet hat, mit dem es aus verschiedenen Gründen keine gemeinsame Basis mehr gibt. So etwas passiert. Trotzdem kann man, falls man gemeinsame Kinder hat, zumindest höflich miteinander umgehen, wenn man aufeinandertrifft. Ich finde, das ist nur in absoluten Ausnahmefällen zu viel verlangt.

Grundsätzlich sollten wir unseren Kindern und unserem eigenen Seelenfrieden zuliebe freundlich oder zumindest respektvoll mit unseren Ex-Partnern umgehen. Das gelingt uns schließlich auch mit den meisten anderen Menschen, warum dann nicht mit demjenigen, mit dem wir ein gemeinsames Kind haben?

In meinem privaten Umfeld gibt es glücklicherweise in erster Linie Ex-Partner, die sich neutral gegenüberstehen oder sogar freundschaftlich gesinnt sind. Und ich selbst bin sehr glücklich und dankbar, zu meinem Ex-Mann Sven heute ein so gutes Verhältnis zu haben.

Doch auch wir hatten eine Phase, in der es nach der Trennung nicht gut lief. Es war nicht katastrophal, und wir haben nie den jeweils anderen bei Amelie oder Lotta schlechtgemacht, aber ich gebe zu, es gab eine Zeit, in der fand ich Sven richtig doof. Und ungerecht. Und manchmal sogar gemein. Und insgesamt einfach … doof.

Und er mich ganz genauso.

Wir waren beide empfindlich, verletzt und eine Weile wahre Meister der Missverständnisse. Ich hatte das Gefühl, Sven gar nicht mehr zu kennen, und traute ihm plötzlich Gedankengänge und Verhaltensweisen zu, die für den so besonnenen, liebevollen und geradezu harmoniesüchtigen Sven vollkommen untypisch waren. Und ihm ging es umgekehrt mit mir ebenso.

Solche Phasen kommen nach einer Trennung vor, denn es ist menschlich, im Zuge einer derartigen Krise auch mal ungerecht zu sein. Sven und ich haben glücklicherweise lediglich uns gegenseitig verletzt und nicht unsere Kinder, die allerdings zur Zeit der Trennung bereits vierzehn und sechzehn Jahre alt und somit eher mit sich und ihrem Freundeskreis als mit uns Eltern beschäftigt waren.

Dennoch war diese Phase der Missverständnisse und des gegenseitigen Doof-Findens schrecklich, und Sven und ich fühlten uns häufig sehr verzweifelt. Die Trennung an sich hielt ich nach wie vor für richtig und gut. An ihr zweifelte ich nicht, aber diese verkrampfte und teilweise sogar feindselige Stimmung zwischen Sven und mir belastete mich extrem.

Eines Abends redeten wir mal wieder besonders aneinander vorbei und unterstellten dem jeweils anderen, dass er nichts verstehen und sich aus Prinzip nicht vertragen wolle, ausschließlich sich und seine eigenen Gefühle sehe und sich so ganz generell – vorsichtig ausgedrückt – nicht zu seinem Vorteil verändert habe. Ich muss zugeben, an diesem Abend drückten wir das nicht so wahnsinnig vorsichtig, sondern eher Panzer-auf-dem-Radweg-mäßig aus.

Mitten in meinem vorwurfsvollen Vortrag brach ich plötzlich ab und hatte einen Blackout. Ich wusste nicht mehr, was ich sagen wollte und worum es überhaupt ging. Ich war auf einmal furchtbar erschöpft und unendlich traurig. Da waren keine Vorwürfe und keine Schuldzuweisungen mehr, sondern nur noch Trauer und Verzweiflung, die sich in mir auftürmten wie eine riesige Welle.

Ich wollte aber vor Sven nicht weinen. Nicht vor diesem doofen Kerl, der nichts verstand und immer behauptete, dass ich alles falsch machte. Vor dem nicht!

Aber da war es schon zu spät. Ich saß da wie ein Häufchen Elend, weinte und wünschte mir sehnlich, mich in Luft auflösen zu können. Nur dieses eine verdammte Mal!

Irgendwann setzte sich Sven zu mir, reichte mir ein Taschentuch, wartete, bis ich meine Nase geputzt hatte, und sagte dann sowohl verzweifelt als auch liebevoll: »Hey, Sophie … Ich bin doch immer noch … ich.«

Dieser eine ziemlich unscheinbare Satz veränderte plötzlich so vieles. Es war nicht nur der Inhalt der Worte, sondern ebenso das, was darin mitschwang: Freundschaft und Verbundenheit.

Sven war noch immer er selbst – auch wenn ich aktuell nicht in der Lage war, das zu sehen. Für mich war er fremd und irgendwie unberechenbar. Dabei hatte er recht: Sven war doch nach wie vor Sven.

Der Sven, mit dem ich viele gute Jahre meines Lebens geteilt hatte. Was auch immer in der letzten Zeit schiefgelaufen und wie auch immer uns die Liebe abhandengekommen war, Sven war noch immer Sven. Er hatte sich nicht plötzlich in einen mir unbekannten Doofi verwandelt.

Zum ersten Mal seit vielen Monaten sahen wir uns wieder richtig in die Augen. Dann umarmten wir uns, und ich weinte sein Shirt nass – wie ich es (aus anderen Gründen) schon so viele Male getan hatte, als wir noch ein glückliches Paar gewesen waren.

Es war nicht so, dass nach diesem Abend alles vollkommen harmonisch und ohne Probleme weiterlief, aber die tiefe Verunsicherung und das gegenseitige Doof-Finden nahmen von diesem Moment an immer weiter ab, bis beides irgendwann komplett verschwand.

Heute sind Sven und ich Freunde, und ich bin sehr glücklich darüber, denn auch wenn wir uns getrennt haben, ist Sven ja eben noch immer Sven.

Ich kann also absolut nachvollziehen, wenn einem der Ex-Partner auf die Nerven geht, und genauso, dass man eine Weile sauer auf ihn ist und ihn bescheuert findet. Das darf nach einer Trennung ruhig so sein. Bloß irgendwann sollte es dann auch wieder aufhören.

Ich möchte noch mal betonen, dass ich in diesem Zusammenhang nicht von ehemaligen Partnern spreche, vor denen man sich selbst und auch die Kinder schützen muss. Solche Konstellationen gibt es zweifellos. Und das ist traurig.

Glücklicherweise sind diese Fälle aber die Ausnahme, weshalb ich hier über die »normalen« Trennungen sprechen möchte, bei denen es sich lediglich phasenweise so anfühlt, als wäre der jeweilige Ex-Partner verrückt, egozentrisch oder ein psychopathisches Ungetüm, obwohl er in Wirklichkeit nach wie vor ein sozial relativ verträgliches Wesen ist, in das wir uns schließlich irgendwann einmal so was wie verliebt haben.

Nun kann man das Verliebtsein an sich durchaus mit einem Drogenrausch vergleichen, in dem man weder am Straßenverkehr teilnehmen noch Verträge unterzeichnen, also auch nicht heiraten sollte. Die meisten Menschen warten deshalb die erste Verliebtheitsphase ab, ziehen zusammen, proben den gemeinsamen Alltag und entscheiden sich erst dann, sich gegenseitig das Jawort zu geben und/oder Kinder zu bekommen – um dann festzustellen, dass die ganze Alltagsproberei nichts genützt hat, weil meist alles anders kommt und besonders das Elternwerden irgendwie doch nicht so ist, wie man sich das vorgestellt hat.

Das ist sicher nicht immer so, aber oft.

Ich habe schon mehrfach überlegt, dass es sinnvoll wäre, wenn junge Paare, die sich entschließen, eine Familie zu gründen, ein paar Monate unter so realistischen Bedingungen wie möglich diverse Szenarien durchleben müssten, die auf einen zukommen können, wenn man Kinder hat.

- Schlafmangel verbunden mit der Frage, wer dran ist mit Aufstehen und Wickeln

- Besuch von den Schwiegereltern (für Fortgeschrittene gern unangekündigt und mit zahllosen Zweifeln an der Erziehungsfähigkeit im Gepäck)
- Sorgen wegen Krankheiten, Entwicklungsverzögerungen oder gar Mobbing in der Schule
- Eifersucht auf den, der jeden Tag arbeiten gehen darf
- Eifersucht auf den, der jeden Tag bei den Kindern zu Hause bleiben darf
- Angst um das Kind in verschiedenen Ausprägungen
- Elternabende
- generell andere Eltern …

Ich könnte diese Liste seitenlang fortführen, denke aber, das ist unnötig.

Grundsätzlich bin ich der festen Überzeugung, dass man jemanden am besten kennenlernt, wenn gerade alles schiefläuft und man sich in einer Krisensituation befindet.

Wer als Paar auch unter Stress zusammenpasst und funktioniert, der hat gute Chancen, den Alltag zu meistern, ohne sich allzu sehr auf die Nerven zu gehen oder zu häufig in die Haare zu kriegen.

Natürlich ist mir klar, dass man all das nicht wirklich testen kann, bevor man gemeinsam Kinder bekommt. Zumindest nicht unter kontrollierten Bedingungen, sondern höchstens durch zufälligerweise stressige Lebensumstände. Und die wünsche ich natürlich niemandem. Dazu kommt, dass man sich im besten Fall weiterentwickelt und ein paar Jahre später das erste Treffen mit der Klassenlehrerin entsprechend reifer und besonnener meistern wird, als man es in einer Testphase vor der Geburt gemeinsamer Kinder geschafft hätte.

Was man aber als Paar durchaus tun kann, ist, sich rein theoretisch darüber auszutauschen, wie das Zusammenleben mit

Kindern werden könnte. Was hat der andere für Vorstellungen bezüglich der Erziehung und Vermittlung von Werten? Was ist ihm wichtig? Welche Erziehungsziele würde er gern verfolgen und wie würde er mit Verhaltensauffälligkeiten des Kindes umgehen? Wie sähe die Planung des Alltags aus?

Das sind wichtige Fragen, bei denen mir Oliver einfällt, ein gut aussehender Kieferchirurg, mit dem ich einige Monate zusammen war, bevor er sich per Zufall dahin gehend äußerte, dass bei der Erziehung von Kindern ein Klaps hin und wieder durchaus sinnvoll sei und ihm das ja schließlich auch nicht geschadet habe.

Davon abgesehen, dass ich begonnen hatte, mich ein wenig mit Oliver zu langweilen, und mir ohnehin nicht mehr sicher war, ob wir überhaupt zusammenpassten, war diese Aussage für mich das klare Zeichen, dass es für uns keine gemeinsame Zukunft gab. Schade nur, dass Oliver diese Äußerung am ersten Abend unseres zweiwöchigen Urlaubs auf der griechischen Insel Samos tätigte. Es wurde ein recht unromantischer und wenig erholsamer Urlaub.

Wenn ihr dieses Buch lest, habt ihr vermutlich bereits Kinder, und ich komme mit meinem Ratschlag zu spät. Aber vielleicht könnt ihr ihn an kinderlose Freunde weitergeben: Es ist eine gute Idee, sich über die grundsätzlichen Werte und Vorstellungen im Hinblick auf die Erziehung, Betreuung und Versorgung von Kindern zu unterhalten, *bevor* man welche bekommt. Klar ist das ziemlich unromantisch und mag den ein oder anderen verschrecken, es erspart einem im Zweifelsfall jedoch unnötige böse Überraschungen.

Übrigens bedeutet sich auszutauschen nicht, dass man stets und ständig einer Meinung sein muss. Außerdem zeigt die Erfahrung, dass man manche Dinge anders sieht oder bewertet, wenn die Kinder dann da sind.

Grundsätzliche Einstellungen und Werte sollten aber schon übereinstimmen, wenn man vorhat, gemeinsam Kinder großzuziehen. Es erleichtert eine Menge.

Davon abgesehen sollte man am besten keine Kinder bekommen, wenn man der Ansicht ist, ein Klaps oder sonstige Formen der Gewalt seien eine passable Erziehungsmethode – oder zumindest so lange Ratgeber lesen, bis man feststellt, was für eine dumme Idee das ist, und seine bisherige Überzeugung umgehend zugunsten pädagogisch sinnvoller Ansätze verwirft.

Doch egal, wie viel man zuvor über Kindererziehung spricht, wie gut man zu Beginn der Beziehung harmoniert und wie groß der Wille ist, für immer zusammenzubleiben – manchmal gelingt es trotzdem nicht. Das ist für alle Beteiligten wirklich schade, aber es ist möglich, diese schwierige Zeit ohne allzu große oder bleibende Schäden zu überstehen.

Eine Trennung der Eltern ist immer traurig. Für alle.

Wenn Eltern wegen der Kinder zusammenbleiben, sich aber nicht mehr lieben und womöglich häufig streiten, ist das allerdings mindestens genauso traurig. Ebenfalls für alle.

Ich finde es wichtig, dass Eltern sich nicht leichtfertig trennen, sondern erst einmal versuchen, ihre Beziehung zurück auf den richtigen Weg zu lenken. Dass so etwas gelingen kann, habt ihr eventuell schon einmal in eurem Umfeld oder auch bei euch selbst erlebt. Falls nicht, möchte ich euch versichern: Es ist möglich. Selbst wenn es für eine Weile so aussieht, als gebe es keine einzige Gemeinsamkeit mehr oder man selbst und der Partner steckten fest in einem Teufelskreis aus gegenseitigen Vorwürfen – selbst dann besteht die Möglichkeit, dass ihr doch wieder zusammenfindet und euch in ein paar Jahren erstaunt fragt, was damals eigentlich los war.

Wenn ihr es versuchen wollt, kann eine Paarberatung äußerst hilfreich sein. Denn dort sitzt eine neutrale Person mit

Fachwissen und kommunikativer Kompetenz. Zumindest sollte das so sein. Falls dem nicht so ist und ihr beim ersten Mal auf jemanden stoßt, der seinen Job nicht beherrscht, steht auf und geht, esst gemeinsam ein Eis und sucht euch eine Paarberatung oder -therapie, die diese Kriterien erfüllt.

Das ist ein wichtiger Ratschlag. Deshalb wiederhole ich ihn: Falls ihr euch in einer Paarberatung wiederfindet, bei der ihr einem unfähigen Berater, Coach oder Therapeuten gegen- übersitzt, schaut euch an, nickt euch zu, steht auf und geht, esst gemeinsam ein Eis (oder eine Pizza, diese Variable kann man verändern) und sucht euch eine kompetente, neutrale Person, die zu euch passt. Alles andere ist vergeudete Lebenszeit.

Als Sven und ich einmal in eine Krise geraten waren, entschlossen wir uns recht bald, eine Beratung aufzusuchen, denn wir waren uns einig, dass wir uns nicht trennen, aber eben auch nicht so weitermachen wollten. Wir befürchteten, dass wir ohne Hilfe von außen bis in alle Ewigkeit schlecht gelaunt und mit Zornesfalten auf der Stirn im Kreis diskutieren würden. Und wer will das schon?

In der Beratungsstelle trafen wir auf einen höchst sympa- thischen Herrn, der erfreulicherweise sowohl kompetent und empathisch als auch humorvoll und damit genau der Richtige für uns war. Er stellte kluge Fragen, ermutigte uns, ehrlich zu antworten, und besaß die Gabe, uns stets als Paar und nicht als zwei streitende Parteien fühlen zu lassen. Innerhalb weniger Sitzungen half Herr Böhm Sven und mir dabei, unser Karussell aus Unsicherheit und verletzten Gefühlen anzuhalten, sodass wir aussteigen, uns wieder von Herzen umarmen und lächelnd in die Augen sehen konnten.

Viele Jahre später gingen Sven und ich ein weiteres Mal zu Herrn Böhm. Wir waren frisch getrennt, und die schwierigste Zeit lag bereits hinter uns. Durch die Beratung wollten wir zum einen sichergehen, dass wir nicht wieder in eine solche Phase rutschen würden, und zum anderen lag uns daran, so gut wie möglich miteinander umzugehen und vor allem für Amelie und Lotta das Beste aus der Situation zu machen.

Herr Böhm tat uns auch diesmal sehr gut. Besonders positiv ist mir in Erinnerung geblieben, wie er Sven und mich in der letzten Sitzung anlächelte und sagte: »Sie beide machen das ganz wunderbar. Sie sind auch getrennt ein gutes Team.«

Es war unglaublich wohltuend, von einem Fachmann bescheinigt zu bekommen, dass wir unsere Sache gut machten. Denn obwohl wir unsere Trennung richtig fanden, ging es uns dennoch oft schlecht damit.

Lange Zeit fühlte ich mich wie eine Versagerin. Meine Ehe hatte nicht gehalten. Dabei hatten wir uns doch einmal geliebt. Ich wollte eine perfekte Mutter sein, und dann machte ich meine Töchter zu Scheidungskindern! Wieso, verdammt noch mal, hatte ich das nicht besser hinbekommen? Was hatte ich versäumt? Warum war ich so grandios gescheitert?

Das sind alles keine sinnstiftenden, sondern ungerechte und destruktive Gedanken. Das wusste die Psychologin in mir. Die weiß ja immer eine Menge. Und dennoch rutschte die Ehefrau und Mutter in dieser Zeit häufig mit dem Rücken an der Wand nach unten, vergrub ihren Kopf zwischen den Knien und weinte, weil sie versagt hatte.

Diese Versagens- und Schuldgefühle kennen die meisten Trennungseltern. Leider werden sie oft unabsichtlich genährt vom Ex-Partner, der vorwurfsvoll schaut oder gar etwas Entsprechendes äußert, oder auch von Bekannten, die entsetzt die Hände über dem Kopf zusammenschlagen und lamentieren, wie schlecht so eine Trennung für die Kinder sei und dass deren Zukunft statt rosig nun grau-schwarz mit dunklen Wolken verlaufen werde.

Wenn man dann von jemandem angelächelt wird und gesagt bekommt, dass man das Ganze wunderbar hinkriegt, ist das Balsam für die Seele!

Meist reagieren wir auf unsere eigenen Schuldgefühle und Unsicherheiten, indem wir uns mit Selbstvorwürfen überschütten oder uns bemühen, dem anderen oder gar einer höheren Macht die Hauptschuld für all das, was gerade schiefläuft, in die Schuhe zu schieben. Dann ist wenigstens einer oder etwas noch blöder als wir.

Das ist natürlich sehr vereinfacht ausgedrückt, trifft jedoch leider häufig fast ebenso vereinfacht zu.

Wie ihr euch denken könnt oder ohnehin längst wisst, sind beide Arten von Reaktionen auf Schuldgefühle und Unsicherheit nicht hilfreich.

Wie wäre es, wenn wir gerade dann, wenn wir uns unsicher oder schuldig fühlen, besonders nett zu uns und anderen wären?

Eine Trennung tut weh. Schließlich müssen wir uns von jemandem verabschieden, der uns einmal viel bedeutet hat und uns vermutlich trotz allem immer noch wichtig ist – nur eben auf andere Weise. Außerdem müssen wir von einer Situation Abschied nehmen, von lieben Gewohnheiten und der intakten Familie.

Wenn eine Trennung *nicht* wehtut, dann ist das fast noch trauriger, weil dann ja schon vorher nichts mehr da war.

Dennoch wünschen wir uns in der aufwühlenden Trennungszeit genau das. Es soll nicht mehr wehtun! Und wie schön und entspannend wäre es, wenn einem einfach alles egal sein könnte!

Schmerz, Angst und Trauer sind extreme Gefühle, die dazu neigen, uns das Hirn zu vernebeln. Und manchmal auch das Herz.

Ihr könnt Menschen, die sich in diesem Zustand nach der Trennung befinden, ein wenig helfen, indem ihr Herr Böhm spielt. Oder nein, wartet damit einen Moment.

Seid zunächst einfach nur da und hört euch an, wie scheiße momentan alles ist, wie doof man selbst und wie noch viel doofer der Ex sich benimmt und dass das alles eine einzige Kack-Katastrophe ist. Vor-sich-hin-Schimpfen tut nämlich auch mal ganz gut, solange es richtig dosiert ist.

Und deshalb lasst ihr den anderen eine Weile alles loswerden und sagt schließlich nach einer hinreichenden Menge Geschimpfe etwas wie: »Das klingt nach einer echt stressigen Zeit, und es tut mir leid, dass ihr da durchmüsst.«

Dazu darf herzlich umarmt und gedrückt werden. Das nenne ich die freundschaftliche Erstversorgung.

Und danach spielt ihr Herr Böhm.

Also, nicht wie beim Cosplay bekleidet mit seiner typischen Cordhose und dem Holzfällerhemd samt Strickjacke, obwohl das sicher zur allgemeinen Erheiterung und damit Entspannung beitragen könnte. Nein, wichtiger als das Herr-Böhm-Outfit ist die Herr-Böhm-Haltung, mit der ihr euren Freund oder eure Freundin unterstützen könnt.

Vielleicht habt ihr während der Schimpftirade irgendetwas Positives zwischen den Zeilen heraushören können, beispielsweise dass der Auszug recht unproblematisch verlaufen ist. Dann könntet ihr das Augenmerk darauf legen und etwas sagen wie: »Ich finde toll, dass ihr es geschafft habt, euren Haushalt zu trennen, ohne zu streiten. Das hätten die meisten anderen nicht hingekriegt. Ihr aber schon. Das ist echt beeindruckend.«

Falls euch nichts Positives aufgefallen ist, dürft ihr vorsichtig nachfragen. Allerdings lieber nicht in Form von: »Was läuft denn gerade gut?«, denn die Antwort darauf wird vermutlich ein Aufstöhnen sein, gefolgt von einem »Gar nichts!«.

Geht etwas erfinderischer und behutsamer vor und erkundigt euch beispielsweise nach der Schulsituation der Kinder oder dem Fußballverein. Irgendwo werdet ihr einen Bereich im Leben eurer Freundin finden, der nicht oder kaum betroffen ist von dem ganzen unerfreulichen Trennungskram. Falls nicht, erzählt von der Bekannten der Schwägerin der Arbeitskollegin, bei der sich der Ex-Partner sooo viel grauenhafter aufgeführt hat, und setzt damit einen anderen Relationspunkt.

In jedem Fall lohnt es sich, ein wenig Kraft aufzuwenden, um den Blick des zu Tröstenden auf etwas Positives zu lenken.

Das tut es übrigens immer und überall.

Weil es vor allem online mittlerweile eine unübersichtlich große Menge an Coaches und Experten im Bereich Liebe, Partnerschaft, Persönlichkeitsentwicklung und Spiritualität gibt, möchte ich an dieser Stelle noch etwas in puncto Paarberatung oder -therapie anmerken, denn die Suche nach einer passenden und kompetenten Beratung kann höchst herausfordernd sein. Wenn ihr Glück habt, dann hat jemand, dem ihr vertraut und der euch gut kennt, schon einmal eine solche Paarberatung in Anspruch genommen und somit einen sicheren Tipp für euch.

Ohne eine direkte Empfehlung müsst ihr euch selbst auf die Suche machen. Und für die gibt es leider kaum allgemeingültige Richtlinien. Ich persönlich empfehle, zunächst einmal nach Menschen zu suchen, die eine entsprechende Ausbildung haben, also ein abgeschlossenes Studium im psychologischen Bereich, eine Zusatzausbildung in einer entsprechenden Therapierichtung und am besten auch noch eine ausreichende Menge an Berufserfahrung. Vielleicht finden sich ja auch irgendwo Bewertungen oder Erfahrungsberichte von ehemaligen Klienten, die ein wenig Aufschluss geben können.

Insgesamt muss ich aber leider sagen, dass auch diese Kriterien nicht immer sicherstellen, an eine kompetente und individuell passende Beratung zu gelangen. Ich kenne ausgebildete Therapeuten, die so wenig Empathie ihr Eigen nennen, dass sie deutlich besser in den menschenleeren Gängen eines weitläufigen Aktenarchivs aufgehoben wären als in einer therapeutischen Praxis. Und dann trifft man hin und wieder Coaches ohne abgeschlossene Ausbildung, die jedoch aufgrund ihrer

Intelligenz, ihres Einfühlungsvermögens und der Fähigkeit zum abstrakten, analytisch logischen und strukturierten Denken in der therapeutischen Arbeit gute Ergebnisse erzielen.

Weil eine inkompetente Beratung leider ebenso viel kaputtmachen kann, wie eine kompetente Beratung zu reparieren vermag, möchte ich euch dazu ermutigen, sofort zu reagieren, falls es zwischen euch und der Therapeutin oder dem Therapeuten aus fachlichen oder persönlichen Gründen nicht passt.

Glaubt mir, ich weiß, wie schwierig das ist, aber es lohnt sich. Selbst wenn ihr lange gesucht habt und ewig auf den Termin warten musstet: Wenn es nicht passt, beendet es umgehend!

Ich selbst kenne solche Situationen von Arztterminen. Da ich die zweifelhafte Freude habe, »Besitzerin« einer Autoimmunerkrankung zu sein, war ich eine ganze Weile auf der Suche nach einem auf diesem Gebiet kompetenten und wenn möglich zumindest halbwegs netten Arzt. Endlich hatte ich einen Termin bei einem Spezialisten ergattert und saß in dessen Wartezimmer.

Und wartete.

Und wartete.

Wenn ich beim Arzt übermäßig lange warten muss, stelle ich mir immer vor, dass ein Notfall dazwischengekommen ist, um den sich der Arzt oder die Ärztin gerade intensiv kümmert. Wie froh wäre ich, wenn beispielsweise Amelie oder Lotta nach einem Unfall von einem Arzt behandelt würden, der sich Zeit nimmt, sie gründlich untersucht und geduldig auf sämtliche Fragen antwortet. Mit diesem Gedanken im Hinterkopf fällt mir langes Warten nicht schwer. Es sei denn, ich muss wöchentlich zum Arzt, warte jedes Mal sehr lange und stelle irgendwann fest, dass gar nichts Unvorhergesehenes dazwischengekommen ist, sondern eine sowohl inkompetente wie ignorante Planung in der Praxis dafür verantwortlich ist. In einem solchen Fall bitte ich höflich darum, später wiederkommen zu dürfen, ohne dann noch länger warten zu müssen.

Dieses erste Mal beim Spezialisten wartete ich jedoch geduldig und freute mich darüber, dass sich der Arzt offenbar so viel Zeit für seine Patienten nahm. Was für ein Glücksgriff!

Irgendwann wurde ich ins Behandlungszimmer gerufen, wo ich noch einmal ziemlich lange wartete. Machte nichts, ich konnte die Zeit ja nutzen, um E-Mails zu beantworten, die neuesten Instagram-Storys anzuschauen oder mich zu entspannen.

Und dann, endlich: Auftritt Dr. Schade.

(Falls es einen Spezialisten für Autoimmunerkrankungen gibt, der so heißt – er war es nicht! Ich habe mir den Namen ausgedacht.)

Dr. Schade schwebte geschäftig ins Zimmer, setzte sich wortlos und vertiefte sich in meine Akte, bestehend aus sechs Monate alten Blutwerten und dem knappen Aufnahmebogen. Ohne aufzusehen, erklärte Dr. Schade mir – oder sich oder dem Tisch, so genau konnte ich das nicht feststellen –, dass meine Blutwerte in Ordnung und meine Symptome folglich eingebildet seien.

Noch immer war ich bereit, den Blick auf das Positive zu lenken, und führte freundlich aus, dass ich diese Möglichkeit durchaus in Betracht gezogen hatte, aufgrund vorheriger weitgehender Symptomfreiheit sowie derzeit geringen Stressaufkommens aber dennoch davon ausging, dass die Dosierung der Medikamente eventuell nicht optimal sei.

Da schaute mich Dr. Schade zum ersten Mal an. Ich war damals Ende dreißig und ausgeschlafen. Das erwähne ich, damit ihr den folgenden Kommentar vom Herrn Spezialisten richtig einordnen könnt. Er sah also auf und sprach: »Tja, dann sind das wohl die Wechseljahre.«

Das wäre der Moment gewesen, in dem ich hätte aufstehen und gehen sollen. Wortlos.

Ich kann euch versichern, ich sah Ende dreißig maximal wie Mitte vierzig aus. Ehrlich. Und mit Mitte vierzig befindet man sich nicht zwangsläufig, sondern nur in den seltensten Fällen bereits in den Wechseljahren. Davon abgesehen, dass man das nur anhand des Hormonstatus feststellen kann und es sowohl unhöflich als auch unprofessionell ist, Symptome einer autoimmunerkrankten Patientin, von der man lediglich Blutwerte von vor einem halben Jahr kennt, als Einbildung abzutun.

Ich saß da und überlegte: Ich hatte ewig auf diesen Termin gewartet, war eine halbe Stunde mit dem Auto gefahren, hatte ebenso lange einen Parkplatz gesucht, noch länger im Warte- und Behandlungszimmer gewartet, und das für nichts?

Ich atmete durch und fragte: »Könnte es nicht sein, dass die Dosierung der Medikamente ein wenig angepasst werden muss? Die Blutwerte sind ein halbes Jahr alt, und vor einigen Jahren hatte ich eine andere Dosierung, die …«

»Nein. Die Dosierung stimmt. Das sind die Wechseljahre.«

»Aber Sie haben doch gar nicht …«

»Jaja, dann schreib ich Ihnen eben ein Rezept für ein anderes Medikament auf.« Mit diesen Worten kritzelte Dr. Schade etwas auf ein Post-it, pappte selbiges auf ein Blankorezept und hielt es mir hin. »Gehen Sie damit zur Rezeption.«

Ich nahm das Rezept, verließ das Behandlungszimmer sowie die Praxis und konnte nicht fassen, dass ich mir das tatsächlich hatte gefallen lassen. Warum ließ ich jemanden *so* mit mir umgehen? Dieser Dr. Schade war nicht nur unfreundlich, sondern in erster Linie ein miserabler Arzt. Ich hätte ihm das sagen sollen. Und viel früher aufstehen und gehen. Und vielleicht hätte ich zusätzlich dazu eine laute Szene in der vollen Praxis machen sollen, um die anderen Patienten zu warnen.

Stattdessen zerknüllte ich lediglich das Rezept samt Post-it, auf dem ein Medikament stand, dessen Dosierung aber exakt der entsprach, von der ich angemerkt hatte, dass sie eventuell verändert werden müsse, und warf beides in den nächsten Mülleimer.

Nachdem ich mich etwas beruhigt hatte, fiel mir ein, dass das gar nicht so schlau gewesen war, denn was hätte ich mit diesem Blankorezept alles Lustiges anstellen können! Zu schade, dass ich diese Gelegenheit verpasst hatte …

Seitdem habe ich mir nie wieder etwas Derartiges gefallen lassen. Dabei habe ich bemerkt, dass die bloße klare Absicht, weder unprofessionelles Auftreten noch eine miese Behandlung zu akzeptieren, offenbar eine Art Abwehrschild gegen ebensolches Verhalten aktiviert, denn seitdem bin ich nur noch ein einziges Mal in eine ähnliche Situation geraten. Davor war mir das mit Ärzten in regelmäßigen Abständen passiert.

Vielleicht ist es auch nur Zufall, allerdings gefällt mir die Erklärung mit dem selbst produzierten Schutzschild wesentlich besser.

Beim nächsten Mal, als ein Arzt es unterließ, mich anzusehen und ausreden zu lassen, stand ich sofort auf, erklärte, dass ich mich nicht von jemandem behandeln lasse, dem die einfachsten Regeln der Kommunikation fremd sind, und ging bestens gelaunt nach Hause. Dort schrieb ich eine kurze E-Mail an die Gemeinschaftspraxis, hege jedoch keine große Hoffnung, dass sie zu irgendetwas geführt hat. Wenn aber jeder Patient, dem solche Ignoranz entgegenschlägt, eine E-Mail schickt, ändert sich möglicherweise doch etwas. Einen Versuch ist es wert.

Nun war es für mich ein Leichtes, festzustellen, dass Dr. Schade kein guter Arzt war. Das lag auf der Hand. Wäre er hingegen wahnsinnig freundlich, interessiert und gründlich bei der Ursachenfindung gewesen, hätte er dennoch fachlich ein Trottel sein können, doch ich hätte es erst deutlich später oder womöglich gar nicht bemerkt.

Hin und wieder erkennt man die nicht so guten Ärzte, Coaches, Berater und Therapeuten leider nicht sofort, weil sie sich nicht derart auffällig danebenbenehmen wie Dr. Schade.

Wenn ihr also nach gewissenhafter Suche eine Paarberatung oder -therapie gefunden habt, rate ich euch, das erste Gespräch bis zum Ende durchzuhalten und euch danach zu überlegen, ob es passt oder nicht.

Es sei denn, ihr geratet an jemanden wie Frau Wallersheim, bei der Tine und Lars einen Termin vereinbarten, als sie nicht mehr sicher waren, ob es für sie als Paar noch eine Zukunft gab.

Frau Wallersheim hatte bei der Aufnahme der Daten ausschließlich mit Tine gesprochen und Lars gar nicht beachtet. Das hatten die beiden zwar seltsam gefunden, aber gedacht, es handle sich hierbei vielleicht um irgendein modernes therapeutisches Tool der Paarberatung.

Nachdem sie alle Angaben notiert hatte, erkundigte sich Frau Wallersheim bei Tine, ob sie sich von ihrem Mann bevormundet fühle. Das fragwürdige Verhalten der Therapeutin verunsicherte meine Freundin, sodass sie zwar verneinte, jedoch einen zögerlichen Ton anschlug. Dies wiederum sah Frau Wallersheim als einen Beweis dafür an, dass sich Tine sehr wohl bevormundet fühlte, aber nicht den Mut besaß, das auszusprechen, was ja kein Wunder war, wenn man seit so vielen Jahren keine eigene Meinung haben durfte.

Tine versuchte, ihr Zögern zu erklären, drang allerdings nicht durch zu der Therapeutin, die lediglich mit einem vielsagenden Nicken »Ahaa …« sagte und anschließend eine ganze Weile Dinge auf ihren Block schrieb. Lars setzte an, etwas zu sagen, doch Frau Wallersheim hob die Hand wie ein Verkehrspolizist, zischte ein »Sie sind jetzt mal ganz still!« und kritzelte weiter in ihren Notizen herum.

Tine und Lars nutzten den Moment, um sich mit Blicken zu verständigen, aufzustehen und mit einem knappen »Tschüs dann« die Räumlichkeiten der Beratungsstelle zu verlassen. Auf der Straße bestätigten sie sich gegenseitig, dass die arme Frau Wallersheim dringend selbst therapeutischer Hilfe bedurfte und dies außerdem die wohl skurrilste Paarberatungssitzung gewesen war, die jemals jemand gehabt hatte, bekamen einen Lachanfall, umarmten sich danach erschöpft und gingen schließlich in ihr Lieblingscafé, wo sie zum ersten Mal seit langer Zeit so richtig miteinander redeten.

Nun könnte man anführen, dass Frau Wallersheim somit durchaus eine erfolgreiche und äußerst effiziente Therapiemethode gefunden hatte, doch ich wage zu bezweifeln, dass dieser »Ansatz« jedes Mal so gut funktioniert.

Tine und Lars konnten an diesem einen Nachmittag im Café auch nicht all ihre Probleme lösen und suchten sich eine andere Therapeutin. Diesmal hatten sie Glück: Sie wurden professionell und empathisch beraten.

Über einige Umwege erfuhr ich später, dass Frau Wallersheim zu dieser Zeit massiv mit eigenen Problemen zu kämpfen hatte, dies irgendwann erkannte und sich in Behandlung begab. Wie es ihr damit erging, weiß ich leider nicht, aber ich wünsche ihr und all ihren zukünftigen Klienten das Beste.

Tine und Lars sagten später oft, dass sie durchaus von Frau Wallersheims verschrobener Art profitiert hatten.

»Wir hätten bestimmt viel länger gebraucht, um wieder mal gemeinsam zu lachen, wenn wir nicht diese groteske Therapiesitzung gehabt hätten. Das hat uns ziemlich effektiv wieder zusammengebracht.«

Das stimmt natürlich irgendwie. Danke, Frau Wallersheim.

Falls Therapeuten, Berater oder Coaches mitlesen: Ich hoffe, wir sind uns einig, dass diese Wallersheim-Methode trotz des Erfolgs keinen nachahmenswerten Ansatz darstellt und niemals ihren Weg in die therapeutische Arbeit finden sollte.

Extreme Ereignisse schweißen zumindest kurzfristig zusammen, das ist tatsächlich so, und das kennen wir ja auch aus diversen Filmen, in denen sich die getrennten Eltern häufig wieder versöhnen, wenn sie sich nur hinreichend Sorgen um ihre Kinder machen müssen.

In der Realität führt eine gemeinsame Sorge um jemanden bei vielen Menschen ebenfalls zu einer Art unausgesprochenem Waffenstillstand. Langfristig wird so ein Ereignis aber leider nichts bewirken, wenn etwas Grundlegendes in der Beziehung fehlt oder nicht mehr stimmt. Dann kann eine professionelle Paarberatung helfen, und falls nicht, habt ihr es zumindest versucht und könnt die Beratung nutzen, um im Guten auseinanderzugehen.

Diese Variante der Trennungs- und Scheidungsberatung ist übrigens generell sinnvoll und wird viel zu selten genutzt. Wenn ich das anspreche, höre ich oft die Frage: »Wieso? Wenn wir uns ohnehin trennen oder schon getrennt haben, wozu denn dann noch eine Beratung? Dann isses doch zu spät!«

Es ist richtig, dass sich die Ehe in solchen Fällen wahrscheinlich nicht mehr retten lässt, obwohl es auch das schon gab. Aber selbst wenn klar ist, dass zwei Menschen kein Paar mehr sind und sein wollen, besteht dennoch oder gerade deshalb Beratungsbedarf. Denn meist sind wir ja Anfänger im Bereich Trennung und Scheidung und kennen uns nicht aus. Und was macht man sinnvollerweise, wenn man ein unwissender Anfänger ist? Genau, man holt sich Hilfe vom Profi.

Wenn ihr zu keiner Beratung gehen könnt oder wollt, dann kauft euch zumindest ein Buch zu dem Thema und lest es. Gemeinsam oder nacheinander, Hauptsache, ihr informiert euch.

Niemand erwartet, dass ihr im Moment der Trennung wisst, was nun genau zu tun ist, aber für eure Kinder möchtet ihr sicher auch in dieser Situation das Beste. Und dazu gehört, dass ihr euch bemüht, euren Ärger und euren Schmerz weit genug zur Seite zu räumen, damit ausreichend Platz für die Bedürfnisse eurer Kinder bleibt.

Jede Familie und jede Trennung ist natürlich anders, dennoch gibt es ein paar grundlegende Dinge, die ihr im Hinterkopf behalten könnt für den Fall, dass bei euch eine Trennung ansteht. Falls ihr euch gerade mittendrin befindet oder bereits länger getrennt seid und es eher schlecht bis katastrophal läuft, dann findet ihr im Folgenden vielleicht den ein oder anderen Hinweis, wie es zukünftig ein wenig besser und möglicherweise sogar gut werden kann.

Die Frage, wie man nach der Trennung Eltern bleiben kann, ist sehr komplex und in der Trennungssituation so wichtig, dass ich euch an dieser Stelle noch einmal darauf hinweisen möchte, dass es neben Beratungsstellen auch gute und ausführliche Ratgeber im Buchhandel zu kaufen gibt. Es ist sinnvoll, einen oder eventuell sogar zwei davon zu lesen.

Ein paar kurze Tipps möchte ich aber natürlich dennoch loswerden:

Sosehr ihr euch im Recht fühlen und wie blöd ihr euren Ex-Partner aktuell auch finden mögt, bitte bedenkt, dass eure Kinder euch beide lieben und dass sie eure Hilfe brauchen, um gut mit der Situation umgehen zu können. Deshalb: Unterstützt eure Kinder und helft ihnen bestmöglich, mit eurer Trennung fertigzuwerden!

Das könnt ihr tun, indem ihr beispielsweise eine Umgangsregelung findet, die den Bedürfnissen eurer Kinder am besten entspricht, indem ihr mit dem anderen Elternteil im Hinblick auf die Belange eurer Kinder im Gespräch bleibt und indem ihr kreative Wege findet, um so wenig Streit und Missverständnisse wie möglich aufkommen zu lassen.

Falls ihr euch in einer Phase befindet, in der ihr nichts für euren Ex-Partner tun wollt, weil der schließlich auch mal Rücksicht auf euch nehmen könnte und überhaupt voll doof ist, dann seid euch dessen bewusst, dass ihr mögliche Kompromisse und Zugeständnisse nicht für den temporär bescheuerten Ex auf euch nehmt, sondern für eure geliebten Kinder.

Ich erwähnte es an anderer Stelle bereits: Es hilft generell, einen Tunnelblick auf eure Kinder zu haben. Was ist augenblicklich wichtig für sie? Was brauchen sie, um so gut wie möglich durch die Trennungsphase zu kommen? Und wie könnt ihr ihnen bestmöglich helfen?

Wenn ihr ausschließlich auf eure Kinder schaut und alles andere ausblendet, werdet ihr ganz bestimmt das Richtige tun.

Aus meiner langjährigen Erfahrung mit Trennungs- und Scheidungsfamilien, sowohl im Rahmen der gerichtlichen Begutachtung als auch in der Beratung, weiß ich, dass das Wichtigste für eure Kinder ein Umfeld ist, in dem sie ihre Eltern weiterhin lieben dürfen – alle beide!

Das ist essenziell.

Lasst euren Kindern die Liebe!

Und weil ich seit einigen Jahren selbst in einer Patchworkfamilie lebe, möchte ich außerdem hinzufügen: Lasst eure Kinder auch die neuen Partner der Eltern mögen. Eine Bonus-Mutter und ein Bonus-Vater können eine großartige Bereicherung für das Leben eurer Kinder sein.

Seht es mal so: Wie wundervoll, wenn da noch weitere Bezugspersonen sind, die eure Kinder lieb haben und sich bemühen, sie glücklich zu machen!

Um euren Kindern die Liebe zu beiden Elternteilen zu lassen, nehmt also unbedingt Abstand davon, den anderen Elternteil vor ihnen schlechtzumachen. Tut das nicht!

Im Hinblick auf diesen Punkt werde ich oft gefragt, was zur Hölle man tun soll, wenn sich der Ex aber nun mal wieder total danebenbenommen hat. Lasst mich diesbezüglich von Herrn Stahnke erzählen.

Er kam zu mir in die Trennungs- und Scheidungsberatung, weil seine Ex-Frau und er auch drei Jahre nach der Trennung noch immer Probleme mit der Regelung des Umgangs hatten.

Herr Stahnke zeigte sich bemüht, eine gute Lösung für alle zu finden, und stimmte gemeinsamen Gesprächen mit seiner Ex-Frau ohne größere Gegenwehr zu. Alles in allem waren das gute Voraussetzungen.

Mir fiel allerdings auf, dass Herr Stahnke eine ziemlich schlechte Meinung von der Mutter seiner Tochter hatte, die er mir ungefragt und beinahe reflexartig mitteilte. Als ich beispielsweise fragte, ob wir den Termin für das gemeinsame Gespräch auf den Abend legen sollten, um es den beiden berufstätigen Eltern einfacher zu machen, ihn wahrzunehmen, antwortete Herr Stahnke: »Ja, das wäre toll. Danke schön. Obwohl es für meine Ex-Frau im Grunde egal ist – die wird so oder so zu spät kommen. Wie immer halt.«

Bei der Frage, inwieweit Sarah, die zehnjährige Tochter, von den Problemen der Eltern wisse, erklärte Herr Stahnke: »Sarah lebt bei meiner Ex und bekommt dort leider viel zu viel mit. Stefanie bespricht einfach alles mit ihr. Unmöglich find ich das!«

Ich bestätigte Herrn Stahnke, dass es tatsächlich nicht gut für Sarah sei, wenn ihre Mutter die Erwachsenenprobleme mit ihr erörtere.

Das ist es im Übrigen nie. Weder in einer Scheidungssituation noch sonst wann ist es eine gute Idee, wenn wir Kinder zu unserem besten Kumpel oder der besten Freundin machen. Echt nicht.

Ich weiß, ich weiß: Es klingt doch so traumhaft, wenn beispielsweise Mutter und Tochter ganz harmonisch und freundschaftlich miteinander umgehen, zusammen shoppen gehen, über Jungs quatschen, Mädelsabende veranstalten und kichernd die Köpfe zusammenstecken … Schön.

Oder?

Oder vielleicht doch nicht?

Ich verstehe den Wunsch, eine innige Beziehung zu den eigenen Kindern aufzubauen. Das wünsche ich mir genauso. Natürlich. Ich liebe kaum etwas so sehr wie Verbundenheit und Harmonie. Trotzdem tragen wir als Eltern die Verantwortung und sollten diejenigen sein, die die Beziehung gestalten. Und im Rahmen dieser Beziehungsgestaltung ist es nun einmal unsere Aufgabe, *Eltern* zu sein. Das beinhaltet, dass wir unseren Kindern Halt geben und sie beschützen, statt sie auf die Erwachsenenebene zu zerren, um sie mit unseren Sorgen und Nöten zu belasten oder in unlösbare Loyalitätskonflikte zu bringen. Kinder, die von ihren Eltern wie beste Freunde behandelt werden, fühlen sich zudem meist für deren Gefühlslage verantwortlich und sind damit langfristig vollkommen überfordert.

Es mag hier, wie für so ziemlich alles, Ausnahmen geben, aber generell kann ich euch sagen: Wenn ihr euren Kindern etwas Gutes tun wollt, dann versucht, die besten Eltern der Welt zu sein, die freundlichsten, die verständnisvollsten, die, mit denen eure Kinder lachen, weinen und sich rundum wohlfühlen können.

Aber sucht euch Freundinnen und Freunde in eurem Alter. Und lasst eure Kinder beste Freundinnen und Freunde in ihrem Alter und ihrem Umfeld haben. Nehmt die Rolle der Mutter und des Vaters ein, denn davon haben eure Kinder nur eine beziehungsweise einen. Ihr seid einzigartig als Mutter und Vater. Werdet nicht die beste Freundin oder der beste Freund. Seid einfach die beste Version Mutter oder Vater, die ihr sein könnt. Das ist für alle Beteiligten viel wertvoller als eine beste Freundin oder ein bester Kumpel mit meist toxischen Nebenwirkungen.

In diesem Punkt also gab ich Herrn Stahnke recht. Allerdings sprach ich auch an, wie sehr mir seine negative Haltung gegenüber Sarahs Mutter im Laufe des Gesprächs aufgefallen war.

Herr Stahnke reagierte erstaunt.

»Aber Stefanie ist eben blöd! Ständig zieht sie Sarah in alles rein. Und außerdem kommt sie immer zu spät. Sogar wenn es darum geht, Sarah irgendwo abzuholen! Letztens stand meine Tochter eine halbe Stunde am Hauptbahnhof rum. Am Abend! Das ist doch unmöglich! Und Sarah hatte die ganze Zeit Angst, weil sie von einem Betrunkenen angequatscht wurde und …«

Herr Stahnke beschrieb diverse Situationen, in denen das Verhalten seiner Ex-Frau gegenüber Sarah pädagogisch zumindest zweifelhaft gewesen war. Meine Frage, ob es dementsprechend vielleicht gar nicht um eine angepasste Umgangsregelung, sondern um einen Wechsel des Lebensmittelpunktes von Sarah zu Herrn Stahnke gehen sollte, verneinte er jedoch vehement.

Nein, nein, sooo schlimm sei das ja nun auch wieder nicht. Sarah sollte natürlich weiterhin bei ihrer Mutter leben und ihn besuchen. Darauf hatten sie sich vor drei Jahren geeinigt, dabei sollte es auch bleiben, denn sooo dramatisch sei es natürlich nicht bei seiner Ex-Frau. Bloß eben nicht optimal, weil es für Sarah häufig nicht schön sei bei ihrer Mutter.

Ich erkundigte mich, woher er das wisse, schließlich sei er in diesen Situationen gar nicht dabei. Die Antwort lag natürlich auf der Hand, aber ich wollte sie von ihm hören.

»Na, Sarah erzählt mir das alles. Die muss ja mit jemandem reden können, wenn sie sich von ihrer Mutter alleingelassen fühlt!«

Damit hatte Herr Stahnke grundsätzlich recht. Wenn sich ein Kind alleingelassen fühlt, dann sollte es jemanden zum Reden haben. Und ganz sicher war die Situation am Bahnhof für das zehnjährige Mädchen schwierig gewesen. Das stand außer Frage.

Ich bat Herrn Stahnke, mir sein Gespräch mit Sarah so genau wie möglich zu schildern. Dabei wurde deutlich, dass sich Herr Stahnke und Sarah nur recht kurz über den eigentlichen

Vorfall unterhalten hatten. Sarah hatte lediglich erzählt, dass sie von diesem seltsamen Mann angequatscht worden war, weil ihre Mutter sie hatte warten lassen. Daraufhin hatte Herr Stahnke sich furchtbar aufgeregt, dass seine Ex *immer* zu spät komme, sich *nie* richtig um Sarah kümmere und das so einfach nicht gehe. Dann hatte er seine Tochter ganz genau dazu befragt, wann ihre Mutter sonst noch zu spät gekommen sei und ob vielleicht noch etwas anderes nicht so gut laufe, woraufhin Sarah ausführte, dass sie letzte Woche zu spät zur Schule gekommen sei, weil die Mama verschlafen habe, und außerdem am nächsten Wochenende bei der Oma übernachten müsse, obwohl sie das gar nicht wolle. Herr Stahnke fand das unmöglich. Und Sarah auch.

Und so ging es weiter und weiter.

Es war offensichtlich: Sarah bekam von ihrem Vater besonders viel Aufmerksamkeit und Bestätigung, wenn sie etwas Negatives über ihre Mutter berichtete, und bemerkte sicherlich, wie sehr Herr Stahnke es genoss, gemeinsam mit ihr auf seine Ex-Frau zu schimpfen.

Ich nahm mir vor, mit Sarahs Eltern insbesondere darüber zu sprechen, in welch unangenehme Situation sie ihre Tochter mit einem solchen Verhalten brachten: Frau Stahnke, die Sarah zur besten Freundin ernannt hatte und sie damit restlos überforderte. Und Herr Stahnke, der sich letztendlich ganz ähnlich verhielt, indem er mit seiner Tochter gemeinsam über ihre Mutter herzog.

Was für eine schwierige und belastende Situation für Sarah!

Herr Stahnke hätte seiner Tochter helfen können, wenn er differenzierter auf ihre Schilderungen reagiert hätte.

Durch unaufgeregtes genaueres Nachfragen hätte er beispielsweise erfahren, dass Frau Stahnke ihrer Tochter per SMS Bescheid gegeben hatte, dass sie sich verspäten werde. Viel wichtiger als die Verspätung der Mutter wäre überdies gewesen, mit Sarah darüber zu sprechen, wie sie sich gefühlt hatte, als der betrunkene Mann sie ansprach, und was genau sie daraufhin getan hatte. Es wäre eine gute Gelegenheit gewesen, Sarah für richtiges Verhalten zu loben oder mit ihr zu besprechen, was ihr in solchen Situationen für Handlungsmöglichkeiten zur Verfügung standen. Selbst wenn Herr Stahnke nicht genau gewusst hätte, was in so einer Situation am besten zu tun ist, hätte er das gemeinsam mit Sarah recherchieren können. Die Situation hätte großes Potenzial gehabt für die Vermittlung von höchst sinnvollem Wissen und eine gute Gelegenheit geboten für ein intensives Vater-Tochter-Gespräch.

Bei Sarahs Bemerkung, dass sie am Wochenende nicht bei ihrer Oma übernachten wolle, hätte Herr Stahnke ebenfalls diverse Möglichkeiten gehabt, andere Abzweigungen zu nehmen, statt mit seiner Tochter an der Hand den ausgetrampelten Wir-schimpfen-zusammen-auf-deine-Mutter-Pfad stur geradeaus zu stapfen. Er hätte beispielsweise nachfragen können, warum die Mutter keine Zeit für Sarah habe, und erfahren, dass sie sich beruflich weiterbildete – und gar nicht, wie von ihm vermutet, »wieder bis zum Morgen mit ihrer Schwester um die Häuser ziehen« wollte. Das wäre wiederum eine Gelegenheit gewesen, etwas zu Sarah zu sagen wie: »Ich verstehe, dass du es doof findest, dass Mama am Wochenende keine Zeit für dich hat. Andererseits ist es doch toll, dass sie diese Weiterbildung macht. Sicher würde sie lieber bei dir sein.«

Herr Stahnke hätte auch anbieten können, dass Sarah besagtes Wochenende bei ihm verbringen könne. Aber auf die Idee war er gar nicht gekommen, weil es für ihn ja darum ging, Sarah darin zu bestärken, etwas an ihrer Mutter blöd zu finden, um sich gemeinsam mit ihr darüber aufzuregen.

Herr Stahnke hätte sich zudem erkundigen können, warum Sarah nicht bei der Oma übernachten wolle, und dabei herausgefunden, dass seine Tochter im Grunde sehr gern dort war, aber einfach ein wenig herumschimpfen wollte, weil das ihrem Vater doch immer so gut gefiel.

In den gemeinsamen Gesprächen agierten Herr und Frau Stahnke zunächst verstockt und voller Vorwürfe dem anderen gegenüber, schafften es aber erfreulich bald, das eigene Verhalten kritisch zu betrachten und sogar Fehler zuzugeben. Eine sinnvolle Umgangsregelung war schnell gefunden, und ich war sehr froh, dass Sarahs Eltern auch danach weiter zur Beratung kamen, um wieder eine gemeinsame Basis zu finden, sodass Sarah nicht mehr belastet wurde durch den Loyalitätskonflikt, in den ihre Eltern sie ständig gebracht hatten.

Das ist eine der schönsten Seiten meiner Arbeit: wenn ich miterleben darf, wie sich eine Beziehung von einer verkrampften gegenseitigen Vorwurfshaltung in Richtung eines entspannten Miteinanders entwickelt. Es ist wundervoll, zu sehen, wie sich bei den Eltern Erleichterung breitmacht und sich dadurch sowohl ihre Körperhaltung als auch ihre Gesichtszüge verändern.

Es geht übrigens gar nicht darum, dass die getrennten Eltern ab sofort wieder diverse Familienfeste zusammen feiern, gemeinsame Unternehmungen starten oder gar erneut ein Paar werden. Das steht ihnen natürlich frei, wenn es für alle stimmig ist, aber solche Dinge geschehen eher selten. Und das ist vollkommen in Ordnung so. Es geht vielmehr darum, wieder mehr Leichtigkeit und Harmonie in das Leben aller zu bringen.

Wo das (noch) nicht so recht gelingt, wünsche ich mir von ganzem Herzen, dass getrennte und geschiedene Eltern zumindest eins schaffen: ihren Kindern zu erlauben, beide Elternteile weiterhin zu lieben – und sie in dieser Liebe nicht zu behindern, sondern von Herzen zu unterstützen.

ICH MUSS GAR NIX! — WIE MAN ZIELE ERREICHT, OHNE ZU SCHIMPFEN

»Meine Kinder sind Monster. Ich würde sie ja zur Adoption freigeben, aber die will garantiert keiner!« Tine stöhnte laut auf und vergrub den Kopf in den Händen.

»Also, ich finde Anna und Julian toll«, versuchte Katja, unsere Freundin zu beruhigen.

Die sah auf und strahlte. »Willst *du* sie haben? Ja? Ja??«

Ich musste lachen.

»Das ist nicht witzig«, maulte mich Tine beleidigt an.

»Nein«, gab ich zu. »Dass du deine Kinder loswerden willst, ist natürlich nicht lustig, aber …«

»Schon gut.« Tine lächelte schief. »Ich weiß. Von außen betrachtet und mit ein wenig Abstand ist diese Szene vielleicht schon ein klein bisschen …«

»… skurril«, vervollständigte ich ihren Satz. »Es ist skurril. Nicht lustig.«

»Könnten wir bitte zum Wesentlichen kommen?« Katja sah uns sorgenvoll an. »Ich finde das nämlich weder skurril noch lustig, sondern einfach nur traurig.«

Tine seufzte. »Ich muss ständig mit den beiden schimpfen. Das nervt dermaßen! Und bringen tut es auch nix!«

»Ach. Echt?« Ich konnte mir meine leicht patzig-ironische Frage nicht verkneifen, denn natürlich hatte ich schon das ein oder andere Mal die Bemerkung fallen lassen, dass Schimpfen nichts bringt außer mieser Stimmung.

»Bloß, weil du zwei Engel zu Hause hast, brauchst du hier nicht so … Dings!« Tine verschränkte die Arme und funkelte zu mir herüber.

»Hört sofort auf damit!« Katjas große Kulleraugen weiteten sich zum Trauriger-Welpe-Blick, und sofort fühlten wir uns mies.

»'schuldigung«, murmelten wir, und Katja kicherte.

»Mein herzzerreißender Hundeblick funktioniert noch immer. Das ist gut.«

»Boah!« Tine warf das Sofakissen nach Katja, erwischte aber ihre Kaffeetasse und richtete eine mittelschwere Überschwemmung auf dem Couchtisch an. Und das bei Katja, die doch so viel Wert auf Sauberkeit und Ordnung legte!

»Tut mir leid«, rief Tine ihr zerknirscht hinterher, denn Katja war natürlich bereits auf dem Weg in die Küche, um Lappen und Reinigungsmittel zu holen. Ich hatte den Verdacht, dass sie ein extra Kaffeefleck-weg-Spray für Möbel und noch mal eins speziell für Sofakissen besaß. Niemand kannte sich mit Putzkram so gut aus wie sie – und besaß so viele verschiedene Schwämme, Lappen und Präparate.

Das Putzmittel, das sie dieses Mal benutzte, hatte übrigens kein Etikett. Offenbar handelte es sich um eine Spezialanfertigung.

Tine und ich blieben sitzen, während Katja wortlos alles sauber machte. Aus Erfahrung wussten wir, dass wir Katja weder helfen konnten noch durften, weil wir es nicht genauso wie sie gemacht hätten und somit falsch. Ich fand das zwar ungerecht und verschroben, hatte mich aber daran gewöhnt, und auch Tine hatte Katjas Putzwahnsinn längst akzeptiert.

Als alles wie gewohnt blitzte, holte Katja frischen Kaffee, stellte Tine eine neue Tasse hin und sah sie streng an. »Wir benutzen Sofakissen nur zum Anlehnen oder Hineinbrüllen.«

»Jawohl.« Tine grinste verschämt.

»Perfekt!«, rief ich. Und ergänzte auf die verwirrten Blicke hin: »Schau, Katja war gerade das perfekte Vorbild für dich, Tine. Sie hat nicht geschimpft, sondern dir gesagt, was du tun sollst, statt mit Kissen zu werfen: nämlich dich anlehnen oder hineinbrüllen. Genau *so* ist es perfekt.«

Katja konnte sich ein stolzes Lächeln nicht verkneifen, während Tine mich mit hochgezogenen Brauen ansah. »Ist das dein Ernst?«

»Ja.«

»Ich soll also nicht schimpfen, sondern stattdessen wortlos die Sauerei wegputzen und dann sagen, dass Anna und Julian Sofakissen gefälligst zum Anlehnen oder Hineinbrüllen verwenden sollen?«

»Ohne ›gefälligst‹. Ansonsten: ja.«

»Aha.«

Ich wartete. Da würde noch ein »Aber« kommen. Ich kannte Tine inzwischen gut genug.

»Aber …«, erklang es auch sofort, »was sag ich, wenn Anna wieder ihr Frühstücksbrötchen zerbröselt oder Julian an der Kasse einen Schreikrampf bekommt oder die beiden streiten oder Anna permanent die Türen knallt?«

»Du hast ja echt zwei Monster daheim.« Katja klang beeindruckt.

»Glaub ich nicht«, erklärte ich.

»Adoptier sie. Dann wirst du's sehen«, kam es von Tine mit Grabesstimme.

»Ich bin mir sicher, dass es keine Monster sind. Dazu muss ich sie nicht adoptieren.«

»Doch! Adoptier sie! Jetzt sofort!«

»Okay.«

»Okay??«

»Wenn du sie in ein paar Wochen noch immer loswerden willst, adoptier ich sie.«

»Versprochen?«

»Versprochen.«

Katja sah von einer zur anderen. »Ihr habt sie doch nicht mehr alle.«

»Gut möglich.«

»Na, immerhin seht ihr es ein.« Katja grinste. An mich gewandt fuhr sie fort: »Kannst du dann jetzt erklären, wie Tine das ohne Schimpfen machen soll, dass Anna nicht mehr ihr Frühstücksbrötchen zerkrümelt?«

»Nee.«

»Was?«

»Nee, kann ich nicht«, erwiderte ich und fügte als Erklärung hinzu: »Weil Kinder nun mal keine Waschmaschinen sind, die alle nach dem gleichen Muster funktionieren und die man in Nullkommanix reparieren kann, wenn sich mal eine Schraube löst. Ein Kind ist viel komplizierter und steht zum Beispiel nicht allein im Waschkeller rum wie die Waschmaschine, sondern interagiert mit Eltern, Geschwistern, anderen Kindern ...«

»Du kannst Waschmaschinen reparieren?« Tine sah mich höchst erstaunt an.

»Nee.«

»Aber du hast doch gerade ...«

»Ich wollte damit nur sagen, dass man nicht einfach in der Gebrauchsanleitung unter ›Z‹ wie ›Zerkrümelt ihr Brötchen‹ nachschauen und dann auf den entsprechenden Knopf drücken kann, und schon ist das Problem behoben.«

»Kein Wunder, dass du keine Waschmaschinen reparieren kannst«, kam es trocken von Tine. »Wenn du meinst, dass man da auf einen Knopf ...«

»Hört auf mit dem Waschmaschinengedöns! Ich will jetzt wissen, was man macht, wenn das Kind Brötchen zerkrümelt!« Katja warf uns beiden leicht genervte Blicke zu.

Ich startete also einen erneuten Erklärungsversuch: »Das kann man eben so pauschal nicht sagen, weil man nicht weiß, *warum* das Kind das Brötchen zerbröselt und …«

»Doch, weiß man«, kam es wie aus der Pistole geschossen von Tine. »Aus Boshaftigkeit!«

»Äh … Nein.«

»Wie, nein? Du kannst nicht einfach ›Nein‹ sagen. Eben hast du behauptet, man wüsste nicht, warum das Kind das Brötchen zerbröselt, und jetzt meinst du, du wüsstest, dass es das nicht aus Boshaftigkeit tut, dabei …«

»Klar weiß ich, dass Anna das nicht aus Boshaftigkeit tut. Anna ist …«

»… ein Monster! Und *du* hast gesa-hagt, dass man nicht wissen kann, warum …«

»Himmel, Tine, ich kenne Anna seit ihrer Geburt. Da weiß ich natürlich ein bisschen mehr als bei einem völlig fremden Kind. Aber selbst bei dem wäre ich mir ziemlich sicher, dass Boshaftigkeit nicht der Grund für das Zerbröseln …«

»Du ziehst also vorschnell Schlüsse! Und du glaubst, Anna zu kennen, obwohl dir trotz Psychologiestudium bisher entgangen ist, dass sie kein Kind, sondern ein Monster ist. Was bist du eigentlich für eine miserable Psychologin?«

»Hört sofort auf mit eurem albernen Rumgestreite und lasst euch gegenseitig ausreden!« Katja funkelte uns beide an, als wollte sie uns gleich ohne Abendessen ins Bett schicken.

»Katja hat recht«, sagte ich. »Und sie hat es schon wieder richtig gemacht.«

Katja strahlte. »Hab ich?«

»Hast du.«

»Echt jetzt?«

»Ja, echt jetzt. Du hast klar gesagt, was wir lassen sollen, und sofort hinterhergeschoben, was wir stattdessen machen sollen. Das vergessen Eltern nämlich oft. Und es ist super, dass du das offenbar automatisch machst und nach dem ›Hör auf damit‹ ein ›Mach stattdessen das‹ formulierst.«

»Das ist echt toll«, antwortete Katja mit einem Seufzen. »Ich hab nämlich gar nicht das Gefühl, dass ich so was gut kann, und frag mich immer …«

»Sag es nicht!«, unterbrach Tine Katja leicht gereizt. »Hör auf, dauernd an dir zu zweifeln und darüber nachzugrübeln, was für eine miese Mutter du bist! Erstens bist du das überhaupt gar nicht und solltest das auch wissen! Und zweitens fühl ich mich dann jedes Mal ganz furchtbar, weil, wenn du eine miese Mutter bist, dann bin ich eine einzige Katastrophe! Und das will ich nicht sein!«

Katja sah Tine schuldbewusst an. »Tut mir leid. Ich … ich fühl mich halt manchmal so … äh …«

»Ja, genau: ›äh‹.« Tine versuchte, Katja böse anzuschauen, aber ich sah, dass sie jeden Moment breit grinsen würde. Und da erstrahlte es auch schon, das typische Tine-Lächeln. »Ach, Katja, es ist doch nur … schau, du machst doch alles super. Hör auf, ständig an dir zu zweifeln.«

»Jawohl. Trotzdem musst du mir jetzt noch sagen, was ich stattdessen tun soll, oder, Sophie?«

»Stimmt.«

»Na, dann finde dich stattdessen bitte so toll, wie du bist«, sagte Tine ungewohnt liebevoll.

Katja lächelte. »Ich versuch's.«

»Gut.« Tine wandte sich mir zu. »Wann genau adoptierst du meine Monster?«

Katja stöhnte auf, und ich musste lachen.

»Wenn du sie in ein paar Wochen noch immer loswerden willst, dann adoptier ich sie. Versprochen.«

»Okay. Ein paar Wochen halt ich noch durch.«

Katja konnte einfach nicht ertragen, wie Tine über ihre Kinder sprach – auch wenn es im Spaß war –, und lenkte das Gespräch in professionellere Bahnen: »Also, Sophie, wenn Tine jetzt in deine Praxis gekommen wäre, was würdest du ihr sagen?«

Tine antwortete für mich: »Sophie würde mir erklären, dass man nicht so genau sagen kann, warum sich die Monster so nervtötend verhalten, sie sie aber in ein paar Wochen adoptieren wird. Und das nach dem langen Studium und den vielen Zusatzausbildungen. Mannomann …«

»Ach, hör auf. Mich interessiert das wirklich.«

»Also gut«, begann ich. »Ich würde natürlich erst einmal die Rahmenbedingungen erfragen, aber die kenne ich bei Tine ja.«

»Und dann?«

»Dann würde ich mich nach dem genauen Grund für den Termin bei mir erkundigen.«

»Monster im Haus. Adoption. Fertig«, kam es von Tine.

»In einer Beratungsstelle hättest du es vermutlich anders ausgedrückt und erzählt, dass deine Kinder momentan viele nervtötende Angewohnheiten haben und du ständig schimpfst und sich nichts ändert.«

»Weshalb die Adoption eine Spitzenidee ist.«

Katja stöhnte erneut, und ich ging über Tines Bemerkung hinweg. »Wenn ich grob weiß, wie die Lebensumstände sind und was der Grund ist, die Beratung aufzusuchen, frage ich in der Regel, was gut läuft und welche schönen gemeinsamen Momente es gibt.«

»Ich weiß, warum!« Katja war ganz bei der Sache, während Tine sich in die Ecke des Sofas gelümmelt hatte und »Streber« in ihre Richtung murmelte.

»Du weißt das genauso, Tine, denn du warst dabei, als Sophie mir mit Floris Morgenträdelei geholfen hat.«

»Funktioniert bei mir nicht. Ich hab versucht, mir vorzustellen, dass die alle tot sind, aber ich bin zu genervt, um das wirklich schlimm zu finden.«

»Tine!« Katja war ehrlich schockiert, und ich erkannte hinter Tines flapsigen Bemerkungen, wie schrecklich die Situation momentan sein musste.

»Im Erstgespräch verzichte ich in der Regel auf den Tipp, sich vorzustellen, alle seien tot. Das hebe ich mir für spätere Sitzungen auf. Stattdessen frage ich, wie gesagt, was gut läuft, um den Blick der Eltern darauf zu lenken, dass nicht alles scheiße ist.«

»Aber wenn doch alles scheiße ist!«, rief Tine genervt.

»Ist es eben nicht.«

»Ist es doch!«

»Nein.«

»Doch!«

»Tine, bitte gib mir eine Chance, es zu erklären.«

»Hm.«

»Bitte.«

»Naaa gut.«

»Also, als Beispiel: Wisst ihr noch, diese schlaflosen Nächte, als unsere Kinder Babys waren?«

Katja nickte, während Tine etwas von »Damals waren sie noch klein und niedlich« murmelte. Sie erntete einen strafenden Blick von Katja und schob dann ein »Ja, ja, ich erinnere mich« hinterher.

»Gut. Damals hatten wir ja oft das Gefühl, unser Kind hätte die ganze Nacht geschrien. Einfach weil es sooo furchtbar war, weil wir uns so machtlos gefühlt haben und so wahnsinnig müde waren und überhaupt.«

»O Gott, ich erinnere mich.«

»Ich mich auch. Und wenn jemand in meine Praxis kommt und erzählt, dass das Kind seit Tagen oder gar Wochen ganze

Nächte lang brüllt und *nie* schläft, dann weiß ich, dass es sich für denjenigen zunächst einmal wirklich so anfühlt. Aber noch nie war es tatsächlich so, dass das Baby die ganze Nacht geschrien hat, und schon gar nicht über Wochen hinweg.«

»Woher willst du das denn wissen?«

»Weil ich die Eltern bitte, die Schlafenszeiten und die Brüllzeiten genau zu notieren. Sodass man hinterher in einem Diagramm sehen kann, wann das Kind geschlafen hat, wann es gebrüllt hat und wann es vielleicht weder das eine noch das andere getan hat. Beim Schreien von Säuglingen ist das allein schon deshalb wichtig, weil man dringend zum Arzt gehen sollte, falls das Baby tatsächlich die gesamte Nacht weint.«

»Ich versteh schon, was du meinst. Klar schreit das Baby nicht komplett durch. Dann wäre man ja total unverantwortlich, wenn man nicht irgendwann einen Arzt rufen oder in die Klinik fahren würde, aber todmüde bin ich dann halt trotzdem.«

»Stimmt. Und den meisten Menschen hilft es, wenn sie sehen, dass sie immerhin vier Stunden Schlaf hatten. Das ist besser als nix. Und vor allem erkennen sie, dass unsere Wahrnehmung trügerisch ist. Manchmal schwört man, dass etwas ›immer‹ oder zumindest ›fast immer‹ passiert, um dann erstaunt festzustellen, dass es doch nur ›manchmal‹ vorkommt.«

»Hm. Stimmt schon.«

»Also, dieses genaue Beobachten ist generell sehr hilfreich. Meistens ändert sich allein dadurch schon etwas. Aber selbst wenn nicht, ist es erhellend, wenn ich meine Notizen anschaue und bemerke, dass Amelie durchschnittlich nur zweimal pro Woche zu spät nach Hause kommt und eben nicht jedes Mal, wie ich dachte.«

»Wie, es verändert sich, wenn ich es beobachte? Kapier ich nicht.« Ich sah Tine an, dass sie überlegte, inwieweit Anna seltener die Tür zuknallen würde, wenn sie eine Strichliste führte.

»Ich hab mal ein Haushaltsbuch geführt«, meldete sich Katja zu Wort. »Das war krass. Also, ich hab wirklich jeden Cent aufgeschrieben, den wir ausgegeben haben, um einfach mal einen Überblick zu kriegen. In diesen zwei Monaten habe ich eine Menge Geld gespart, weil ich jedes Mal, wenn ich was kaufen wollte, daran gedacht hab, dass ich es dann ja eintragen muss in das Haushaltsbuch und …«

»… und da haste dann nix mehr gekauft, damit du beim Wenig-Geld-ausgeben-Wettbewerb gewinnst?«

»Genau!«

»Und bist du dabei geblieben, als du kein Haushaltsbuch mehr geführt hast?«

»Äh. Nee.« Katja guckte schuldbewusst.

Tine musste lachen. »Sophie, ich weiß ja nicht … Scheint, als würde die Methode nur funktionieren, wenn man bis in alle Ewigkeit alles aufschreibt.«

Ich schüttelte den Kopf. »Nein, in erster Linie geht es darum, dass du schwarz auf weiß siehst, dass Anna die Türen lediglich in 45 Prozent der Fälle zuknallt und Julian nur bei jedem dritten Einkauf an der Kasse rumquengelt.«

»Okay. Ich hab's verstanden.«

»Gut.«

»Und wie geht's dann weiter?« Katja hatte tatsächlich Zettel und Stift geholt, um mitzuschreiben.

»Streber«, murmelte Tine gutmütig.

»Ich hab da kein starres Konzept, weil ja jeder …«

»… weil ja jeder anders ist, ich weiß. Ich will dich auch gar nicht auf irgendwas festnageln, Sophie. Ich will … einfach was lernen.« Katja sagte das mit einem vorsichtigen Seitenblick auf Tine.

Aber die grinste nur und meinte: »Keine Sorge, Katja. Ich mag dich, auch wenn du ein Streber bist.«

»Also, überlegen, was gut läuft, aufschreiben, wie oft tatsächlich Türen geknallt werden, und dann?«

»Dann versuche ich gemeinsam mit den Eltern herauszufinden, was das Ziel sein soll.«

»Das liegt doch auf der Hand: kein Gequengel an der Kasse, kein Zerbröseln von Brötchen, kein Türenknallen, kein Streit, kein Stören, wenn die Mutter telefoniert. Fertig.«

»Das ist kein Ziel.«

»Doch!« Tine verschränkte die Arme und guckte grimmig, wodurch sie wie ein trotziger Teenager wirkte.

Ich verkniff mir ein Grinsen. »Nein, weil …«

»Okaaay, dann sind es eben mehrere Ziele. Ich nehm nur eins: kein Türenknallen.«

»Das ist zwar immer noch kein Ziel, aber sehr leicht zu einem zu machen.«

»Hä?«

»Ein Ziel sollte positiv formuliert sein. Das ist alles.«

»Wie jetzt?«

»Ich weiß, ich weiß!« Katja hüpfte aufgeregt in ihrem Sessel auf und ab. Sie hatte sich offenbar ebenfalls in einen Teenager verwandelt – und zwar in einen …

»Streber«, kam es da ganz richtig von Tine.

»Ach, du ärgerst dich ja nur, weil du nicht draufgekommen bist.« Zu mir gewandt fuhr Katja fort: »Das Ziel lautet: Anna macht die Türen leise zu.«

»Stimmt.«

»Ha!« Es fehlte nur noch, dass Katja ein Fleißkärtchen verlangte …

Tine sah mich ausdruckslos an. »Das ist doch logisch. Kein Türenknallen ist gleich ›Türe leise zumachen‹.«

»Genau. Und es ist hilfreich, es dann auch so auszusprechen. Wie gesagt, da ist es einfach, positiv zu formulieren. Aber nimm zum Beispiel: kein Streit. Wie wäre das als Ziel zu …«

»Anna und Julian sollen sich vertragen!«, antwortete Katja wie aus der Pistole geschossen.

Tine stöhnte auf. Und ich musste lachen.

»Katja«, sagte ich. »Hör auf damit. Bitte. Tine fängt sonst an, mit Papierkügelchen auf dich zu schießen, oder zündet deinen Schulranzen an.«

»Gute Idee …«, kam es gespielt grimmig von Tine.

»'schuldigung.« Katja schien ehrlich zerknirscht.

»Schon gut, du Streber.« Tine grinste.

»Ich reite auf dieser Zieldefinition immer recht lange herum, weil es wichtig ist zu wissen, was man eigentlich will. Nicht nur bei der Erziehung, aber da eben besonders.«

»Ich weiß genau, was ich will. Ich …«

Katja unterbrach Tine: »Ich weiß, ich bin ein Streber. Aber ich will jetzt endlich wissen, wie Sophie das macht, *und* ich will nicht noch mal hören, dass du deine Kinder loswerden möchtest.« Katja stockte und sagte dann mit einem Beifall heischenden Blick zu mir: »Bitte sei still und lass Sophie ausreden – hab ich gut formuliert, gell?«

Tine stöhnte und lachte gleichzeitig. »Ich bin still, wenn die Strebertante da auch den Mund hält.«

»Deal. Wir schweigen beide und sprechen nur, wenn wir gefragt werden. Mach weiter, Sophie.«

Ich sah meine Freundinnen an und schüttelte lachend den Kopf. Das war eine groteske Situation. Was war ich gerade? Lehrerin, Therapeutin, Freundin, alles zusammen? Egal. Ich freute mich, dass ich die Gelegenheit hatte zu helfen.

»Also, es ist wichtig, dass wir genau wissen, was wir wollen. Nicht, was wir nicht wollen, sondern was wir wollen.«

Ich sah, dass Tine kurz davor war, wieder mit diversen Fragen und Bemerkungen rauszuplatzen, und sprach schnell weiter: »Häufig wissen wir, was wir alles nicht wollen. Das ist gut und wichtig, aber als Zielvorgabe taugt das nix. Dafür brauchen wir etwas positiv Formuliertes. So was wie: Meine Kinder sollen die Türen leise zumachen. Bei dem Wunsch, dass die

Kinder nicht streiten sollen, wird es schon schwieriger und auch individueller. Denn da müssen wir uns die Frage stellen, was die Kinder denn stattdessen tun sollen.«

Nun war es Katja, die sich die Hand vor den Mund halten musste, weil es ihr so schwerfiel, still zuzuhören.

»Ich weiß, dass du gesagt hast, dass sie sich vertragen sollen, Katja. Und das ist positiv formuliert. Allerdings bleibt unklar, wie das aussehen soll. Für den einen bedeutet es vielleicht, dass sich die beiden einfach aus dem Weg gehen und nicht miteinander sprechen. Für den anderen wäre das Ziel, dass sich die Kinder zusammen an einen Tisch setzen und einen Kompromiss finden, wenn sie sich streiten. Oder dass sie sich stattdessen umarmen. Oder, oder, oder. Das kann und soll jedes Elternpaar für sich herausfinden und formulieren. Solange es keine Ziele sind, die das Kindeswohl gefährden oder sonst wie unmöglich sind, sind der Kreativität keine Grenzen gesetzt. Wichtig ist bloß, dass das Ziel so klar wie möglich formuliert ist.«

»Das ist aber schwierig«, murmelte Katja.

»Mal mehr, mal weniger«, erwiderte ich. »Aber auch bei komplexen Sachverhalten lässt sich immer ein Ziel finden. Tine, wenn sich Anna und Julian nicht mehr streiten würden, wie sollte das aussehen? Also, wenn du einen Film anschauen würdest von deiner Familie, in dem alles so ist, wie du es dir wünschst, was würden Anna und Julian dann tun?«

»Und sag nicht, dass sie ihre Sachen packen und zu ihren neuen Adoptiveltern abhauen würden. Wenn du jetzt so was sagst, dann … dann schrei ich!« Katja schien wild entschlossen, Tine dazu zu bringen, diese Idee ein für alle Mal unerwähnt zu lassen.

Die lachte. »Ha! Das war jetzt pädagogisch voll daneben, stimmt's, Sophie? Katja hat bloß gesagt, was ich nicht tun soll, und dann auch noch dummes Zeug angedroht. Ich würd's ja gern ausprobieren, aber Katjas Geschrei will ich uns nun wirklich nicht zumuten.« Sie kicherte. Und glücklicherweise stimmte Katja in das Gekicher ein.

»Also«, ermutigte ich sie. »Was würden wir in dem Film sehen?«

»Hm …« Tine überlegte. »Also, der Film ›Anna und Julian voll gar nicht am Streiten‹ … Ich glaub, sie würden zusammen eine Dinolandschaft im Garten bauen wie früher. Oder nebeneinander auf dem Sofa sitzen und Bilderbücher anschauen. Oder Picknick unterm Tisch veranstalten. Das war immer so schön.« Tine schluckte. »Boah, *fuck!* Jetzt bringste mich auch noch zum Heulen. Mann, ey!«

Katja stand auf und setzte sich neben Tine aufs Sofa.

»Nicht in den Arm nehmen!« Tine starrte sie böse an. Dann grinste sie unter Tränen, zeigte auf den Sessel, in dem Katja bis eben gesessen hatte, und sagte: »Geh wieder auf deinen Platz. Sofort.«

So lautete eigentlich Katjas Befehl für Anton, den Golden Retriever, wenn er mal wieder fand, dass er der Erste sein müsse, der Besucher begrüßte, oder dem Postboten erklären wollte, dass er nicht erwünscht sei.

»Das war perfekt, Tine.« Ich schenkte ihr ein Lächeln.

»Ha!« Sie wischte sich die Tränen weg und strahlte. »Also, wie mach ich das jetzt? Das Ziel ist, dass die beiden wieder wie früher miteinander spielen?«

»Ja, so ähnlich. Es ist natürlich kein so klares Ziel wie das leise Schließen der Türen, aber immerhin weißt du jetzt, was du willst, und nicht nur, was dich nervt und was aufhören soll. Wie wäre es, wenn du für dich als Ziel formulierst: ›Anna und Julian gehen freundlich miteinander um‹? Das ist zwar nicht so konkret, wie es sein sollte, aber zumindest positiv ausgedrückt und etwas, das du dir vorstellen kannst.«

»Ja.« Tine lächelte. »Das klingt schon mal gut.«

»Toll«, warf Katja strahlend ein. »Dann haben wir schon zwei Ziele. Machen wir aus dem anderen Kram auch noch welche?«

»Klar. Wir werden zwar nicht alle gleichzeitig verfolgen können, denn sonst drehen wir vermutlich durch, aber es ist sinnvoll, für sich zu üben, wie man Dinge positiv formuliert. Denn leider sind wir viel mehr daran gewöhnt zu sagen, was wir nicht wollen oder was jemand nicht tun soll, als klar auszudrücken, was wir uns wünschen. Dabei ist das gar nicht schwer, sondern tatsächlich reine Übungssache. Übrigens hilft das positive Formulieren in allen Bereichen des Lebens. Zum Beispiel in der Partnerschaft. Da kann man wunderbar gemeinsam üben. Und wenn man sich mal dran gewöhnt hat, ist es echt leicht und macht vor allem viel mehr Spaß.«

»Okay, dann wäre keine Brötchen zu zerkrümeln … äh …« Während Tine nachdachte, warf ich Katja einen warnenden Blick zu, denn ich hatte Sorge, Tine, die nun doch ernsthaft mitmachte, würde sofort wieder damit aufhören, wenn Katja erneut das Wort an sich reißen würde. Aber die lächelte mich an und nickte. Sie hatte verstanden.

»Also …« Tine stöhnte. »Das ist ja schrecklich! Mir fallen ausschließlich negative Sachen ein. Nicht mit dem Essen spielen. Nicht herumbröseln. Nicht, nicht, nicht. Boah!«

»Gewohnheiten zu ändern ist schwer. Immer. Für jeden.«

»Ja, klar. Aber wieso bin ich denn so … blöd?« Tine saß zusammengesunken in ihrer Sofaecke und sah sehr unglücklich aus.

»Du bist nicht blöd. Red nicht so über meine Freundin!«

»Genau«, stimmte Katja mir zu. »Sprich nicht so über dich. Sonst kriegst du es mit uns zu tun!«

Tine lachte. »Ihr könnt das mit dem positiv Formulieren ja auch nicht!« Dann stockte sie und schaute misstrauisch. »Oder war das Absicht, damit ich mich nicht so blöd fühle?«

»Nein«, beruhigte ich Tine. »Das war keine Absicht. Wir sind gewohnt, so zu kommunizieren. Und das ist auch nicht schlimm, solange wir in wichtigen Momenten die positive Variante hinkriegen. Also: Bitte sei geduldig und freundlich zu dir, Tine. Okay?«

»Na gut.« Sie seufzte. »Also … Wie wäre das: Wenn du fertig bist mit dem Essen, leg dein Brötchen weg. Ginge das?«

»Na klar.«

»Yeah! Ich kann's doch! Okay, weiter: Wenn jemand telefoniert, sind wir leise und … warten, bis derjenige fertig ist.«

»Super.«

»Ha! Ich hab einen Lauf! Jetzt die Quengelei an der Kasse. Ähm … Mist. Moment.«

Ich beobachtete meine Freundin, wie sie dasaß und hoch motiviert daran arbeitete, die Situation für ihre Kinder und sich selbst zu verbessern. Tine, die sonst eher dem Chaos zugewandt war als klaren Regeln oder achtsamen Formulierungen, bemühte sich nach Kräften, ihre alten Gewohnheiten zu ändern.

Wäre das ein Film gewesen, hätte diese Szene mit bedeutsam-emotionaler Musik untermalt sein müssen …

»Ich hab's! Passt auf: Wenn wir etwas haben möchten, sagen wir das in einem normalen Tonfall! Das ist eine Superregel, denn damit hab ich das gesamte Gequengel abgedeckt, egal, um was es geht. Das nervt mich nämlich ohne Ende. Ist das gut, Sophie? Ja?«

»Ja, das ist super. Und nebenbei eine sehr häufig verwendete Regel. Das Quengelproblem haben nämlich viele Eltern.«

»Stimmt«, schaltete sich Katja ein. »Das hab ich auch oft. Warum quengeln deine beiden eigentlich nicht, Sophie?«

»Weil Sophie 'ne Psychotante ist und immer alles richtig macht«, kam es von Tine, die wieder ganz die Alte war.

»Ihr wisst genau, dass bei mir nicht alles perfekt läuft und ich auch nicht immer alles richtig mache. Ich weiß nur meistens schneller, wenn ich was verbockt habe und wie ich es besser machen könnte. Aber theoretisches Wissen ist eben nur theoretisch. Die Kunst ist, das dann auch auf die Handlungsebene zu übertragen. Und dabei versage ich genauso wie ihr.«

»Trotzdem quengeln deine beiden nie.«

»Ja. Weil ich das sooo unfassbar nervig finde. Und Sven zum Glück auch. Also haben wir jegliche Quengelei immer sofort im Keim erstickt. Aus purem Egoismus.«

Tine kicherte. »Das klingt, als hättet ihr Amelie und Lotta beim leisesten Anflug von Genöle sofort den Mund zugehalten.«

»Haben wir nicht. Aber wir haben bereits beim ersten Quengelton reagiert und gesagt, dass sie bitte normal mit uns sprechen sollen, und sehr darauf geachtet, das Quengeln nicht zu verstärken. Wow!«

»Wow?«

Ich grinste. »Ich bin gerade von mir selbst beeindruckt. Ich krieg selten so eine tolle Überleitung hin.«

»Die du mit deinem ›wow‹ sofort selbst wieder zerstört hast«, meinte Tine trocken.

»Äh. Ja. Mist.«

Ich seufzte, bevor ich Tine und Katja erklärte, dass es neben dem Blick auf all das, was gut läuft, und den positiv formulierten Zielen genauso wichtig ist, Kinder nicht für ein Verhalten zu belohnen, das uns nicht gefällt. Kinder lernen ja ständig – sozusagen immer und überall. Im Grunde ist das ganz wunderbar, führt allerdings dazu, dass wir ihnen hin und wieder versehentlich Dinge beibringen, von denen wir gar nicht wollten, dass unsere Kinder sie lernen. Quengeln zum Beispiel. Das kann beispielsweise passieren, wenn wir Eltern ein wichtiges Telefonat führen müssen, denn während wir gerade so bedeutsam am Hörer kleben, langweilt sich unser Kind, und in solchen Momenten sind wir manchmal nicht die allerbesten Pädagogen.

Schauen wir doch einfach mal bei Frau Krüger und dem fünf-jährigen Ben vorbei.

Frau Krüger muss heute dringend mit einem unzufriede-nen Kunden telefonieren, aber Ben konnte nicht wie geplant zu seinem Freund gehen und ist zu Hause. Im Augenblick beschäf-tigt er sich mit seinen Spielzeugautos. Ein guter Moment, denkt sich Frau Krüger und wählt die Nummer des Kunden.

Allerdings hört Ben schon nach wenigen Minuten damit auf, seine Spielzeugautos zu sortieren, und kommt in die Küche, wo seine Mutter telefoniert. Er fragt, ob er Gummibärchen haben darf. Frau Krüger legt den Finger auf den Mund, um Ben zu signalisieren, dass er leise sein soll, und schüttelt den Kopf. Ben trollt sich daraufhin und beginnt, in seinem Zimmer zu malen, was ihn eine Weile beschäftigt. Allerdings nicht lange. Er tapert also wieder in die Küche, zupft seine Mutter am Ärmel und sagt: »Mama, mir ist laaaangweilig.«

Frau Krüger macht daraufhin erneut das »Sei still«-Zeichen, schaut ihn grimmig an und wendet sich von Ben ab.

Seltsam, denkt sich Ben. So merkwürdig benimmt sich Mama sonst nicht. Er zupft erneut am Ärmel, aber seine Mutter dreht sich nur um, schaut erneut böse und geht ins Wohnzimmer.

So was! Ben läuft hinter ihr her. Er setzt sich ihr gegenüber in seinen Lieblingssessel und versucht es erneut: »Maaamaaa, mir ist so laaaangweilig.«

Frau Krüger redet weiterhin mit dem Kunden und tut ein-fach, als wäre Ben gar nicht da.

»Maaaaamaaaaaa, mir ist laaaaangweiiliiiiig!« Ben ist inzwi-schen schon ziemlich laut. Muss er ja auch sein, denn sonst hört ihn seine Mutter offenbar nicht.

Jetzt ist er endlich zu ihr durchgedrungen. Sie macht ein wütendes Gesicht und fuchtelt dann wild mit der Hand herum. Ihr Ansinnen ist es, Ben zu signalisieren, dass er still sein und außerdem in sein Zimmer verschwinden soll. Ben jedoch blickt verwundert drein und versucht es erneut: »Maaaamaaaaa …«

Gleichermaßen genervt wie verzweifelt läuft Frau Krüger zum Küchenschrank, holt eine Tüte Gummibärchen heraus und drückt sie ihrem erfreuten Sohn in die Hand.

Katja und Tine stöhnen und lachen gleichzeitig. »Das kenn ich!«

»Ich auch!«

»Und wisst ihr was? Das ist gar nicht schlimm.«

»Wohl schlimm! Du hast es doch selbst anmoderiert als etwas, was man nicht machen sollte.«

»Ja, klar sollte man das nicht machen, aber es passiert halt mal. Man kann versuchen, solche Situationen zu verhindern, nur manchmal funktioniert es eben nicht. Dann ist das kein Riesendrama. Echt nicht. Niemand verhält sich immer perfekt. Das geht gar nicht und ist auch nicht notwendig.«

Ich warf meinen beiden Freundinnen einen besorgten Blick zu. »Wisst ihr, ich denke gerade, dass ich euch eventuell mehr unter Druck setze als zu helfen. In meiner Praxis erkläre ich diese Dinge viel ausführlicher und in mehreren Sitzungen und …«

»Musst du nicht. Echt jetzt«, wiegelte Katja ab, und Tine fragte: »Was hätte die olle Frau Krüger denn anders machen sollen? Ihrem Sohn gleich beim ersten Mal die Gummibärchen geben?«

»Na ja, das wäre eine Möglichkeit gewesen.«

»Was?!?«

»Sophie! So was rätst du den Eltern in deiner Praxis?«

»Unter Umständen, ja.«

»Du bist so krass.« Tine klang geradezu ehrfürchtig.

»Das ist ja nicht der erste und einzige Ratschlag. Natürlich gilt es, erst einmal die Situation an sich zu verhindern. Frau Krüger hatte ja geplant, dass Ben gar nicht da sein würde, wenn sie telefonieren musste. Erinnert ihr euch? Ben sollte eigentlich bei seinem Freund sein. Da das nicht ging, musste sie das Telefonat in seinem Beisein führen. Und dafür hatte sie leider nix geplant, sondern einfach einen vermeintlich günstigen Moment abgepasst. Vielleicht spielt Ben normalerweise extrem lange mit seinen Autos, und es war ungewöhnlich, dass er so schnell die Lust verloren hat.«

»Moment.« Katja hob die Hand. »Ich will mir das aufschreiben. Also, erst mal … äh … ›Gute Planung‹? Kann man das so sagen?«

»Das kannste sagen, wie du willst«, kam es von Tine. »Aber klingt logisch. Wenn ich so was machen muss wie ein geschäftliches Telefonat, dann sehe ich natürlich zu, dass die Kinder beschäftigt sind und sich nicht langweilen. Und zwar *bevor* ich den Kunden anrufe.«

Katja und ich sahen Tine an.

»Was denn? Ich muss immer mal wieder telefonieren, wenn die beiden zu Hause sind, Lars aber noch nicht da ist. Dann bekommen sie was zu tun, das sie gern und lange genug machen. Mandala malen oder so. Und manchmal setz ich sie sogar vor den Fernseher und mach ihnen KiKA an oder lege eine DVD ein, von der ich weiß, dass sie keinen von beiden langweilt oder erschreckt. Wie soll das denn sonst funktionieren?«

Katja grinste. »Wer ist jetzt hier der Streber?«

»Hä?«

Ich musste lachen. »Ach, Tine, nur weil es für dich selbstverständlich ist, denkst du, dass es nichts Besonderes ist. Wieso eigentlich? Schau, du machst es offenbar auch ohne mein Gelaber richtig, wenn du so einen Termin hast. Deshalb wird es dir nicht passieren, dass du dich nicht auf dein Telefonat konzentrieren kannst und deine Kinder am Ende auch noch fürs Stören und Lautwerden belohnst.«

»Aber … aber wieso hab ich denn dann dieses ewige Gequengel von Julian an der Kasse … da … O Mann!« Tine sah mich mit großen Augen an. »Meinst du, ich hab ihm das quasi beigebracht? Nee, oder?«

»Na ja«, begann ich zögernd. Das war jetzt heikel. Ich wollte nicht, dass Tine sich schuldig fühlte, es war jedoch wichtig, dass sie erkannte, welchen Einfluss sie auf ihre Kinder ausübte.

»Nicht jedes Verhalten tritt auf, weil wir es unseren Kindern beigebracht haben. Jedenfalls nicht immer mit so einer Handlungskette wie bei Frau Krüger. Mag sein, dass Julian mal gequengelt hat, weil ihm heiß, langweilig, kalt oder sonst was war. Nicht jedes Quengeln ist erlernt. Und es gibt ja auch Situationen, in denen Kinder recht damit haben, wenn sie sich beschweren.«

»Aber er quengelt *immer* an der Kasse, weil er was haaaaben will, und dann wird er laut und unerträglich und …« Tine schlug die Hände vors Gesicht. »Ich bin voll selber schuld«, nuschelte sie verzweifelt zwischen den Fingern hervor.

»Tine, du bist da wirklich in guter Gesellschaft. Wenn man nicht so wahnsinnig allergisch auf Gequengel reagiert wie Sven und ich und aus purem Egoismus konsequent dafür sorgt, dass man dieses Verhalten nicht verstärkt, dann passiert es schon mal, dass man erst ›Nein‹ sagt und dann doch nachgibt. Oder das Gequengel auf andere Weise verstärkt.«

»Was meinst du damit?« Katja hatte schon wieder den Stift gezückt.

»Wenn ein Kind beispielsweise im Alltag generell wenig Aufmerksamkeit bekommt, die Eltern auf unerwünschtes Verhalten wie Quengeln oder so was allerdings reagieren und dem Kind dadurch Aufmerksamkeit schenken, dann haben sie so das unerwünschte Verhalten unabsichtlich belohnt.«

»Das ist doch Quatsch. Seit wann wollen Kinder, dass man mit ihnen schimpft?« Tine sah mich an, als wäre ich verrückt geworden.

»Selbstverständlich wollen sie das nicht. Aber leider ist es oft so, dass Eltern ignorieren, wenn sich ihre Kinder wie gewünscht verhalten. Also, wenn das Kind brav an der Kasse wartet und sich still verhält, kann es passieren, dass es dafür weder ein Lob noch ein Lächeln oder sonst was bekommt. Es wird manchmal sogar vollkommen ignoriert, wenn es still und geduldig wartet, was genau genommen geradezu einer Strafe gleichkommt. Wenn Kinder die Wahl haben zwischen keiner Beachtung und Aufmerksamkeit durch Diskussionen oder Schimpfen, dann wählen sie unbewusst Letzteres. Denn das ist besser als gar nichts.«

»Oh.« Tine war sichtlich betroffen. »Das ist … furchtbar traurig.«

»Ja. Das stimmt. Allerdings glaube ich nicht, dass Julian bloß deine Aufmerksamkeit sucht, wenn er an der Kasse quengelt. Und Lernen am Modell können wir in diesem Fall genauso ausschließen, denke ich.«

Katja kicherte. »Wer weiß, vielleicht lässt sich Lars im Getränkemarkt jedes Mal vor den Bierkästen auf den Boden fallen und wälzt sich so lange schreiend herum, bis Tine ihm sein Bier …« Tines eisiger Blick ließ sie verstummen.

Ich überging das Geplänkel und fuhr fort: »Es ist also gut möglich, dass du Julian irgendwann mal versehentlich in seinem Gequengel verstärkt hast. Und dabei ist es egal, wie und ob überhaupt du das warst oder Lars oder die Oma oder wer auch immer. Wichtig ist, jetzt zu schauen, wie wir es schaffen, dass er sich in Zukunft anders verhält.«

»Das klingt schön, wenn du ›wir‹ sagst«, murmelte Tine.

»Na klar, wir!«, rief Katja. »Aaalso … damit sind wir bei der Planung angelangt, richtig?«

Ich lächelte. »Richtig.«

»Echt jetzt? Julian ist sechs. Dem müsste ich doch eigentlich bloß sagen, dass er das gefälligst lassen soll. Wieso kapiert der das denn nicht?« Tine sah uns an und hielt die Hände hoch. »Nein, ich will keine Antwort darauf. Das war eine rhetorische Frage beziehungsweise ein Ausdruck purer Frustration, weil ich einfach keine Lust hab, mich mit seinem blöden Gequengel zu befassen.«

»Na ja, dann lass es. Könnte sein, dass konsequentes Ignorieren hilft.«

»Das ist dann aber halt sehr laut an der Kasse …«, gab Tine zu bedenken.

»Dann ist in diesem Fall Ignorieren vielleicht zu nervtötend?«

»Schon.«

»Wollen wir dann doch noch mal schauen, ob wir es so planen können, dass Julian nicht quengelt?«

»Na gut …« Tine seufzte.

»Ich verstehe, dass du keine Lust hast, dich jetzt quasi noch mehr um das Gequengel zu kümmern, aber unser Ziel ist ja das Abstellen der Quengelei, und dafür müssen wir ein bisschen Energie aufwenden. In der Elternberatung würde ich erst einmal darum bitten zu beobachten, wie oft Julian tatsächlich quengelt …«

»Immer!«

Ich lachte. »Ja, aber ganz vielleicht ja doch nicht?«

»Doch. Immer.« Tine versuchte, grimmig zu schauen, musste jedoch grinsen. »Na ja, vielleicht auch nicht. Dann führe ich eben erst mal eine Quengelstrichliste.«

»Gut.«

»Nein«, beschwerte sich Katja. »Nicht gut! Ich will *jetzt* wissen, wie es weitergeht! Wir überspringen das, ja? Also, angenommen, Tine hat inzwischen festgestellt, dass Julian nur … äh … in siebzig Prozent der Fälle quengelt. Was dann?«

»Das wäre erstaunlich viel – vermutlich käme Tine auf weniger Striche. Jedenfalls würde ich in Julians Fall dazu raten, mit ihm zu sprechen.«

»Hab ich. Tausend Mal schon!«

»Ja, aber vermutlich jedes Mal total genervt direkt nach der Quengelattacke.«

»Gar nicht! Ich hab sogar schon mal *vor* der Kasse gesagt, dass gleich gefälligst nicht gequengelt wird und … na ja, äh … hätt ich natürlich umformulieren sollen in was Positives. Hm.« Tine rieb sich frustriert die Stirn.

»Wie gesagt, das geht ganz vielen Eltern so, wenn nicht sogar den meisten«, versuchte ich, sie zu trösten.

»Hm.«

»Also, ich glaube, wenn du in einem entspannten Moment mit Julian sprichst, dann kannst du ihm sagen, dass du dir wünschst, dass er in einem normalen Tonfall fragt, wenn er etwas haben möchte, und akzeptiert, wenn die Antwort ›nein‹ lautet. Und damit komme ich zu meinem absoluten Lieblingstipp! Zum ultimativen Geheimnis gelungener menschlicher Beziehungen! Zum heiligen Gral des Miteinanders.«

Tine und Katja wechselten einen Blick und verdrehten simultan die Augen.

»Mach's nicht so spannend«, murrte Tine. »Wir hängen auch so schon an deinen Lippen.«

»Naaaa gut.« Ein tiefes Einatmen gönnte ich mir noch, bevor ich verkündete: »Der absolute Geheimtipp für den Weltfrieden lautet: loben.«

»Ah.«

»Das … ja. Das ist ja mal ein … toller Tipp.« Man konnte Tines und Katjas Enttäuschung geradezu mit den Händen greifen.

»Ich bin mir ganz sicher, dass sich die meisten Erziehungs- und auch Selbstwert- sowie Eheprobleme mit einem dezenten ›puff‹ in ein leicht glitzerndes Nichts auflösen würden, wenn wir alle nur genug und vor allem richtig loben würden. Ganz sicher.«

Tine starrte mich ungläubig an. »Du meinst das ernst, oder?«

»Ja. Meine ich. Probiert es aus, und ihr werdet sehen. Ich gebe zu, ich verfüge ebenfalls noch nicht lange über diese Erkenntnis und übe noch. Es ist nämlich gar nicht so leicht, zu loben.«

»Aha.« Tine klang nicht überzeugt.

Auch Katjas Reaktion fiel verhalten aus. »Hm, ich weiß natürlich, dass man Kinder loben soll, wenn sie etwas richtig machen. Aber dass das so einen irren Effekt haben soll, wie du behauptest …«

»Hat es aber. Wenn wir *richtig* loben.«

»Na, dann sag mal, wie das richtig geht.«

»Wichtig ist zum einen, beschreibend zu loben. Also, dass wir genau sagen, was wir gut finden.«

»So was wie: ›Du hast aber ein schönes Bild gemalt. Toll.‹ Meinste das?«

»Fast. Das Bild ist ein gutes Beispiel. Man kann sagen: ›Schönes Bild, toll gemacht.‹ Das ist auf jeden Fall schon mal gut. *Noch* besser ist, wenn wir zum Beispiel sagen: ›Das Bild gefällt mir sehr. Vor allem die Sonne sieht aus, als könnte sie einen richtig wärmen.‹ Oder: ›Den Baum hast du besonders gut hinbekommen. Mir gefallen die Farben und die Form der Blätter.‹ Oder: ›Du hast ja ganz viele Kleinigkeiten untergebracht in dem Bild! Da hast du dir aber viel Mühe gegeben. Die blauen Blumen hier unten finde ich ausgesprochen schön. Und dieser Marienkäfer, der sieht richtig echt aus.‹ Versteht ihr, was ich meine?«

»Ja, klar, aber … Manchmal find ich ein Bild eben einfach nur schön und sonst nix.«

»Ich glaube, wenn du genau hinschaust, entdeckst du auf jedem Bild etwas, was dir besonders gefällt. Und es ist ja nur ein Beispiel. Du könntest Julian loben, wenn er nicht gequengelt hat an der Kasse. Du könntest …«

Katja kicherte. »Entschuldigt bitte. Aber ich sehe gerade Tine vor mir, wie sie sich vor Julian stellt, der ausnahmsweise nicht herumgequengelt hat, und ihn anraunzt: ›Na also, geht doch!‹ Das wär so typisch … 'schuldigung.« Katja kicherte haltlos, und ich gleich mit. Glücklicherweise nahm es Tine mit Humor und lachte ebenfalls.

Dann wurde sie ernst und sagte: »Ehrlich gesagt glaub ich, dass ich vermutlich tatsächlich so was Ähnliches gesagt hätte. Etwa: ›Schön, dass du ausnahmsweise mal nicht gequengelt hast.‹ Und bevor du was sagst, Sophie, ja, ich weiß, dass das nicht das allerbeste Lob wäre.«

»Ganz ehrlich? Wir sind es alle nicht gewohnt, richtig zu loben. Wir loben zwar unsere Kinder, wobei das oft begleitet wird von einem ›Siehste, geht doch‹, aber unsere Partner und Kollegen oder so? Wann loben wir die eigentlich mal? Bei denen muss man sich regelrecht dazu überwinden, weil es sich so seltsam anfühlt. Dabei ist es am besten, wenn wir unsere Aufmerksamkeit darauf richten, was gut ist und was wir uns wünschen. Auch für uns selbst. Aber jetzt bleiben wir erst mal bei den Kindern, sonst wird es zu kompliziert.«

»Find ich auch.« Katja hatte erneut den Stift gezückt. »Angenommen, Julian hat nicht gequengelt, dann sagt Tine was genau?«

»Nicht verraten!« Tine hatte die Stirn in Falten gelegt. »Ich weiß es. Moment.« Sie dachte angestrengt nach und lächelte schließlich. »Ich sage: Ich hab mich voll gefreut, dass du in normalem Tonfall gefragt hast, ob du eine Süßigkeit haben darfst. Das war toll! Und dass du es akzeptiert hast, als ich ›Nein‹ gesagt habe, das war auch … Moment mal, wieso sag ich dann eigentlich Nein? Wäre es nicht besser, wenn er etwas bekommt, nachdem er normal gefragt hat?«

Ich lächelte.

Da war sie schon. Die Veränderung in Tines Sichtweise. Bei manchen Eltern dauert das eine ganze Weile, Tine jedoch hatte es in kürzester Zeit geschafft, ihre Genervtheit abzustellen und wieder mit wohlwollenderem Blick auf ihr kleines Monster zu schauen. Wie schön!

»Was grinst du denn so grenzdebil?« Tine schubste mich an.

»Ich hab mich gerade über dich gefreut.«

»Bis ich dich drauf aufmerksam gemacht hab, dass du grenzdebil grinst, nehm ich an. Jetzt musste dir wieder vorstellen, mich hätte ein Laster überfahren oder so. Stimmt's?«

Ich schloss für einen Moment die Augen und atmete tief ein und aus.

»Es war ein Panzer«, erwiderte ich so würdevoll wie möglich. »Ich hab mir vorgestellt, dass dich ein Panzer überrollt hat. Mehrfach.«

Katja kicherte, während Tine ungerührt fragte: »Und? Hat's geholfen?«

Ich atmete ein weiteres Mal tief durch. »Moment … So. Jetzt. Ja.«

»Dann sag mal schnell, worüber du dich gefreut hast, bevor Tine wieder …«

Ich lächelte. »Ich finde so schön, dass du trotz deiner unfassbaren Genervtheit zu Beginn unseres Gesprächs deinem Monsterchen jetzt schon wieder so zugewandt bist, dass du es belohnen möchtest, wenn es in normalem Tonfall nach einer Süßigkeit fragt. Das ist nämlich gar nicht ›Siehste, geht doch!‹-mäßig, sondern … na ja, wunderbar wohlwollend. Und darüber hab ich mich gerade sehr gefreut.«

»Hm«, machte Tine und grinste ein wenig verlegen. »Wär das denn okay oder denkt er dann, dass er jedes Mal was bekommt, nur weil er normal fragt, und quengelt dann richtig los, wenn ich mal Nein sage?«

»Was meinst du denn, Tine? Du kennst Julian am besten.«

»Hm. Ich glaube, wenn ich es ihm in Ruhe erkläre, dann geht das schon.«

»Aaaaber …«, setzte Katja an. »Wenn Julian gar nix sagt an der Kasse und einfach still ist, dann ist das doch auch gut. Oder? Dafür muss er ebenfalls gelobt werden, richtig?«

»Ja, das stimmt. Dafür ganz besonders.«

»Ha!«, rief Tine aus. »Das ist doch am allerbesten! Wenn er still ist und nix sagt, lobe ich ihn dafür, dass er nicht gequeng… dass er so lieb war und still gewartet hat. Und dann darf er sich eine Süßigkeit aussuchen. Gut, oder?«

»Ja, das ist super. Denn es ist wichtig, dass wir unsere Kinder nicht nur loben, wenn sie etwas Konkretes machen, sondern eben auch dann, wenn sie sich still verhalten.«

Katja kaute an ihrem Stift und runzelte die Stirn. »Aber ich kann doch nicht ständig rumrennen und alle Kinder loben, wenn sie still sind. Oder beim Essen nicht rumkrümeln oder so. Die halten mich glatt für bescheuert.«

Tine grinste. »Dafür wär's sicher lustig, wenn du beim Frühstück von einer Lobeshymne in die nächste verfällst, weil alle so brav essen, und Flori heimlich unterm Tisch den psychiatrischen Notdienst anruft.«

»Haha. Sehr witzig. Im Ernst, Sophie. Wie finde ich das richtige Maß?«

»Das ist tatsächlich nicht so leicht, weil wir uns umstellen müssen und … na ja, dafür ist deutlich mehr Energie nötig als für den ausgelatschten Weg der Gewohnheit. Aber es macht Spaß und lohnt sich. Zunächst müsst ihr schauen, welches Kind ihr wie lobt. Flori solltest du mit seinen zehn Jahren natürlich anders ansprechen als deinen Kindergartenzwerg Leni. Nehmen wir als Beispiel das Essen. Du kannst Leni dafür loben, dass sie den Gebrauch von Messer und Gabel inzwischen schon so gut hinkriegt, oder du sagst ihr, wie sehr du dich darüber freust, dass sie es versucht und sich bemüht und es heute besonders gut geschafft hat oder so. Flori und Marie könntest du am Ende des Essens dafür loben, dass sie es zuverlässig schaffen, beim Essen gerade zu sitzen und genauso mit Messer und Gabel zu essen, wie man es von Erwachsenen in einem Restaurant erwartet. Sag ihnen, wie stolz du bist, dass das so selbstverständlich klappt. Und schließlich kannst du dich dafür bedanken, dass sie es dir diesbezüglich leicht machen und die Mahlzeiten so entspannt und harmonisch ablaufen.«

Wir sprachen noch eine ganze Weile über das Loben, weil es tatsächlich komplizierter ist, als es auf den ersten Blick aussieht. Natürlich ist es wichtig, nicht inflationär in Jubel zu verfallen und Kindern damit indirekt das Gefühl zu geben, dass man, überspitzt gesagt, ein Freudenfest veranstaltet, wenn sie als Grundschüler unfallfrei ihre Schuhe anziehen können. Das könnte nach hinten losgehen und ihnen den Eindruck vermitteln, man traue ihnen überhaupt nichts Altersgemäßes zu.

Der gesunde Mittelweg führt zum Ziel, und die Hauptsache ist, dass wir unsere Kinder (und nebenbei gesagt auch uns selbst und unsere Mitmenschen) deutlich mehr loben als kritisieren.

Wenn ihr es ausprobieren wollt und Schwierigkeiten habt, die richtigen Worte zu finden, dann sagt, worüber ihr euch freut. Aber – und das ist wichtig – lasst Nachsätze wie »Geht doch!« oder »Warum nicht gleich so?« bitte weg.

Lobt, zeigt, dass ihr euch freut, seid begeistert und teilt das mit.

Häufig empfehle ich Familien, einfach mal für eine Woche auszuprobieren, wie es ist, wenn man ausschließlich positiv formuliert – abgesehen natürlich von lebensgefährlichen Situationen, in denen einem nicht schnell genug eine positive Formulierung für »Nicht auf die Straße rennen!« einfällt. Je nach Alter der Kinder können diese übrigens ebenfalls mitmachen.

In allen Fällen zeigte sich als sichtbarer positiver Effekt, dass so manches unerwünschte Verhalten nach dieser Woche deutlich seltener auftrat, sodass es kaum noch als echtes Problem bezeichnet werden konnte. Was normalerweise ebenfalls bei diesem Versuch herauskommt, ist die Erkenntnis, dass wir erstaunlich häufig negativ formulieren oder gar schimpfen.

Eine weitere Erfahrung, die mir die Familien nach dem Versuch immer, wirklich immer mitteilen, ist, wie sehr die veränderte Kommunikation die gesamte Stimmung positiv beeinflusst. Es wird mehr gelacht, sich mehr umarmt, mehr durchgeatmet, mehr mitgedacht, mehr geliebt – und das nicht nur in der Kernfamilie, in der das Experiment stattfindet. Denn: Wenn vier Menschen (zwei Erwachsene und zwei Kinder) mit einem Lächeln und gut gestimmt durch den Tag gehen, wie viele Menschen werden sie vermutlich mit ihrer entspannt-fröhlichen Stimmung anstecken? Und wie viele »Infizierte« tragen das gute Gefühl wiederum weiter? Es gäbe geradezu eine Lächel-Epidemie.

Probiert es aus und wagt das Experiment, euer Umfeld mal eine ganze Woche lang durchzuloben!

An dieser Stelle möchte ich an die grandiose Fähigkeit von Kindern erinnern, immer und überall zu lernen. Wäre es nicht wunderbar, wenn unsere Kinder durch das Lernen am Modell, also uns, später einmal gar nicht üben müssten, wie man bestmöglich und häufig lobt, sondern es ganz automatisch täten?

»Ich glaub, ich probier das gleich aus«, rief Katja begeistert, als ich meinen kleinen Vortrag beendet hatte. »Das klingt super! Macht ihr mit?«

Ich hätte Katja knutschen können für ihre Begeisterung.

Tine hingegen sah mich zweifelnd an. »Das klingt großartig, aber … mal ganz ehrlich, damit löse ich doch unmöglich *alle* Probleme.«

»Nein. Nicht alle. Aber manche. Und manchmal viele.«

»Trotzdem muss ich ja auch mal was verbieten oder so. Ich kann doch nicht immer nur rumloben.«

»Och, Tine«, maulte Katja. »Sei kein Spielverderber und lass es uns eine Woche lang probieren. Was hast du zu verlieren?«

»Nein, warte, Katja. Tine hat schon recht. Natürlich muss man hin und wieder etwas verbieten. Aber auch beim Verbieten kann man positiv bleiben. Und wenn du beispielsweise etwas als Regel formulierst, klingt es gleich viel besser als ein Verbot.«

Tine sah unglücklich aus. »Ich fühl mich blöd. Genau wie du sagst, Katja, wie ein Spielverderber. Ich würde ja gern alles so machen, wie Sophie sagt, aber ich glaub halt … also, ich muss doch auch … ich weiß auch nicht.«

»Aber ich weiß«, sagte ich. »Glaub ich zumindest.«

»Ja? Und was ist es? Was stimmt nicht mit mir?«

Ich lächelte. »Mir dir stimmt alles, Tine. Ganz sicher. So wie wir alle nicht so sehr daran gewöhnt sind, zu loben und klar zu sagen, was wir wollen, reagieren wir skeptisch, wenn etwas einfach ist.«

Tine sah mich zweifelnd an.

»Schau, du hast ein echtes, großes Problem und bist gerade verzweifelt.« Ich sah, wie Tine ansetzte zu widersprechen, und hob die Hände wie ein Verkehrspolizist. »Nein, stopp! Sag nicht, dass das nicht stimmt. Wir wissen alle, dass es so ist, und das ist nichts, wofür du dich schämen müsstest. Im Gegenteil. Es zeigt, wie wichtig dir deine Kinder sind. Und wenn ich mich so fühlen würde wie du, dann hätte ich ebenfalls Zweifel, wenn jemand daherkäme und behaupten würde, wir müssten lediglich alle pausenlos lächeln und so freundlich zueinander sein, dass einem beinahe schlecht davon werden könnte, und schon wäre alles gar nicht mehr so schlimm.«

»Hättest du?«

»Ja, klar. Und schau, zum einen mach ich mit euch gerade den Turboschnelldurchgang, ihr lernt quasi unter erschwerten Bedingungen, und zum anderen kommt es uns nun mal seltsam vor, wenn etwas höchst Wirkungsvolles leicht und einfach ist.«

»Hm. Ja, stimmt schon. Trotzdem … wie mach ich das denn nun, wenn ich was verbieten … oder meinetwegen eine Regel aufstellen will? Wenn sich keiner dran hält, muss ich ja *doch* wieder schimpfen.«

»Du musst gar nix, Tine.«

Endlich lachte sie wieder. »Okay, ich will ein T-Shirt, auf dem das draufsteht.«

»Ich auch!« Katja war begeistert. »›Ich muss gar nix‹-Shirts für uns drei. Ab sofort sind wir die drei Ich-muss-gar-Nixe!«

Tine grinste. »Du hast dir doch irgendwas Hochprozentiges in deinen Kaffee gekippt, gib's zu.«

»Hab ich nicht!« Katja zog eine Schnute. »Aber ist eine gute Idee«, lächelte sie. »Ich schlage vor, Sophie hält uns jetzt noch 'nen Vortrag zu Regeln und wie man es schafft, dass sich jemand dran hält, auch wenn wir nicht schimpfen, und danach gibt's Prosecco.«

»Guter Plan.«

»Also?« Ich schaute in zwei erwartungsvolle Gesichter. »Was wollt ihr verbieten, das wir in eine Regel umwandeln können?«

»Wenn du so fragst … Ich will alles Mögliche verbieten«, meinte Tine. »Kein Türenknall… Oh.«

»Ha!« Katja hopste schon wieder auf dem Sessel auf und ab. »Wir können ja aaaalles in positives Dings verpacken! Nie wieder Verbote! Yay!«

»Okay, okay, stimmt. Ich muss mich da wohl echt erst dran gewöhnen. Aber was mach ich denn verdammt noch mal, wenn sich keiner an meine so toll positiv formulierten Regeln hält?«

»Stimmt. Sophie? Was macht man dann? Schimpfen dürfen wir schließlich nicht.«

»Schimpfen bringt ja auch nix, außer dass du deinem Ärger Luft gemacht und Dampf abgelassen hast.«

Es ist tatsächlich so: Schimpfen hilft nur demjenigen, der schimpft, und das auch nur kurzfristig, denn er macht seinem Ärger Luft und verschafft sich so Erleichterung. Eine trügerische Erleichterung, wie wir vermutlich alle wissen.

Unsere Kinder sind von einem schimpfenden Elternteil eventuell flüchtig beeindruckt und verziehen sich beispielsweise in ihr

Zimmer, statt weiter laut lachend auf dem Sofa auf und ab zu hopsen. Für den Augenblick hat das Schimpfen also etwas gebracht.

In der Tat, hat es. Kurzfristig und oberflächlich. Das Kind hopst nicht mehr auf dem Sofa. Aber es fühlt sich eventuell schuldig, wertlos und womöglich sogar ungeliebt. Und das wirkt langfristig wie ein fieses unsichtbares Gift und schadet unseren Kindern.

Deshalb mein Rat: Schreit lieber in ein Kissen, statt mit euren Kindern zu schimpfen. Eventuell sogar gemeinsam mit euren Kindern.

Und falls ihr euch jetzt gerade schlecht fühlt, weil ihr an all die Situationen denkt, in denen ihr mit euren Kindern geschimpft habt: Bitte verzeiht euch. Ihr habt euer Bestes gegeben und in dem Moment einfach nicht anders gekonnt. Das lässt sich jetzt nicht mehr ändern.

Ich bin ein großer Freund davon, Dinge, die wir nicht mehr (oder generell nicht) ändern können, hinzunehmen, wie sie sind.

Leider bedeutet das nicht, dass ich es besonders gut kann. Ich finde es richtig und überaus sinnvoll, mit unabänderlichen Gegebenheiten nicht zu hadern, bin jedoch selbst Expertin in der Disziplin der Im-Kreis-Grübelei und weiß daher, wie schnell man sich auf diesem höchst sinnlosen Gedankenkarussell wiederfindet.

Falls ihr gerade dort seid und womöglich sogar auf einem der Pferde sitzt, obwohl ihr doch eigentlich im Feuerwehrauto mitfahren wolltet, wisst bitte, dass ihr die Macht habt, das Karussell anzuhalten und abzusteigen. Vielleicht ist euch im ersten Moment ein wenig schwindelig, aber nach ein paar Schritten vom Karussell weg fühlt ihr euch gleich viel besser und könnt wieder richtig durchatmen.

Wenn ihr nun also mit euren Kindern geschimpft und womöglich etwas Abwertendes gesagt habt, dann akzeptiert, dass es noch keine Zeitmaschinen gibt und ihr die Vergangenheit so lassen müsst, wie sie geschehen ist. Anschließend geht ihr zu euren Kindern und bringt so viel wie möglich wieder in Ordnung. Je nach Alter könnt ihr mit ihnen sprechen und erklären, dass ihr einen Fehler gemacht habt, und ihnen sagen, dass euch euer Verhalten leidtut. Bittet um Entschuldigung dafür, dass ihr laut geworden seid und vielleicht sogar Dinge gesagt habt, die ihr nicht hättet sagen sollen, weil ihr sie gar nicht so gemeint habt. Und nehmt euer Kind in den Arm und sagt ihm, dass ihr es liebt. Immer und überall und völlig ungeachtet von jeglichem Stress und Geschimpfe.

Vermutlich werdet ihr auch nach dem Lesen dieses Buchs irgendwann wieder schimpfen. Aber seltener. Und eventuell irgendwann gar nicht mehr.

Ich habe noch einen Tipp, den ich loswerden möchte, weil ich ihn für extrem wichtig halte: Erwartet nicht zu viel! Setzt euch gern große Ziele, habt Visionen vom Weltfrieden und all so was, aber seid geduldig und nachsichtig mit euch selbst und eurer Umwelt. Ich freue mich, wenn ihr euch vornehmt, nie wieder zu schimpfen. Das ist ein großartiger Vorsatz. Aber stellt es euch vor wie Laufen lernen – beim einen geht es schneller, beim andern langsamer, und alle fallen mehr oder weniger häufig dabei hin. Das ist normal, und niemand, der einigermaßen zurechnungsfähig ist, käme auf die Idee, ein Kind solle gefälligst sofort loslaufen können wie ein Erwachsener.

Genauso wird es kaum jemand von uns schaffen, von heute auf morgen sein Verhalten komplett zu ändern. Wenn man jedoch Schritt für Schritt vorwärtsgeht und die kleinen Erfolge feiert, dann hat man es irgendwann geschafft, egal wie lang oder holprig der Weg war.

»Jaaa-haaa …!« Tine rollte in komischer Verzweiflung mit den Augen. »Ich hab's verstanden. Ich werde in Zukunft auch gaaaanz geduldig mit mir sein, wenn du mir nur endlich sagst, was ich tun soll, statt zu schimpfen.«

»Ja, nun sag schon, Sophie!«, fiel Katja ein.

Ich grinste. »Wenn ihr alles ausprobiert, was ich euch an Tipps bis jetzt an den Kopf geworfen hab, werdet ihr wahrscheinlich sowieso nicht mehr in die Situation kommen, schimpfen zu wollen oder gar zu müssen.«

»Aber …«

Ich unterbrach Tine. »Aber falls sich eins von euren Kindern überraschenderweise trotz all der klaren und positiven Formulierungen, trotz des Lobs und der entspannten Allgemeinstimmung dazu hinreißen lässt, beispielsweise das Frühstücksbrötchen zu zerkrümeln, dann kann es sehr gut sein, dass ein ruhiges und klares Erinnern an die Regel ›Wir legen das Brötchen auf den Teller, wenn wir fertig sind‹ ausreicht, damit jegliche Krümelei umgehend unterlassen wird.«

»Und wenn nicht? Was dann?«

»Dann stellst du den Teller samt Brötchen weg, bevor du dich weiter darüber ärgerst.«

»Aber … also … Ich weiß nicht.« Tine verschränkte die Arme vor der Brust. Und auch Katja kaute mit gerunzelter Stirn an ihrem Stift.

»Also«, begann sie langsam. »Wenn Leni mit ihren Stiften den Tisch statt ihr Malbuch bemalt, dann sage ich, sie soll bitte in ihr Malbuch malen. Positiv formuliert. Ha! Und wenn sie es dann macht, lobe ich sie. Und wenn nicht … äh …, dann wiederhole ich die Regel, dass wir nur im Malbuch malen, für den Fall, dass sie mir vielleicht vor lauter Kunstwerk-auf-dem-Tisch-Verewigen nicht zugehört hat. Und wenn sie dann immer noch nicht aufhört, auf den Tisch zu malen, nehme ich ihr die Stifte weg. Oder?«

»Genau. Das klingt sinnvoll. Allerdings solltest du die Stifte nicht lange einbehalten, ein paar Minuten höchstens. Leni ist ein Kindergartenkind – für sie sind drei Minuten eine Ewigkeit. Der Punkt ist, dass du die Stifte wegnimmst, *bevor* du stinksauer bist. Am besten sagst du dabei so was wie: ›Leni, ich hab dich gebeten, in dein Malbuch zu malen. Weil du das nicht gemacht hast, räume ich die Stifte jetzt für drei Minuten weg.‹ Achte darauf, ihr die Stifte nach drei Minuten wiederzugeben, damit sie die Chance hat, es richtig zu machen.«

»Hm. Klingt logisch.«

»Wichtig ist, die Situation nicht eskalieren zu lassen. Greift ein, *bevor* ihr zu sauer seid, um ruhig zu bleiben.«

»Das probiere ich aus!«

»Ich … hm …«, murmelte Tine. »Ich werde ganz schön aufpassen müssen, was ich sage. Bestimmt kriege ich einen Knoten im Hirn.«

»Der löst sich wieder, wenn du dich erst mal an das neue Verhalten gewöhnt hast«, tröstete ich sie. »Bedenke, dass *wir* am Modell unserer Eltern gelernt haben; und das war sicher manchmal … suboptimal.«

»Stimmt«, bestätigte Tine, und ihr Gesicht hellte sich auf. »Super, dann kann ich meiner Mutter am Wochenende sagen, dass die Sachverständige Frau Seeberg bestätigt hat, dass stundenlange Gardinenpredigten voll daneben sind.«

»Zwei Wochen Hausarrest für zu spät nach Hause kommen ist bestimmt auch pädagogisch das Letzte, oder? Kann ich das meinen Eltern so sagen? Das wär toll!«

Tine und Katja kicherten.

»Wehe! Ich hab euch das nicht alles erklärt, damit ihr euren Eltern ein mieses Gefühl gebt! Also echt!«

»Beruhig dich, Sophie. War doch nicht ernst gemeint.«

»Dann ist ja gut …«

Ich setzte an zum letzten Teil meines Vortrags: »So ganz generell bin ich ja der Ansicht, dass weniger oft mehr ist. Deshalb ist es sinnvoll, sich auf ein paar Regeln zu beschränken.«

Bei einer Schulfreundin von Lotta hingen sage und schreibe *drei* große Plakate mit Familienregeln im Flur. Eng bedruckt. Mit vielen Ausrufezeichen. Ich weiß noch, wie sehr mich dieser Anblick erdrückte und dass ich den Impuls verspürte, rot darüberzusprühen: *Und wo bleibt der Spaß?*

Ein Argument für wenige Regeln ist die Alltagstauglichkeit. Wenn wir Regeln aufstellen, dann sollten *alle* Familienmitglieder sie kennen und relativ problemlos befolgen können. Bedenkt außerdem, dass wir als Eltern zum einen Vorbild und positives Modell sein, uns also auch selbst an diese Regeln halten sollten, und zum anderen zumindest in der Anfangszeit vermutlich das ein oder andere Mal an die Regeln erinnern müssen.

Drei bis fünf Regeln reichen vollkommen aus – vor allem, wenn ihr sie gut formuliert. Die Regel »Wir gehen freundlich und respektvoll miteinander um« deckt beispielsweise eine Menge ab. Ich finde sogar, dass gerade diese Regel für den Anfang genügt.

»Plus: ›Wir schließen Türen leise‹ und ›Wir legen Brötchen weg, wenn wir satt sind‹!«, rief Tine.

Wir lachten. »Ja, die müssen natürlich auch sein. Damit stimmt, was ich gesagt habe: Drei Regeln reichen aus.«

Meine beiden Freundinnen nickten.

Bis zum nächsten »Aber«. Dieses Mal kam es von Katja.

»Aber wir sind ja nicht immer zu Hause«, sagte sie. »Nehmen wir einen Klassiker: Was mache ich, wenn ich Marie bei einer Freundin abhole und sie immer wieder um noch zehn weitere Minuten bettelt? Das hat ja nix mit freundlich miteinander Umgehen zu tun. Und sie quengelt auch nicht, sie will dann nur immer mehr und mehr, und wenn ich sage, dass wir jetzt aber gehen, dann sagt sie ›gleich‹, verschwindet kichernd im Kinderzimmer und taucht ewig nicht wieder auf. Das finde ich zwar nicht so tragisch wie Quengelei, aber ich fühl mich trotzdem blöd und weiß nicht, was ich machen soll.«

»Was ist denn dein Ziel?«

»Wie jetzt?«

»Na, was genau willst *du* denn in der Situation?«

»Dass Marie mitkommt, wenn ich sie abhole. Was denn sonst?«

»Sicher?«

»Klar. Wieso?«

»Na ja, ich kenne das auch. Gerade bei Lotta, die am liebsten zu Hause ist und allein oder mit Amelie spielt. Bei ihr bin ich jedes Mal total froh, wenn sie es mit einer Freundin so toll findet, dass sie noch bleiben will. Wenn die andere Mutter einverstanden ist, erlaube ich deshalb, dass sie noch ein bisschen spielt.«

»Versteh ich«, antwortete Katja nachdenklich. »Aber in der Beziehung ist Marie ja quasi das Gegenteil von Lotta. Und je nachdem, mit wem sie spielt, also wer die Mutter ist, mit der ich dann quatschen kann, während ich warte, ist das ja auch ganz nett, aber …«

»Aber dich nervt, dass Marie dir immer wieder eine neue Frist aus den Rippen leiert?«

»Ja. Und dass Marie mich nicht ernst nimmt, wenn ich gehen möchte.«

Ich sah Katja stumm an.

Katja blickte zurück.

Tine schaute gespannt zwischen uns hin und her.

»Was wird das?«, fragte sie schließlich. »Ein Anstarr-Wettbewerb? Machste das in deiner Praxis auch so?«

Da musste Katja lachen und sagte: »Ich glaub, Sophie hat einfach nur gewartet, dass ich selbst draufkomme.«

Ich nickte. »Und? Biste selbst draufgekommen?«

»Jaaahaa …!« Katja verzog ihre Miene in komischer Verzweiflung. »Kann schon sein, dass Marie irgendwie recht hat, wenn sie mich in der Situation nicht soooo ernst nimmt, weil ich ja vorher ständig gesagt hab ›Noch zehn Minuten, dann gehen wir‹ und wir dann gar nicht gegangen sind.« Sie sah mich genervt an.

»Hey«, rief ich, »ich kann nix dafür!«

»Nee. Doch. Ich komm mir grad blöd vor. Und dafür kannste wohl was!«

»Komm dir nicht blöd vor, Katja, bitte. Das ist vollkommen unnötig. Komm dir lieber schlau vor, weil du es verstanden hast.«

»Ja, ich hab verstanden, dass ich mich voll blöd benommen hab, weil ich …«

»Katja«, begann ich. »Du machst alles richtig gut und …«

»Nee, nee!«, unterbrach mich Tine. »Sorry, Sophie, aber du dringst mit deiner vorsichtigen Art offensichtlich nicht durch.«

Sie beugte sich zu Katja vor und sah ihr in die Augen. »Ich will, dass du sofort und für immer aufhörst, über meine liebe Freundin Katja so abwertend zu sprechen! Katja ist eine tolle Mutter, eine fantastische Freundin und so was von überhaupt gar nicht blöd, dass es kracht!«

Katja und ich mussten kichern.

»Ruhe!«, fuhr uns Tine an. »Ich bin noch nicht fertig, und das hier ist mir verdammt ernst. Es wird ab jetzt nicht mehr behauptet, man selbst sei blöd, unfähig oder sonst was! Noch nicht mal gedacht wird das, weil ich es hiermit verbiete! Und noch mal speziell für dich, Katja: Sei gefälligst nett zu dir! Und verständnisvoll und geduldig und all das! Gefälligst! So! Fertig!«

Ach, was wünschte ich mir, das hier wäre ein Film gewesen und wir hätten die entsprechende Musik für diesen großartigen Moment gehabt!

Denn Katja atmete nun durch, und ein wunderschönes Lächeln breitete sich auf ihrem Gesicht aus. Gerührt sagte sie: »Danke, Tine.«

»Bitte«, kam es ruppig, aber mit einem typischen Tine-Grinsen zurück.

»Mist«, entfuhr es mir.

Die beiden sahen mich erstaunt an. »Ich hätte mitschreiben sollen. Oder Tines Rede filmen oder so. Die war einfach großartig!«

»Ich kann die jederzeit wieder halten. Gar kein Problem.«

»Kann sein, dass es irgendwann auch wieder notwendig wird«, erwiderte Katja leise. »Weil … jetzt erscheint mir das alles sehr richtig, und ich will es genauso machen, wie du gesagt hast, Tine. Aber ich kenn mich, vermutlich muss ich gelegentlich daran erinnert werden.«

»Mach ich! Jederzeit!«

»Gut.« Katja strahlte. An mich gewandt schlug sie vor: »Du solltest Tine einstellen. Die kann deinen Klienten prima den Kopf geraderücken, wenn du zu vorsichtig bist.«

»Ich denk drüber nach«, versprach ich.

Nach einer Pause, in der wir jeweils unseren Gedanken nachhingen, sagte Katja: »Ähm, also noch mal zu der Abholsituation mit Marie … Ich würde das in Zukunft so machen … hm … Genau: Bevor ich Marie zu ihrer Freundin bringe, spreche ich mit ihr und sage, dass ich sie zu einer bestimmten Zeit abhole und sie dann gleich mitkommen soll.«

»Soll sie denn?« Ich wusste, dass Katja liebend gern quatschte und es ein paar Mütter gab, die sie sehr gern hatte.

»Na ja, sie soll schon gehorchen, wenn ich sage, dass wir gehen. Oder nicht?«

»Ja klar, aber die Frage lautet, ob es wirklich das ist, was du willst. Vielleicht möchtest du dich ja gern mit der Mutter von Maries Freundin unterhalten, und es ist dir ganz recht, wenn die Kinder noch eine Weile spielen.«

»Ja. Schon. Allerdings bleibt dann alles, wie es ist.«

»Muss nicht sein. Du könntest auch mit der anderen Mutter vereinbaren, dass ihr von Anfang an um eine halbe Stunde verlängert, in Ruhe einen Tee zusammen trinkt und danach dann aber wirklich und wahrhaftig Schluss ist. Wie wäre das?«

»Eigentlich gut …«

»Aber?«

»Na ja, … irgendwie ist es doch doof, wenn Marie quasi entscheidet, dass es eine Verlängerung gibt.«

»Entscheiden tut ihr Mütter, denn es stellt sich ja auch die Frage, ob du und die andere Mutter überhaupt Zeit und Lust habt. Und falls ja: Warum dann nicht Maries Idee gut finden und es so machen? Es geht schließlich nicht ums Rechthaben, sondern darum, was für alle die beste Lösung ist. Verstehst du, was ich meine?«

»Ja. Klingt einleuchtend. Ich glaube, ich hatte vor lauter Regeln das Gefühl, dass ich unbedingt bestimmen muss.«

»Na ja, du sollst schon die Chefin sein. Was sagst du, Sophie?« Tine, die bis dahin still zugehört hatte, sah mich fragend an. »Ich meine, wir sind die Eltern und sollten die Bestimmer sein. Oder?«

»›Bestimmer‹ klingt sehr lustig, aber im Grunde hast du recht«, bestätigte ich. »Wir Eltern entscheiden, ob der Besuch verlängert wird oder nicht. Aber die Idee darf ruhig von den Kindern kommen. Die haben nämlich meistens richtig gute Einfälle.«

»Auch wieder wahr.« Katja nickte zufrieden und kritzelte etwas auf ihren Block. »Ideen zulassen und trotzdem Bestimmer sein«, sprach sie laut mit.

Tine lachte. »Wir geben Katjas Geschreibsel als neuen Ratgeber raus.« Sie streckte sich und sackte dann theatralisch wieder in sich zusammen. »Mein Kopf brummt. Ich hab das Gefühl, mir gar nix gemerkt zu haben. Du bist 'ne miese Elternberaterin, Sophie.« Sie raufte sich die Haare und schloss stöhnend die Augen.

Katja sah mich stellvertretend für Tine entschuldigend an. »Ich find total lieb, dass du so geduldig warst und uns so viel erklärt hast, Sophie.« Sie stockte. »Und … äh … also … ich hätte halt doch deutlich mehr mitschreiben sollen … Glaub ich …«

»Jetzt haste genauso Hirnsausen wie ich. Und alles war umsonst«, blökte Tine. »Bis auf dass wir die Bestimmer sind, ist nix von der ganzen Beraterei übrig.«

Ich kann mir vorstellen, dass es euch gerade genauso geht wie Tine und euer Kopf vor lauter Input bedenklich qualmt – immerhin habe ich Katja, Tine und euch in einem Rutsch erklärt, was ich mit den Eltern sonst über mehrere Sitzungen hinweg erarbeite.

Deshalb hier noch einmal das Wichtigste in einer kurzen Zusammenfassung.

Bitte fragt euch immer und besonders dann, wenn es momentan nicht rundläuft, was alles gut ist und in welchen Bereichen etwas reibungslos funktioniert. Es gibt immer mehr Dinge, die gut sind, als solche, die schlecht laufen.

Um das zu erkennen, kommt es auf unseren Blickwinkel an und darauf, dass wir auch die kleinen Dinge nicht als selbstverständlich betrachten, sondern uns darüber freuen und dankbar sind.

Das hilft.

Wenn ihr das Gefühl habt, dass etwas immer oder zumindest so gut wie immer schiefläuft, beobachtet und notiert. Meist wird unser Eindruck, dass ein Kind irgendetwas *ständig* tut, dadurch relativiert, und wir erkennen, dass es weniger häufig vorkommt, als wir dachten. Das ist doch schon mal was!

Überlegt euch, was ihr möchtet. Das hilft in jedem Bereich eures Lebens – nicht nur als Mutter oder Vater, sondern auch als Freundin, Freund, Arbeitnehmer, Arbeitgeber, Selbstständige, bei der Wahl des neuen Hobbys oder der Planung der Hochzeit.

Was genau *wünscht* ihr euch? Wie würde die Wunscherfüllung in einem Film aussehen?

Benutzt positive Formulierungen. Wenn wir alle dazu übergingen, nur noch zu sagen, was wir uns wünschen, statt aufzuzählen, was wir alles nicht wollen, was könnte sich dadurch alles verändern?

Speziell bei der Kommunikation mit euren Kindern ist es wichtig, dass ihr darauf achtet, wie und wann ihr mit ihnen sprecht. Kommuniziert altersgemäß mit ihnen und formuliert so klar wie möglich.

Wählt einen geeigneten Zeitpunkt für euer Gespräch, denn selbstverständlich ist es viel besser, den entspannten Moment nach dem Essen zu nutzen, um etwas zu besprechen, als eure Kinder womöglich aus einem Spiel herauszureißen. Schließlich wollt ihr ihre Aufmerksamkeit – und die habt ihr in manchen Momenten nur eingeschränkt. Wartet also einfach ab, bis sich eine geeignete Gelegenheit ergibt.

Verbringt so viel positive und wertvolle Zeit mit euren Kindern wie möglich. Es kommt nicht auf die Quantität an, sondern auf die Qualität. Das klingt zwar logisch und einleuchtend, aber dennoch handeln wir oft nicht danach. Wenn ihr etwas mit euren Kindern macht, seid *da*. Und falls ihr noch nicht fertig seid, mit was auch immer ihr zu tun habt, dann bringt es zuerst zu Ende und seid dann präsent.

Wenn ihr euren Kindern erklärt: »Ich muss noch zwei E-Mails schreiben. Das dauert etwa eine Viertelstunde. Danach habe ich Zeit für euch, und wir können ein paar Runden UNO spielen«, und eure Kinder sich darauf verlassen können, dass ihr dieses Versprechen einlöst, dann werden sie die Viertelstunde abwarten. Kleineren Kindern kann man helfen, indem man ihnen eine Küchenuhr stellt, damit sie wissen, dass man sie nicht vergessen hat. Eine Viertelstunde kann nämlich verdammt lang sein, wenn man auf ein gemeinsames Spiel wartet.

Stellt einige wenige Familienregeln auf, an die sich alle halten sollen. Ja, auch die Erwachsenen.

Formuliert klar, was ihr von euren Kindern erwartet, bleibt ruhig und droht nicht mit unsinnigen oder übermäßigen Strafen.

Diesen Punkt hatte ich mit Tine und Katja nicht besprochen, weil ich die beiden kannte und wusste, dass das sowieso nicht zu ihrem Verhaltensrepertoire gehört. Zu eurem vermutlich auch nicht, aber der Vollständigkeit halber möchte ich erwähnen: Wenn ihr positiv formuliert, eure Kinder lobt, ihnen Aufmerksamkeit schenkt, ihnen klar sagt, was ihr von ihnen erwartet, und eventuell noch netterweise kurz erklärt, *warum* das so ist, werdet ihr wahrscheinlich ohnehin so folgsame und brave Kinder haben, dass ihr es schon beinahe langweilig finden werdet.

Bei Strafen ist es so, dass die ja gern mal angedroht werden, ohne dass man sich vorher überlegt, was passiert, wenn man die angedrohte Strafe tatsächlich durchziehen muss.

Nehmen wir an, ihr sagt am Mittwochabend etwas wie: »Wenn du jetzt nicht reinkommst, fahren wir am Wochenende nicht zum See.« Auf diese Weise bestraft ihr euer Kind am Wochenende für etwas, was es einige Tage zuvor verbockt hat.

Was, wenn es zwischen Mittwochabend und dem Wochenende wahnsinnig brav war? Und wenn ihr am Wochenende eigentlich selbst gern zum See wollt? Und es vielleicht Geschwisterkinder gibt, die einfach mitbestraft werden, obwohl sie noch nicht mal am Mittwoch etwas getan haben, was bestrafenswert gewesen wäre?

Mein Tipp: Versucht es ohne Strafen und Schimpfen.

Zum Schluss möchte ich an Tines flammende Rede erinnern. Seid nicht nur geduldig mit euren Kindern, sondern auch mit euch selbst! Weder eure Kinder müssen perfekt sein noch ihr als Eltern.

Und weil es in allen Lebenslagen einen solch beeindruckenden und nachhaltigen Effekt hat, möchte ich euch hiermit an einen meiner Lieblingsratschläge erinnern:

Seid dankbar für eure Kinder, lächelt, seht die vielen guten Dinge, die jeden Tag passieren, lobt eure Kinder. Und falls heute einer der nicht so guten Tage war, dann seid nachsichtig und prüft, ob dieser Tag nicht vielleicht doch ganz viel Schönes und Wertvolles zu bieten hatte, wenn ihr nur mal ein paar Schritte zurücktretet und ihn aus einem anderen Blickwinkel betrachtet.

Falls all das nicht klappt und ihr heute einfach mies drauf und für gar nichts dankbar sein wollt, dann sagt euren Kindern, dass ihr sie lieb habt, umarmt sie, schließt sachte die Tür vom Kinderzimmer, sucht euch ein Kissen und schreit hinein. Schimpft so lange vor euch hin, bis ihr heiser seid.

Das darf auch mal sein.

UNTERSCHIEDE FEIERN – WIE MÜTTER UND VÄTER GLEICH-BERECHTIGUNG IM ALLTAG FINDEN

Ich hatte mir vorgenommen, in dieses Buch mindestens ein Wunschthema aufzunehmen, das nicht mein eigenes ist, und fragte meine Producerin, die eine kleine Tochter hat und somit zur Zielgruppe dieses Buchs gehört. Sie antwortete, dass viele ihrer Freundinnen und auch sie selbst aktuell am meisten das Thema der Gleichberechtigung bewege – und hier speziell die Frage: Wie schafft man es, den Start mit Kind gleichberechtigt hinzulegen, wo doch die Mutter allein schon wegen des Stillens und des Wochenbetts zuerst zu Hause bleibt und der Vater später? Wie gleich muss alles aufgeteilt werden?

Ganz offensichtlich wurde bereits so einiges ausprobiert, denn ihre E-Mail endete mit dem geäußerten Verdacht, dass »deprimierenderweise« das klassische Rollensystem tatsächlich seine Vorteile zu haben scheine.

Tja. Da saß ich nun und starrte auf die Mail meiner Producerin, der ich vollmundig versprochen hatte, jedwedes gewünschte Thema ins Buch aufzunehmen und zufriedenstellend zu behandeln.

Ich fühle mich in Erziehungsfragen und auch ansonsten auf dem Gebiet der Psychologie kompetent – bis auf diesen kleinen Bereich der Geschlechterrollen. Bei diesem Thema habe ich oft den Eindruck, ich sollte es besser anderen überlassen.

Erst ein paar Tage zuvor hatte ich mit meinem jetzigen Mann Georg darüber gesprochen, dass ich mich erstaunlich schwertue mit dieser ganzen Geschlechterfrage. Hört man ja schon an der wenig eloquenten Formulierung – »diese ganze Geschlechterfrage«. Was ist denn das für ein Deutsch? Und überhaupt, warum ist ausgerechnet dieser Bereich so … ja, was ist er eigentlich für mich? Schwierig? Langweilig?

Georg ist da ganz anders. Er hat eine klare und geradezu leidenschaftliche Haltung zur Gleichberechtigung und wird oft zu Recht als Feminist bezeichnet. Er beschäftigt sich gern und ausgiebig mit diesem Thema und hat eine ganze Menge dazu zu sagen.

Ich finde das wundervoll und bin – nicht nur aus diesem Grund, aber eben auch – sehr stolz auf meinen Mann.

Er findet, man (also auch ich) solle »Leserinnen und Leser« schreiben. Oder zumindest »Leser*innen«. Er sagt, man müsse sich deutlich positionieren und für die Gleichberechtigung einsetzen. Immer und überall.

Grundsätzlich stimme ich ihm zu, denn selbstverständlich bin ich für Gleichberechtigung – und zwar so was von selbstverständlich, dass es mir nicht nötig erscheint, beispielsweise »Leserinnen und Leser« oder auch »Leser*innen« zu schreiben. Das würde mich eher nerven, zumal dieses »Leser*innen« für meine Ohren schlicht danach klingt, als habe jemand »Leserinnen« falsch ausgesprochen.

Bei sprachlichen Formulierungen bin ich pingelig und zucke innerlich zusammen, wenn jemand den Dativ gebraucht, wo der so wohlklingende Genitiv hingehört. Und womöglich ist mir die Schönheit der Sprache wichtiger als der korrekte Ausdruck der Gleichberechtigung.

Als ich das im Gespräch mit Georg laut aussprach, klang es allerdings verkehrt. Denn natürlich ist mir die Sprache *nicht* wichtiger als Gleichberechtigung; das wäre ja absurd. Und dennoch … Irgendetwas in mir windet sich, wenn ich dieses allzu bemühte »Leserinnen und Leser« lese oder höre. Und müsste man dann nicht abwechselnd mal die weiblichen und mal die männlichen Lesenden zuerst nennen? Oder wie?

Ich starre immer noch auf die E-Mail meiner Producerin, aufgrund derer ich mich nun intensiv mit »diesem Geschlechterdings« befassen muss und es nicht, wie sonst, anderen überlassen kann, denen ich das eher zutraue.

Richtig so, sagt eine kämpferische Stimme in mir. Du bist selbst eine Frau und hast zwei Töchter, wie kannst du dich da ernsthaft davor drücken wollen, etwas beizutragen?

Mit betretener Miene bleibe ich mir eine Antwort schuldig und versuche zu ergründen, warum ich mich bislang nicht in dieser Richtung engagiert habe. Weil andere das definitiv besser können, klar.

Mein Mann beispielsweise, der macht das wie gesagt großartig – voller Leidenschaft und Liebe und vor allem, ohne dabei Männer an sich mieszumachen. Vielleicht sollte ich ihn dieses Kapitel schreiben lassen. Es ist ja durchaus sinnvoll, wenn jeder das macht, was er am besten kann und wofür er sich mit einer gewissen Leidenschaft und Intensität interessiert. Das kann man übrigens genauso auf die Kindererziehung und -betreuung anwenden, aber dazu komme ich gleich noch.

Zunächst möchte ich ergründen, warum ich nicht ebenso engagiert für die Gleichberechtigung der Frau brenne wie mein Mann. Wie kann das sein? Tja, ich werde es herausfinden müssen, bevor ich meiner lieben Producerin, ihren Freundinnen und euch eine halbwegs befriedigende Antwort geben kann.

Ich glaube, meine mangelnde Passion, für die Emanzipation zu kämpfen, liegt zu einem Großteil daran, dass ich diesbezüglich äußerst privilegiert aufgewachsen bin. Meine Mutter war eine sehr emanzipierte Frau, ohne je eine große Sache daraus gemacht zu haben. Sie war es einfach – und zwar mit einer Selbstverständlichkeit und Würde, die definitiv über jeden Zweifel erhaben war.

Sie selbst wuchs in einer Zeit auf, in der es üblich war, dass Frauen nach der Heirat oder spätestens mit der Geburt eines Kindes nicht mehr arbeiteten, sondern sich um Haushalt, Kinder und das pünktlich auf dem Tisch stehende Essen für die Familie kümmerten. Meine Mutter hatte jedoch Jura studiert und war Richterin am Oberlandesgericht geworden. Zwar hatte sie dieses Amt nach der Heirat nicht weiter ausgeübt, weil mein Vater als Rechtsanwalt am selben Gericht Fälle verhandelte und eine solche Kombination nicht möglich war, doch statt ihre Berufstätigkeit aufzugeben, arbeitete meine Mutter als selbstständige Rechtsanwältin weiter. Nach der Geburt des ersten von vier Kindern reduzierte sie ihre Arbeitszeit, wäre allerdings nie auf die Idee gekommen, gar nicht mehr zu arbeiten. Als Selbstständige befand sie sich in der glücklichen Lage, Familie und Beruf gut vereinbaren zu können.

Davon abgesehen lebten meine Eltern durchaus die klassische Rollenverteilung: Mein Vater arbeitete Vollzeit als Anwalt und kam abends oft erst spät nach Hause, während meine Mutter sich um die Belange von uns Kindern kümmerte, den Haushalt schmiss, jeden Tag kochte und nebenbei eben auch noch Mandanten empfing und zu Gerichtsterminen fuhr.

Ich hatte nie das Gefühl, dass meine Mutter den Wunsch gehabt hätte, mein Vater solle sich bei was auch immer »mehr einbringen«. Sie tat all das, weil sie es *wollte*. Und ich wuchs mit der felsenfesten Überzeugung auf, dass man meine Mutter niemals zu etwas würde bewegen können, hinter dem sie nicht voll und ganz stand. Nein, sie war in ihren Haltungen stets klar und – häufig zu meinem Leidwesen – unumstößlich in ihren Prinzipien. Ich bin mir sicher, hätte mein Vater die verwegene Idee gehabt, Essen zu kochen, Wäsche zu waschen oder gar Elternabende zu besuchen, meine Mutter hätte garantiert entsetzt die Hände überm Kopf zusammengeschlagen und ihm unmissverständlich zu verstehen gegeben, dass derartige Eskapaden keinesfalls erwünscht seien.

Ich habe meine Eltern dennoch oder womöglich gerade deswegen stets als absolut gleichberechtigt empfunden. Vermutlich half es, ihnen bei ihren Debatten über juristische Dinge zuzuhören, denn da sprachen zwei hochintelligente Menschen miteinander, die einander respektierten und achteten. Nicht, dass sie immer einer Meinung gewesen wären. Nein, insbesondere in rechtlichen Fragen vertraten sie mitunter äußerst unterschiedliche Standpunkte, über die sie lange diskutierten. Trotzdem hatte ich niemals den Eindruck, mein Vater würde meine Mutter in irgendeiner Weise als nicht gleichberechtigt ansehen – weder in beruflicher noch privater oder sonstiger Hinsicht. Wie gesagt, da könnte man eher meiner Mutter vorwerfen, dass sie meinem Vater weder Tätigkeiten im Haushalt noch im Hinblick auf die Versorgung kleinerer Kinder zutraute.

Bezeichnenderweise durften wir Kinder nämlich jedes einmal eine exklusive »Papa-Reise« mit unserem Vater unternehmen, und zwar dann, als unsere Mutter uns für selbstständig genug befand, quasi allein zurechtzukommen. Die Papa-Reisen waren also der Moment, in dem man so was wie das nächste Level erreicht hatte, eine Art Initiations-Ritual.

Dementsprechend aufgeregt war ich am Abreisetag ob der Aussicht, drei ganze Tage allein mit meinem Vater zu sein. Und erst jetzt, wo ich das aufschreibe, bemerke ich, wie seltsam das klingt. Ich kann aber versichern, dass mein Vater wunderbar dazu in der Lage war, auf diesem Ausflug und auch generell für mich zu sorgen. Und er brachte jedes seiner vier Kinder wohlbehalten und glücklich zurück nach Hause.

Ich erinnere mich, dass ich während dieser Reise beeindruckt war von dem Spaß, den ich mit meinem Vater erlebte. Ich hatte zwar schon vorher gewusst, dass er kreativ und lustig war, was er jedoch während dieser Papa-Reise veranstaltete, war ein herrliches Sammelsurium an innigen Momenten des gemeinsamen Schweigens auf langen Spaziergängen sowie zahlreiche Unternehmungen, die meine Mutter ziemlich sicher nicht erlaubt hätte – angefangen vom Springen über einen für mich als Kind recht breiten Bach über das Verputzen einer gigantischen Portion Eis bis hin zum spätabendlichen Klettern über den Zaun eines bereits geschlossenen Friedhofs zwecks gemeinsamer Mutprobe. Ich fand das alles herrlich aufregend und spaßig.

Die für nicht eingeweihte Augen unverfänglichen Fotos, die mein Vater auf dieser Reise machte, gehören bis heute zu meinen Lieblingsbildern. Besonders jenes, auf dem ich am Abend, auf dem Hotelbett sitzend, leicht überdreht in die Kamera grinse. Es entstand, nachdem wir beide erfolgreich in das Friedhofsgelände »eingebrochen« und dort eine große Runde zwischen den nächtlich gruseligen Gräbern herumgewandert waren.

Heute bin ich sicher, dass mein Vater meiner Mutter alles haarklein erzählt hat und sie sich freute, dass ich so ein Abenteuer erleben durfte. Damals hielt ich es für ein großes Geheimnis.

Als Kind habe ich nie einen Gedanken daran verschwendet, dass Frauen womöglich in irgendeiner Hinsicht als weniger wert angesehen werden könnten als Männer. Und wenn ich so zurückschaue, dann hielt ich vermutlich, bis ich etwa Mitte zwanzig war, Menschen, für die Mann und Frau nicht gleichberechtigt waren, zumindest in europäischen Ländern für einen Mythos.

Mir war einfach nie einer begegnet, oder ich hatte ihn nicht als solchen identifiziert, weil ich schlicht nicht damit rechnete. Außerdem hatte ich mich selbst nie benachteiligt gefühlt, zumindest nicht aufgrund meines Geschlechts.

Und so hatte ich eines Abends mit Mitte zwanzig ein für mich höchst verstörendes Gespräch mit dem neuen Freund meiner Freundin Claudia. Der tätigte nämlich ein paar derart merkwürdige Äußerungen bezüglich der Rolle der Frau, dass ich einfach nicht fassen konnte, was ich hörte.

Deshalb fragte ich, wie ich glaubte, höchst provokant und auch nicht ganz fair: »Du bist also der Ansicht, Männer und Frauen seien nicht gleichberechtigt, oder wie?« Ich erwartete, dass Claudias neuer Freund einlenken und wortreich erklären würde, dass er das *sooo* natürlich nicht gemeint hatte.

Tat er aber nicht. Er antwortete: »Natürlich sind die nicht gleichberechtigt.«

Ich kann mich noch genau an meine absolute Fassungslosigkeit erinnern.

Heute frage ich mich, warum mich seine Erwiderung nicht dazu bewogen hat, mich mehr für Gleichberechtigung einzusetzen und eine Form von Leidenschaft dafür zu entwickeln.

Obwohl ich Claudias neuen Freund, der nach diesem Abend schnell ihr Ex-Freund wurde, zunächst als traurig-verwirrte Ausnahme abtat, wurde mir das Problem der mangelhaften Gleichberechtigung in den folgenden Jahren sehr wohl bewusst – auch wenn ich mich nach wie vor persönlich nie davon betroffen fühlte.

Leider erlebte ich viel zu selten, dass jemand sich für die Gleichberechtigung der Frau engagierte, mit dem ich mich solidarisieren wollte. Das Gegenteil war der Fall: Ich fand es schrecklich, dass das Kämpfen *für* Frauen meist gleichgesetzt wurde mit dem Kampf *gegen* Männer. Ich wollte nicht dazugehören zu diesen mir äußerst unsympathischen Menschen, die Männer schlechtmachten, um zu zeigen, dass Frauen besser seien. Feministinnen fielen mir bedauerlicherweise häufig unangenehm als Männer hassend und in dieser Haltung absurderweise gleichzeitig als Männer nachahmend auf. Das löste keine Solidarität in mir aus, sondern Fremdscham. Ich erlebte zu viele Frauen, die sich Männern gegenüber auf die gleiche Weise ekelhaft verhielten, wie sie ihnen vorwarfen, dass sie sich Frauen gegenüber benahmen.

Mag sein, dass für eine Änderung der Denkweise jene Form der aggressiven Extremhaltung notwendig oder gar nützlich war. Es wäre anmaßend, wenn ich behauptete, mich auf diesem Gebiet hinreichend auszukennen, um das beurteilen zu können. Mir widerstreben jedoch diese Art der Kommunikation und das Kämpfen *gegen* etwas, und besonders gegen Menschen, so sehr, dass ich schlicht nicht mitmachen konnte und wollte. Zumal ich fand und finde, dass es nicht gerade von Größe, Reife oder sonst einer positiven Eigenschaft zeugt, wenn man gegen die ungerechte Behandlung einer bestimmten Gruppe angeht, indem man seinerseits Menschen unfair begegnet. Denn das hieße ja, dass ich nur dann eine wahrhaft emanzipierte Frau wäre, wenn ich Männer kleinmachte oder als dumm und weniger wert darstellte. Was für eine unsympathische und absurde Haltung ist das denn bitte?

Übrigens wurde ich mehr als einmal angefeindet, weil ich die Meinung äußerte, dass Männer ebenfalls ihre guten und sogar äußerst liebenswerten Seiten haben. Wie grotesk und traurig zugleich!

Ich mag es, wenn man solidarisch ist und zusammenhält, statt gegen ein Feindbild zu kämpfen. Ich finde es fantastisch, wenn wir gemeinsam *für* etwas sind, wenn wir anderen die Hand reichen, wenn wir versuchen, Verständnis zu haben, und wenn unser Ziel ein liebevolles und harmonisches Miteinander ist.

Ich liebe es, wenn Frauen, Männer und überhaupt alle Geschlechter dieser Welt sich gegenseitig unterstützen. *Das* ist toll und erschaffenswert.

Ich wünsche mir, dass jeder sein darf, wie er sein möchte – sofern er damit niemandem schadet, natürlich. Ich finde, Frauen dürfen liebevoll, erfolgreich, fürsorglich, ehrgeizig, Hausfrau, berufstätig, laut, leise oder sonst wie individuell sein – genauso wie Männer und all jene, die sich einem anderen Geschlecht zugehörig fühlen.

Ich hatte großes Glück, dass ich so selbstverständlich emanzipiert aufwachsen durfte, und ich hoffe sehr, dass Sven, Georg und ich für unsere Kinder an diese tolle Vorbildfunktion meiner Eltern heranreichen.

Aber ich sollte ja keine Abhandlung über die Emanzipation der Frau verfassen, sondern meiner Producerin einen guten Ratschlag geben, wie man es verdammt noch mal anstellt, als Eltern insbesondere den Start mit Kindern gleichberechtigt hinzukriegen.

Beim Betrachten meiner eigenen Rolle als Mutter und Bonus-Mutter fällt mir auf, dass es mir auch hier nie um die Rolle der Frau oder des Mannes ging, sondern ganz banal darum, wie wir unser Leben als Familie und speziell als Paar bestmöglich gestalten können.

In den Kleinkindjahren von Amelie und Lotta war vorrangig ich für die beiden zuständig. Das hatte sich so ergeben und war sowohl für Sven als auch für mich vollkommen in Ordnung.

Okay, bis auf diesen einen Abend, an dem ich ungeduscht, übermüdet und überhaupt äußerst unsexy mit der wenige Monate alten Lotta und der zweijährigen Amelie auf dem Boden saß, fahrig ein paar Kekskrümel unters Sofa wischte und Sven traurig hinterherwinkte, als er sich gut aussehend und in Klamotten ganz ohne Babykotze auf den Weg zu einer

Weihnachtsfeier machte. In diesem Moment hätte ich viel dafür gegeben, mit Sven tauschen zu können.

Und wisst ihr was? Sven wollte an diesem Abend einfach nur zu Hause bleiben und hatte überhaupt gar keine Lust auf laute Musik, Schnittchen und Small Talk.

Davon abgesehen hat unsere Aufteilung meist recht gut funktioniert. Jeder von uns tat, was er gut konnte und gern machte oder zumindest weniger schlimm fand als der andere – beispielsweise an Elternabenden teilzunehmen. Das klappte ganz wunderbar.

So wenig ich mich persönlich mit frauenfeindlichen Handlungen oder Haltungen herumschlagen musste, so sehr erstaunte mich, dass mein Mann in der Zeit, in der ich Hauptverdienerin war, mit höchst skurrilen Vorurteilen zu kämpfen hatte. Es ging sogar das Gerücht um, Sven sei homosexuell, weil ein »richtiger« Mann wohl kaum auf sich sitzen lassen würde, dass seine Frau mehr verdiente als er. Als mir eine »wohlmeinende« Nachbarin davon erzählte und offensichtlich hoffte zu erfahren, dass das Gerücht stimmte, erklärte ich ihr, dass ich mir kaum etwas Männlicheres vorstellen könne als meinen Mann, der keinerlei Problem damit habe, wenn seine Frau mehr Geld heimbrachte als er. Denn er brauche weder den dickeren Gehaltsscheck noch ein riesiges Auto oder einen vermeintlich wichtigen Job, um sein Ego aufzupolieren und sich als Mann zu fühlen.

»Sven *ist* einfach ein Mann«, sagte ich und schaute meine Nachbarin ein klein wenig mitleidig an, als im selben Moment ihr Mann seinen überdimensionalen BMW parkte und in seinem schicken Anzug mit ebensolcher Aktentasche im Haus verschwand.

Inzwischen sind Amelie und Lotta Mitte zwanzig, und ich sehe mit Freude, dass Sven es heute deutlich leichter hätte als Zeitweise-Hausmann. In dieser Hinsicht hat sich einiges getan, was sich übrigens auch an der Frage meiner Producerin zeigt, die sich ja gar nicht mehr mit dem Ob befasst, sondern mit dem Wie.

»Wie gleich muss alles aufgeteilt werden?«

Amelie würde hier mit ihrem Standardsatz antworten, der da lautet: »Ich muss gar nix!«

Und ich gebe ihr absolut recht: Es *muss* gar nix – es muss auch nix gleich aufgeteilt werden.

Wenn wir uns freimachen von dem, was sein sollte und müsste, und uns dem zuwenden, was sein kann und darf, dann lässt sich selbst eine schwierige Entscheidung mit mehr Leichtigkeit treffen.

»Ich *muss* was auch immer« fühlt sich doch irgendwie … doof an. Es gibt einen mehr oder weniger großen Teil in vermutlich jedem von uns, der nach den Worten »ich muss …« sofort abschaltet und sich weigert zu hören, was er nun schon wieder muss, umgehend die Arme verschränkt, sich in schmollender Verweigerungshaltung wegdreht und von dannen stapft. Ich gebe zu, ich verstehe diesen Teil in mir sehr gut, denn ich will ebenfalls nix müssen, also nicht nur ein Teil von mir, sondern die ganze Sophie.

Ich schlage also vor, dass wir uns fragen: »Wie gleich *darf* alles aufgeteilt werden?«

Ich finde, das klingt angenehmer und hat mehr Leichtigkeit.

Wir wünschen uns eine Gleichberechtigung von Männern und Frauen im Beruf und in der Familie. Und das ist gut so. Ich finde es großartig, dass heutzutage Männer ganz selbstverständlich Erziehungsurlaub nehmen und nicht mehr infrage gestellt wird, ob Mütter ebenso Karriere machen wollen und dürfen wie Väter.

Wie aber können junge Eltern, die alles ganz gleichberechtigt machen wollen, ihr Leben entsprechend einrichten? Welche Möglichkeiten haben sie?

Ich glaube, dass es diesbezüglich nicht »die eine« Lösung gibt, sondern dass man jede Familie individuell betrachten sollte. Vielleicht kommt man am ehesten zu einem Ergebnis, wenn man sich überlegt, warum man das traditionelle Modell ablehnt. Also, will man es nicht, weil man nicht so werden will wie die eigenen Eltern? Oder strebt man nach einem anderen Entwurf, weil man sich als Paar gleichberechtigt um das gemeinsame Kind kümmern will? Oder weil man das Gefühl hat, dass Freunde, Verwandte, die Gesellschaft oder wer auch immer es erwarten?

Ich denke, es hilft, wenn wir uns Amelies Motto zu eigen machen und uns häufiger mal denken: »Ich muss gar nix.«

Was die Elternschaft betrifft, ist ja von vornherein nichts so richtig gleichberechtigt. Das kann man doof finden, und trotzdem lässt es sich nicht ändern.

Ich habe es so sehr genossen, schwanger zu sein, dieses Wunder im Bauch zu haben und zu spüren, dass mein Kind in mir wächst. Was für ein unbeschreiblich beeindruckendes und magisches Erlebnis!

Und wie ungerecht, dass Männer davon zu einem gewissen Teil von Natur aus ausgeschlossen sind. Sie können uns zum Ultraschall begleiten und ihre Hand auf den Bauch legen, um die Bewegungen des Kindes zu spüren, aber dennoch ist das nicht dasselbe. Wir Frauen haben das unfassbare Glück, dass wir diejenigen sind, die das Wunder der Schwangerschaft erleben dürfen.

So wie wir Frauen gleichfalls die sind, die mit der Morgenübelkeit, den Rückenschmerzen und all den anderen Schwierigkeiten, die eine Schwangerschaft mit sich bringen kann, zu kämpfen haben. Auch das ist nicht gerecht.

Ebenso verhält es sich mit der Geburt: Die dürfen und müssen wir Frauen nun einmal ganz anders erleben als die Männer.

Das kann man je nach Erlebnis auf die eine oder eben auf die andere Weise ungerecht finden.

Und schließlich ist es nur uns Frauen gegeben, unsere Babys zu stillen. Natürlich können wir die Muttermilch abpumpen und in Fläschchen füllen, die der Vater verabreicht. Und manchmal kann auch gar nicht gestillt werden, und es kommt direkt die Flasche zum Einsatz.

Jeder Beginn eines Lebens ist individuell. Aber eines ist klar: Gerade wenn es ums Thema Kinderkriegen geht, um Schwangerschaft und Geburt – und eben auch um die Zeit danach –, ist es schlicht naturgegeben, dass Frauen und Männer nicht gleich sind.

Ich bin überzeugt, dass junge Eltern ein gutes Modell für sich finden können, das sich für beide Seiten gut anfühlt, wenn sie sich selbst und auch einander nicht unter Druck setzen, sondern den Blick darauf wenden, was alles möglich ist. Wenn wir dann noch die individuellen Unterschiede anerkennen, ohne sie zu bewerten, werden wir eine praktikable Lösung finden.

Ich rate dazu, beim Finden und bestenfalls Ausformulieren eines Modells für die Zeit nach der Geburt systematisch und strukturiert vorzugehen, um sich nicht zu verzetteln.

Das Wichtigste ist jedoch, dass ihr euch in einem Moment zusammensetzt, in dem ihr in Liebe verbunden seid. Ich erlebe nämlich oft, dass Eltern in eine Art Kampf geraten, weil einer oder gar beide das Gefühl haben, sie müssten aufpassen, dass sie nicht benachteiligt werden. Das ist zu einem gewissen Grad verständlich, aber nicht hilfreich. Im Gegenteil.

Deshalb: Setzt euch in entspannter Atmosphäre und vor allem mit gegenseitigem Wohlwollen und dem Gefühl von Liebe und Vertrauen zusammen und überlegt gemeinsam, wie euer Modell bestmöglich aussehen könnte. Oft gibt es ja bereits genug äußere Gegebenheiten, die wir berücksichtigen müssen und die uns in der Gestaltungsmöglichkeit einschränken. Zum

Beispiel durch die Frage, wessen Job es wann erlaubt, für wie lang Elternzeit zu nehmen. Und eben durch die Tatsache, dass das Stillen von der Mutter übernommen wird.

Wenn ihr die Fakten, die gegeben sind, so annehmt wie Karten, die ihr beim Spiel zugeteilt bekommt, wird es viel leichter, eine gute Lösung zu finden, denn ihr verschwendet keine Energie darauf, euch zu ärgern, dass es ist, wie es ist.

Beispielsweise eben das Stillen: Das ist im Großen und Ganzen ein Fakt. Natürlich kann man abpumpen, aber dennoch ist es so, dass die Mutter die Milch produziert, weil der Vater das nun einmal nicht kann. Darüber kann man sich ärgern oder es hinnehmen.

Das Gleiche gilt für die Schwangerschaft: Sie hat ihre Vor- und Nachteile für beide – und in diesem Sinne könnte man es, wenn man es nicht allzu genau nimmt, schon wieder als gerecht ansehen, falls man unbedingt ein Gefühl von Gerechtigkeit benötigt.

Ich bin sehr dafür, dass wir trotz – oder vielleicht sogar wegen – der Gleichberechtigung unsere Unterschiede feiern. Auch das ist bei jedem Paar anders, aber dass es Unterschiede gibt, ist unbestritten und zudem wunderbar.

Ich kann, wie ihr bereits gehört habt, nur sehr rudimentär bis gar nicht kochen. Glücklicherweise gleicht Georg das aus – und auch Sven übernahm früher den Part des Küchenchefs. In meiner Ehe mit ihm riss sich keiner von uns beiden darum, zu kochen. Es stellte sich jedoch bald heraus, dass Sven es nun einmal besser konnte – und es ihm nichts ausmachte. Und wenn doch, dann gab es eben Tiefkühlpizza, belegte Brote oder ein bestelltes Essen. Oder Bratkartoffeln – ihr wisst schon, das einzige Gericht, das ich ganz gut hinbekomme und meist sogar, ohne dass der Rauchmelder angeht.

Was Elternabende betrifft, war dafür ich diejenige, die dorthin ging. Auch das war etwas, worauf wir beide nicht unbedingt scharf waren, doch ich fand es weniger schlimm als Sven. Also ging ich. So einfach war das.

Ich bin sicher, dass ihr mit ähnlichen Vereinbarungen lebt. Zudem kann man sich ja abwechseln, falls nicht feststellbar ist, wer Elternabende, Kochen oder was auch immer grausiger findet als der andere.

Was die Anfangszeit mit dem Baby angeht, macht euch bitte keinen Stress, wenn das eben doch eine Zeit wird, in der die Mutter mehr macht als der Vater. Zum einen kann sich der Vater natürlich dennoch mit dem Baby beschäftigen und an der Versorgung beteiligen, zum anderen kommt früher oder später eine Zeit, in der sich der Vater eventuell sogar mehr mit dem Kind beschäftigt als die Mutter. Vielleicht interessiert es sich später für Dinge, die dem Vater mehr liegen, oder es braucht eine Art Unterstützung, die der Vater eher geben kann als die Mutter.

Die Anfangszeit mit eurem Baby ist zwar eine besondere und wichtige, im Grunde gilt das aber für jede Zeit mit eurem Kind. Wenn ich als Mutter zweier erwachsener Töchter und eines kurz vor dem Teenageralter befindlichen Bonus-Sohnes zurückblicke, dann könnte ich wirklich nicht sagen, welche Zeit die wichtigste oder schönste gewesen sein sollte. Ich fand und finde jedes Alter meiner Kinder und jede Phase meines Mutterseins auf ihre eigene Art wundervoll und besonders. Und die meisten Eltern, die ich kenne, empfinden ähnlich.

Vielleicht helfen euch diese Gedanken, euch zu entspannen. Selbst wenn ihr euch aktuell in einer Phase befindet, in der es sich anfühlt, als würde einer von euch mehr zu leisten haben als der andere, seid euch sicher, dass sich diese Zeit verändern und schließlich vorbeigehen wird. Bedenkt überdies: Der jeweils andere Elternteil hat auch etwas zu leisten: nämlich auszuhalten, dass er gerade weniger involviert ist, als er vielleicht gern wäre.

Mein Vorschlag an euch – und natürlich an meine liebe Producerin und ihre Freundinnen – lautet also: Setzt euch mit eurem Partner zusammen, findet gemeinsam heraus, wer von alldem, was an Familienarbeit anliegt, was am besten kann, mag und zeitlich schafft. Und dann erlaubt euch, die Aufgaben entsprechend aufzuteilen, ganz ohne höhere Mathematik und maximale Genderkorrektheit, sondern so, wie es speziell für euch in diesem Moment am besten passt. Bleibt im Austausch und prüft regelmäßig, ob sich etwas verändert hat oder angepasst werden sollte, und handhabt es dann entsprechend anders. Bitte schaut allerdings nur alle paar Wochen und nicht täglich auf eure Aufteilung, denn sonst könnte es sein, dass ihr vor lauter Anpassungsüberlegungen nicht mal mehr dazu kommt, den Müll runterzubringen oder zu duschen – und das wäre wirklich schade.

Und bitte bedenkt ebenfalls, was ich vorhin bereits sagte: dass so ein Plan an einem Tag gemacht werden sollte, an dem ihr das halbwegs in Ruhe und vor allem mit Liebe besprechen könnt. Also nicht unbedingt, wenn einer von euch einen zwingenden Abgabetermin für ein Dossier ohnehin schon nicht mehr einhalten kann und der andere im vollgekotzten T-Shirt und dem Säugling mit Magen-Darm-Infekt im Tragetuch weder geradeaus schauen noch denken kann. An solchen Tagen sollte man sich und dem Partner nicht mehr zumuten als die Ankündigung, dass eventuell in den nächsten Tagen mal irgendwann irgendwas besprochen werden könnte.

Macht euch das Leben nicht zusätzlich schwer, indem ihr versucht, sogar im Hinblick auf die Geschlechterrollen perfekt zu sein. Nutzt die Zeit lieber für schöne Dinge wie das Sich-Freuen über eure Kinder, einen Familien-Mittagsschlaf oder vielleicht sogar, wenn ihr aus dem Allergröbsten raus seid, für ein paar schöne Stunden mit eurem Partner. Nur so als Idee …

Me-time – Über die Selbstliebe mit Kind

Vor einiger Zeit traf ich meine Freundin Eva. Sie ist einige Jahre jünger als ich und Mutter der dreijährigen Clara sowie des einjährigen Felix.

Ich glaube, ich kenne Eva fast ausschließlich lächelnd. Sie ist eine beeindruckend fröhliche und optimistische Frau. An diesem Tag wirkte sie allerdings grüblerisch, und ihr bezauberndes Lächeln verschwand definitiv zu oft.

Na ja, dachte ich mir. Als meine beiden so klein waren, habe ich deutlich mehr gegähnt als gelächelt. Vermutlich ist Eva einfach nur müde.

Aber bei unserem obligatorischen Waldspaziergang seufzte Eva ein paarmal so tief, dass klar war: Irgendetwas stimmte nicht.

Ich wartete zwei weitere Seufzer ab. Doch als sie danach noch immer nicht von selbst mit der Sprache herausrückte, blieb ich stehen und erklärte: »Ich gehe keinen Schritt weiter, wenn du mir nicht sofort erzählst, was los ist.«

Eva sah mich erstaunt an. »Wie, was los ist? Was meinst du?«

»Eva, du lächelst nur halb so oft wie sonst, du starrst Löcher in die Luft, und jetzt seufzt du auch noch. Ich will wissen, wieso!«

Evas Antwort bestand aus einem erneuten Seufzer. »Ach«, meinte sie mit Blick auf den Boden, »es ist eigentlich nichts.«

»Schön.« Ich setzte mich wieder in Bewegung. »Und uneigentlich?«

Auch Eva schob ihren Geschwisterwagen wieder an, lief neben mir her – und seufzte erneut.

»Ich hab doch diese Krabbelgruppe, in die ich mit Clara und Felix gehe, und die anderen Mütter …«

»Sind da fiese Übermuttis?« Augenblicklich stiegen üble Erinnerungen in mir auf und weckten meinen Beschützerinstinkt. »Lass dir von denen bloß nix erzählen, Eva! Du bist eine tolle Mutter und machst alles wunderbar! Clara braucht definitiv noch keinen Klavierunterricht, Felix muss noch nicht laufen können, und es reicht vollkommen aus, wenn du ab und zu frisches Biogemüse-Gedöns kochst und …«

»Nee«, unterbrach mich Eva lachend. »Das isses gar nicht. Im Gegenteil!«

»Im Gegenteil? Du hast lauter total nette, fröhliche, normale Mütter in deiner Gruppe?«

»Nein, das leider auch nicht. Da sind keine Übermuttis, sondern so … ich weiß nicht, ob es einen Namen für die gibt. Denen ist in erster Linie wichtig, dass sie Zeit für ihre Karriere und für ihre Freizeit, eben *für sich* haben. Me-time! Lebensnotwendig! Die eine gibt das gesamte Geld, das sie verdient, für die Kinderbetreuung aus, die sie braucht, um arbeiten zu gehen. Verstehst du das? Das ist … Also, ich find das irgendwie absurd, aber kann ja jeder machen, wie er mag. Die andere arbeitet nicht, lässt aber auch jeden Tag ein Kindermädchen kommen, das auf ihren Sohn aufpasst, weil sie ja Sport machen, shoppen und meditieren muss. Und so ist das bei vielen …«

Eva redete sich in Rage und ging dabei immer flotter, sodass ich bald Mühe hatte, Schritt zu halten. Ich setzte zu einem kurzen Spurt an, um mich zu vergewissern, dass Clara und Felix ihren Mittagsschlaf hielten und nicht mithörten.

Sie schliefen wie zwei Engel, während ihre Mutter weiter in den Wald schimpfte: »Die beschäftigen sich gar nicht mit ihren Kindern, sondern ausschließlich mit sich selbst. *Me-time* eben! Dauernd geht es nur darum, wo man die Kinder möglichst lange unterbringen kann, am besten sogar übers Wochenende, damit die Paarbeziehung nicht leidet oder man zum Yoga-Meditations-Sonstwas-Retreat fahren kann und ›endlich mal Zeit für sich‹ hat. Wobei ich mich dann immer frage, was da überhaupt dieses ›endlich mal‹ bedeuten soll. Wenn ich erzähle, dass wir am Wochenende gemeinsam mit Clara und Felix auf einem Bauernhof waren, dann werd ich komisch angeschaut. Und heute ging es allen Ernstes darum, dass man schließlich eine Verpflichtung hätte gegenüber seinen Kindern. Aber nicht, wie ich dachte, eine Verpflichtung, mehr mit ihnen zu unternehmen und so, sondern eine Verpflichtung zur *Selbstliebe!*« Eva sah mich beinahe wütend an. »Selbstliebe ist nämlich das *aller*allerwichtigste im Leben, falls du das noch nicht wusstest. Und diese superwichtige Selbstliebe praktiziert man nur dann richtig, wenn man Zeit *ohne* seine Kinder verbringt. Hab ich heute gelernt. Weil Me-time sozusagen gelebte Selbstliebe ist. Und wenn man so eine schlechte Mutter ist, wie ich es bin, und sich niemals Me-time gönnt, sondern ständig was gemeinsam mit den Kindern unternimmt, dann liebt man sich nicht selbst und folglich auch seine Kinder nicht und sowieso niemanden! So sieht's aus! Ich liebe meine Kinder nicht, weil ich sie nicht ständig dem Babysitter überlasse, sondern selbst etwas mit ihnen machen will!« Eva schnaubte. »Aber weißt du, was das Schlimmste ist? Dass ich mich jetzt tatsächlich scheiße fühle und mir Sorgen mache, ob ich mich womöglich zu wenig liebe. Vielleicht bin ich ja liebesunfähig oder wie das heißt und steh kurz vorm Burn-out und merke es nur nicht, weil ich nie Me-time hab!«

Ich setzte zu einer Erwiderung an, aber Eva war noch nicht fertig. Mit ausladenden Schritten stapfte sie den Weg entlang und erklärte aufgeregt: »Weißt du, ich hab ja wirklich so gut wie nie Zeit für mich allein. Und wenn, dann erledige ich irgendwelchen Haushaltskram oder versuche, ein paar Stunden zu arbeiten, oder fall aufs Sofa und schlaf augenblicklich ein. Ich bin nie einfach so für mich wie die anderen in der Krabbelgruppe. Noch nicht mal auf dem Klo! Ich mach das Gegenteil von Me-time! Was ist denn, wenn die Me-time-Mütter recht haben und ich unrecht?«

»Ich nehme an, das war eine rhetorische Frage«, begann ich vorsichtig.

»Weiß nicht.«

»Kann ich etwas dazu sagen oder … oder magst du noch was …?«

Eva schaute mich an und grinste schief. »Ich bin fertig mit Rumschimpfen, wenn du das meinst.«

»Okay. Willst du meine Meinung hören?«

»Ja, klar.« Ach, wie schön, dass Eva lächelte. Und dass sie ihr Tempo auf ein normales Maß drosselte, denn das machte mir das Sprechen entschieden leichter.

»Also, ich weiß gar nicht, wo ich anfangen soll«, begann ich. »Deshalb das Wichtigste vorab: Du bist eine wundervolle Mutter! Und das sag ich nicht nur als deine Freundin, sondern auch als Sachverständige. *Vor allem* als Sachverständige! Also kannst du mir das ruhig glauben. Und wenn jemand mit so extremen Ansichten daherkommt wie diese Me-time-Tanten, dann hat er in der Regel sowieso gar nicht oder nur teilweise recht.«

Viele von euch haben bestimmt schon von »Me-time« gehört. Sie wird von den Praktizierenden quasi als Handlungsebene der allseits propagierten Selbstliebe verstanden.

Nichts gegen Selbstliebe. Die ist super. Liebt euch bitte gern alle selbst – und zwar genauso, wie ihr seid. Das entspannt euch und damit gleichzeitig eure Umwelt. Ich denke, das Konzept Selbstliebe erklärt sich von selbst.

Gerade den Eltern, die oft an sich zweifeln, sich die Schuld für alles Mögliche und Unmögliche geben, und die abends in erster Linie auf all die Dinge blicken, die sie nicht erledigt oder die nicht geklappt haben, möchte ich eine Extraportion Selbstliebe samt Geduld und Nachsicht mit sich selbst schicken.

Bitte stellt euch vor, dass in diesem Moment ein riesiges Paket mit großer roter Schleife angeschwebt kommt, sich sanft vor euch niederlässt, sich öffnet und euch in eine angenehm flauschig leichte Wolke aus Dankbarkeit, Geduld und Liebe hüllt. Mit Glitzer, wenn ihr mögt.

Ich bin sehr dafür, dass Eltern – und natürlich auch alle Nicht-Eltern – freundlich und liebevoll mit sich umgehen, nicht zu viel erwarten, Erfolge feiern und mit ihrer Energie haushalten. Je öfter wir das schaffen, desto besser geht es uns allen.

Allerdings erkenne ich einen eher unschönen Nebeneffekt des neuen und absolut unterstützenswerten Selbstliebetrends – und zwar nicht erst, seit seine Anhängerinnen meine liebe Freundin Eva so verunsichert haben. Immer häufiger erlebe ich Mütter, die »schon so viel gegeben« haben, dass sie »jetzt auch mal an sich denken müssen«, und die erklären: »Der wichtigste Mensch auf der Welt, das bin ja wohl ich!«

Kann man machen. Aber wisst ihr, meiner Erfahrung nach sagen diejenigen Mütter, die *wirklich* unfassbar viel gegeben haben und endlich tatsächlich mal an sich denken sollten, solche Sätze so gut wie nie. Ich höre sie vielmehr von Müttern, die bereits vor der Schwangerschaft dazu neigten, sich selbst auf unangenehme Weise an erste Stelle zu stellen.

Und glaubt mir, so prima es ist, sich selbst zu lieben, es ist nicht notwendig, sich erst mal monatelang ausschließlich mit sich selbst zu befassen, bevor man sich um andere kümmern kann. Das lässt sich wunderbar auch parallel tun. Man kann seine Kinder lieben, selbst wenn man noch nicht Meister der Selbstliebe ist. Das geht. Echt.

Genauso erklärte ich das Eva und schloss mit den Worten: »Und überhaupt: Wer sagt denn, dass du dich nicht selbst liebst! Mir bist du in der Hinsicht jedenfalls noch nie negativ aufgefallen.«

»Na ja, laut den anderen Müttern in der Krabbelgruppe könnte man mich problemlos allein anhand der Indizien in Form von zu wenig Me-time der mangelhaften Selbstliebe überführen. Ich engagiere einen Babysitter nur, wenn es wirklich notwendig ist, ich fahre nie ohne meine Kinder in Wellnessurlaube oder besuche Persönlichkeitsentwicklungs-Seminare. *Immer* hab ich Clara und Felix um mich! Sogar wenn Andreas Zeit hat und etwas mit ihnen macht, geh ich nicht shoppen oder meditieren, sondern setz mich mit ihm zusammen in den Sandkasten zu den Kindern!«

»Tja«, sagte ich mit ironisch hochgezogenen Augenbrauen. »Das ist natürlich echt übel.«

»Echt?« Eva sah mich erschrocken an.

»Nee. Natürlich nicht. Das, was du machst, und wie du es machst, ist überhaupt nicht übel, sondern ganz und gar wunderbar. Clara und Felix sind gesegnet mit Eltern, die sie von Herzen lieben und ihnen damit schon mal das Wichtigste mitgeben auf ihrem Weg zum Größerwerden. Übel ist allerdings, dass du dir so einen Quatsch hast einreden lassen.«

»Aber was, wenn das eben doch kein Quatsch ist, ich das bloß nicht merke und in ein paar Jahren eine total verbitterte Burn-out-Patientin bin und Clara und Felix wegen Verhaltensauffälligkeiten zu Außenseitern werden? Oder wenn Andreas uns längst für eine jüngere, hübschere und sich selbst liebende Trulla mit Me-time-Verständnis verlassen hat?«

»Eva! Himmel! Du kommst mir vor, als hätte dich eine bösartige Sekte in ihren Fängen gehabt. Du kannst ja gar nicht mehr klar denken!«

Eva sah mich traurig an. »Und klar fühlen kann ich auch nicht mehr, glaub ich«, sagte sie leise. »Ich weiß gar nicht mehr, was richtig ist und was nicht.«

Dieses Gefühl kannte ich nur zu gut. Ich blieb stehen und nahm Eva in den Arm.

Nach ein paar Sekunden machte sie sich los und murmelte: »Nicht so lange umarmen. Sonst fang ich noch an zu heulen.«

Wir setzten unseren Spaziergang fort, und ich überlegte, wie ich Eva dabei unterstützen konnte, wieder ihrem Gefühl zu vertrauen und nicht den anderen Müttern.

»Sag mal«, begann ich. »Wenn du an die Zeit denkst, bevor du diese Me-time-Truppe getroffen hast: Hattest du irgendwann das Gefühl, dass du dich selbst und womöglich sogar deine Kinder nicht oder zu wenig liebst?«

»Nein! Natürlich nicht!«, antwortete Eva mit einem Hauch Empörung. Gut so.

»Und wenn du jetzt mal nur *deine* Definition von Selbstliebe anschaust – nicht die von den anderen, sondern deine ganz eigene – wie fühlt sich das an? Als wäre bei dir alles in Ordnung oder als wäre etwas im Argen?«

Eva überlegte. »Also, es gibt da schon das ein oder andere, was ich … optimieren könnte«, meinte sie schließlich. »Aber das sind eher Äußerlichkeiten wie ein paar Kilo abnehmen oder mehr Sport machen. Im Grunde mag ich mich so, wie ich bin. Klar hab ich mal einen Tag, an dem ich nicht sooo zufrieden bin mit mir, trotzdem ist es nicht so, als würd ich mich dann gar nicht mehr mögen. Ich denk mir in solchen Situationen, dass ich es am nächsten Tag wieder besser mache. Hm … na ja, das klingt jetzt irgendwie komisch, aber … ich mag mich und will gar nicht anders sein.«

»Aha!«, triumphierte ich. Und weckte damit Felix auf.

Eva blieb stehen, beugte sich zu ihrem Sohn und sagte lächelnd: »Na, wer ist denn da viel zu früh aufgewacht?«

Felix brabbelte vor sich hin, patschte seiner Mutter unbeholfen auf die Nase und bekam dafür einen liebevollen Kuss.

»Ich glaube, du schläfst besser noch ein bisschen, mein Schatz.« Eva zerwuschelte ihrem Sohn die blonden Locken und schob den Kinderwagen weiter. Dabei sang sie das Lied von Anne Kaffeekanne, die auf ihrem Besenstiel geradeaus übers Haus, dreimal rum und hoch hinaus zu fliegen pflegt, und ließ den Kinderwagen ein paar gekonnte Schlenker machen. In kürzester Zeit war Felix wieder eingeschlafen.

Wir gingen eine Weile schweigend nebeneinander her.

»Können wir noch mal an dem Punkt ansetzen, an dem du sagtest, dass du dich magst, wie du bist, und gar nicht anders sein willst? Ich sag mein ›Aha!‹ diesmal auch ganz leise.«

Eva kicherte. »Schon gut. Ich hab verstanden.«

»Aber?«, fragte ich.

»Aber ich mach mir halt Sorgen. Immerhin bin ich die Einzige in der Gruppe, die es so macht, wie ich es eben mache. Und wenn ich mal von meinem Alltag erzähle, schlagen alle die Hände überm Kopf zusammen und sagen Sachen wie ›Das kann nicht gut für die Psyche sein!‹ oder ›Du solltest herausfinden, warum du dich selbst so schlecht behandelst‹ und lauter so Zeug.«

Ich setzte zu einer Erwiderung an, aber Eva war noch nicht fertig. »Weißt du, ich fühl mich dann wie so ein ignoranter Geisterfahrer, der meint, er würde auf der richtigen Straßenseite fahren, obwohl ihm alle anderen entgegenkommen.«

»Äh, dieser Vergleich hinkt mit sämtlichen …«

»Jaja«, unterbrach mich meine Freundin. »Ich weiß, aber … ich meine, ich bin ja wirklich abends oft saumüde und will dann zum Beispiel keinen Sex mehr haben. Was, wenn …«

»Stopp!« Ich hätte das gern richtig laut gerufen, dachte aber diesmal daran, meine Stimme zu senken, um Felix nicht erneut zu wecken, und versuchte dennoch so eindringlich wie möglich zu klingen: »Bitte, Eva, hör auf damit, dich wegen völlig normaler Dinge unzulänglich und schlecht zu fühlen. Diese Me-time-Trullas haben doch nicht automatisch recht, bloß weil sie die Mehrheit in deiner Gruppe sind! Das ist echt kein Argument! Und dass sie es geschafft haben, dir lauter unnötige Sorgen und Zweifel einzureden, spricht auch nicht gerade für diese Truppe. Wenn sie so voller Liebe wären, wie sie behaupten, dann hätte schließlich auch ein kleiner Rest Liebe für dich übrig sein müssen, der sie davon abgehalten hätte, dir ein schlechtes Gewissen zu machen, weil du Zeit mit deinen Kindern verbringst! Also echt! Diese Pseudoerleuchteten machen mich so sauer! Du bist nämlich eine tolle Mutter! Und abgesehen davon, dass es nicht stimmt, dass man erst mal einen ausgiebigen Egotrip unternehmen muss, um in der Lage zu sein, andere zu lieben, magst du dich doch so, wie du bist, und willst dich nicht anders haben. Und zwar zu Recht! Du verfügst über ein gesundes und absolut angemessenes Maß an Selbstliebe. Das geb ich dir gern schriftlich, wenn dir das irgendwie hilft.«

Eva lächelte. »Au ja, als Urkunde mit Siegel, bitte.«

»Okay. Ich rahme sie dir sogar ein. Aber mal von der Selbstliebe abgesehen: Warum zur Hölle schließt denn diese ach so wertvolle und unfassbar wichtige Me-time Zeit mit den eigenen geliebten Kindern aus? Wie traurig ist das denn? Wenn du glücklich damit bist, deine Freizeit mit Clara und Felix zu verbringen, ist das doch ganz und gar wunderbar! Für dich *und* für deine Kinder.«

Eva lächelte. »Danke, Sophie. Ich glaub, ich hab mich total verrückt machen lassen. Ich meine, es stimmt, dass ich abends echt müde bin. Aber meistens auch so richtig zufrieden.«

»Und das ist so was von schön. Ich wünschte, alle Kinder hätten so viel Glück wie deine beiden.«

»Ach, komm …«, sagte Eva verlegen, aber mit einem glücklichen Lächeln.

»Ich meine das ernst«, erklärte ich. »Was gibt es Besseres für Kinder als Eltern, die gern Zeit mit ihnen verbringen?«

»Kekse!«, krähte es vom Vordersitz des Kinderwagens, wo Clara saß.

Eva lachte ein wundervolles, befreites Lachen. »Recht hast du, mein Schatz!«

Falls es euch ähnlich geht wie Eva, lasst euch an dieser Stelle noch einmal eindringlich versichern: Ihr könnt großartige Eltern sein, ohne je ein Seminar zur Persönlichkeitsentwicklung besucht zu haben. Ihr könnt euren Kindern all die Liebe schenken, die sie brauchen, auch – und meiner Ansicht nach *gerade dann* – wenn ihr nicht permanent an eure eigenen Bedürfnisse denkt. Und ihr dürft so viel Zeit mit euren Kindern verbringen, wie ihr wollt, denn das tut euch gut und gibt euch im Zweifelsfall mehr Kraft als so manche Me-time.

Bitte prüft dennoch hin und wieder, ob euer Akku noch voll genug ist. Falls er es nicht ist, überlegt, wie ihr ihn wieder aufladen könnt, und tut das baldmöglichst.

Entgegen den Aussagen der Me-time-Verfechterinnen funktioniert das Aufladen des elterlichen Akkus im Übrigen prima gemeinsam mit den Kindern. Meiner Erfahrung nach eignen sich hierfür insbesondere gemeinsame Aktivitäten, bei denen man aus der Puste gerät wie eine Kissenschlacht, Sackhüpfen, Schwimmen gehen oder ein ausgiebiger Lachanfall. Hilfreich sind auch Ausflüge in die Natur, ein Picknick unterm Tisch, zusammen ein riesiges Bild malen oder ein abendliches Lagerfeuer mit Stockbrot. Oder was ihr eben sonst gern macht.

Natürlich darf eine Akkuladestation auch in einer Art Me-time bestehen. Gönnt euch eine Massage, einen Cafébesuch mit einer Freundin, organisiert einen Babysitter und geht mit eurem Partner essen oder verbringt meinetwegen ein Wochenende beim Yoga-Meditations-Retreat. Alles, was eure Kräfte mobilisiert, ist gut und richtig. Es muss ja nicht euren kompletten Alltag einnehmen.

Was die Me-time-Mütter in Evas Krabbelgruppe betrifft, habe ich übrigens eine Theorie: Ich glaube, manche von ihnen leben ab dem ersten Moment der Schwangerschaft oder bereits lange davor mit dem Gefühl, zu kurz zu kommen, zu viel für andere zu tun und zu wenig zurückzubekommen, weshalb sie immer egozentrischer werden, bis sie ihren Fokus ausschließlich darauf richten, so wenig wie möglich zu geben, so viel wie möglich zu bekommen und dies in »Me-time«-Dollar einzutauschen. Trotzdem bin ich mir sicher, dass sie im Grunde ihres Herzens glücklicher wären über eine harmonische und innige Zeit mit ihren Kindern.

Vielleicht würden sie hinterher sogar genauso schön lächeln wie Eva.

Als sie nach unserem Waldspaziergang Clara und Felix in die jeweiligen Kindersitze verfrachtet und angeschnallt hatte, umarmte Eva mich innig.

»Danke, Sophie. Ich glaube, ich schaffe es jetzt, mich nicht mehr von den anderen Müttern verunsichern zu lassen.« Sie grinste. »Weißt du, vielleicht dreh ich den Spieß einfach um und versuche meinerseits, die anderen zum Zweifeln zu bringen.«

Die Idee fand ich großartig.

»Mit deiner geballten Fröhlichkeit und Gelassenheit gelingt dir das ganz sicher. Du wirst sehen, am Ende wollen die gar keine Me-time mehr, sondern sitzen ständig mit ihren Kindern im Sandkasten, lesen stundenlang Gutenachtgeschichten vor und haben womöglich sogar *Spaß* dabei!«

Eva lachte. »Super Plan, oder?«

»Allerdings! Wobei … du lädst dir damit aber auch eine ganz schöne Schuld auf, das ist dir klar, oder?« Eva starrte mich verblüfft an, und ich lachte: »Na ja, deinetwegen werden lauter Kindermädchen ihren Job verlieren!«

»Damit kann ich leben«, erwiderte Eva trocken. »Die konzentrieren sich dann nämlich wieder mehr auf ihr Studium und finden ein Mittel gegen Krebs, schützen den Regenwald oder machen was anderes Bedeutendes.«

»Das ist eine wunderschöne Vorstellung! Du rettest also nicht nur die Me-time-Mütter und deren Kinder, sondern auch die Kindermädchen und damit die gesamte Welt. Ich besorge dir ein Superheldenkostüm.«

»Mit Umhang, bitte.«

»Na klar! Du bekommst sogar einen Ventilator dazu, damit der Umhang immer schön superheldenmäßig herumweht.«

»Deal«, lachte Eva und stieg ins Auto.

Einige Zeit später erstattete sie mir Bericht.

»Ich hab mir meinen Superheldenanzug jetzt aber echt verdient«, erklärte sie fröhlich. »Ich hab es nämlich geschafft, mich nicht mehr verunsichern zu lassen. Also, zumindest nicht dauerhaft. Und dazu hab ich auch noch …«

»… dafür gesorgt, dass die Kindermädchen der Me-time-Mütter aufgebrochen sind zur Rettung der Welt?«, fragte ich.

»Nee«, gab Eva zu. »Ich glaube, die Kindermädchen haben ihren Job alle noch. Aber vielleicht retten die ja gerade *damit* die Welt, wer weiß. Was ich eigentlich erzählen wollte: Da ist diese eine Mutter in der Gruppe, Moni, die so oft schlecht über ihr Kind spricht. Ich fand das früher schon unangenehm, aber mittlerweile ist Linus zweieinhalb und versteht so einiges. Und trotzdem haut seine Mutter in seinem Beisein Sachen raus wie: ›Ach, der Linus …, weiß auch nicht, was aus dem mal werden soll. Der ist halt nicht der Hellste.‹ Gestern war wieder so eine Situation. Da saßen wir alle mit unseren Kindern im Kreis, und Moni erzählte lautstark in die Runde: ›Wisst ihr, was Linus gestern gemacht hat? Er hat versucht, die Plastikgurke aus dem Kaufladen zu essen! Wie bekloppt ist das denn?‹ Und Linus saß auf ihrem Schoß und … also, ich weiß nicht, selbst wenn er nicht alles kapiert, was seine Mutter sagt, da bleibt doch was hängen! Oder?«

»Ja«, bestätigte ich. »Das ist tatsächlich so.«

Kinder hören häufig mehr, als wir Erwachsene denken. Das gilt nicht nur für die Achtjährige, die gerade konzentriert in ihrem Buch liest oder malt und eben *doch* mitkriegt, wie ihre Mutter über Tante Inge schimpft, sondern auch für die Kleinsten, die noch nicht so gut sprechen können. Wir wissen alle, dass unsere Kinder in einem Stadium, in dem sie maximal »Mama«, »Papa« und »Wauwau« von sich geben, durchaus vieles von dem verstehen, was wir zu ihnen sagen. Genauso verstehen sie vieles von dem, was wir zu *anderen* sagen.

Bitte bedenkt das immer.

Und selbst wenn beispielsweise Linus auf dem Schoß seiner Mutter einem Gespräch nicht hundertprozentig folgen kann, so nimmt er doch den Inhalt zwischen den Zeilen wahr. Und das tut Linus und seinem zukünftigen Selbstbewusstsein definitiv nicht gut. Wenn er nämlich häufig genug hört, wie seine Mutter anderen gegenüber äußert, dass er dumm sei, dann wird er sich höchstwahrscheinlich dementsprechend verhalten und sein Selbstbild zu einem sehr großen Teil in einer unschönen »Ich bin dumm«-Farbe bemalen.

Was für eine traurige Vorstellung.

Vielleicht habt ihr schon mal vom »Pygmalion-Effekt« gehört. Er geht auf ein Experiment aus den Sechzigerjahren von Robert Rosenthal und Lenore F. Jacobson zurück. Per Zufallsverfahren wählten die beiden Sozialpsychologen einige Grundschulkinder aus und teilten deren Lehrern mit, sie hätten festgestellt, dass genau diese Kinder im kommenden Schuljahr einen immensen Entwicklungssprung machen und sich intellektuell hervorragend entwickeln würden. Die beiden Forscher taten also quasi das Gegenteil von Linus' Mutter und weckten statt negativer Erwartungen positive.

Am Ende des Schuljahres stellte sich heraus, dass die Lehrer die zufällig ausgewählten Kinder deutlich besser beurteilten als deren Klassenkameraden, denn sie glaubten den Wissenschaftlern, hatten einen besonders positiven Blick auf diese Kinder und konzentrierten sich auf alles, was die Vorhersage bestätigte.

Ein anderes Ergebnis desselben Experiments finde ich noch bemerkenswerter: Besagte Kinder schnitten nämlich beim Intelligenztest deutlich besser ab als zu Beginn des Experiments – ein Effekt, der in weiteren Untersuchungen belegt wurde.

Vereinfacht und eher unwissenschaftlich ausgedrückt bedeutet das also: Wenn wir fest an das Potenzial eines Kindes oder auch eines Erwachsenen glauben, werden wir uns entsprechend verhalten und damit dafür sorgen, dass dieser Mensch sein Potenzial tatsächlich voll entfalten kann. Ist das nicht wundervoll?

Leider funktioniert diese Beeinflussung genauso in die umgekehrte Richtung.

Ohne vom Pygmalion-Effekt zu wissen, hatte Eva das Verhalten der Mutter in ihrer Krabbelgruppe richtig interpretiert.

»Ich konnte das kaum aushalten, wie Moni da so schlecht über ihr Kind gesprochen hat. Der arme kleine Kerl!«, echauffierte sie sich.

»Und was hast du gemacht? Hast du was gesagt?«

»Ja!« Eva warf sich stolz lächelnd in die Brust. »Hab ich! Also, nicht direkt vor allen anderen, aber nach dem Kurs hab ich ewig rumgetrödelt und … dann hab ich Moni beiseitegenommen und mit ihr gesprochen.«

»Großartig! Das war sehr mutig. Wie hat sie denn reagiert?«

»Das war das Beste«, erzählte Eva. »Sie war nicht sauer oder beleidigt oder so, sondern ... na ja, erst mal überrascht. Wahrscheinlich, weil ich überhaupt was gesagt hab. Aber dann ... Also, ich hätte ja gedacht, wenn ich sie darauf anspreche, schreit sie mich wahrscheinlich an und ich muss mir 'ne andere Krabbelgruppe suchen. Aber Moni war ihr Verhalten nur total unangenehm, und da hab ich einfach gesagt, dass ich das auch 'ne Weile gemacht hätte, bis du, also meine Psychologenfreundin, mir erklärt hättest, dass das nicht gut ist und ...«

»Du hast einfach was erfunden? Du hast gelogen?«

»Für einen sehr guten Zweck, ja. Weil sich Moni auf diese Weise nicht so blöd fühlen musste und mir zugehört hat. Und stell dir vor, jetzt will sie versuchen, keine solchen Dinge mehr über Linus zu sagen. Das ist doch super!«

»Ja«, sagte ich mit einem Kloß im Hals. »Das ist wirklich super.«

»Alles okay, Sophie?«

Ich schluckte den Kloß runter. »Ja, alles okay. Ich war nur ... Es rührt mich, dass du Linus so sehr helfen wolltest, dass du sogar eine Geschichte erfunden hast, in der du selbst schlecht dastehst. Das find ich so lieb.«

Eva lachte. »Weißte was, Sophie? Das find ich auch. Und stell dir vor: Jetzt mag ich mich noch lieber als vorher. So rein selbstliebetechnisch war das also auch ein voller Erfolg.«

»Du bist so krass! Und du bekommst zum nächsten Geburtstag definitiv ein Superheldenkostüm!«

Tja, und nun sitze ich da und durchforste das Internet nach geeigneten Vorlagen für Superheldinnenoutfits. Aber gut, bis zu Evas Geburtstag bleiben mir noch ein paar Monate Zeit, mich damit zu befassen ... ganz viel Me-time sozusagen.

Wisst ihr, mein Bestreben beim Schreiben dieses Buches war und ist es, euch als Eltern zu entlasten, zu beruhigen und insgesamt zu vermitteln, dass ihr euer Bestes gebt und alles gut werden wird, auch wenn nicht immer alles so läuft wie geplant.

Ich bin mir sicher, dass die meisten von euch, vermutlich sogar alle, Eltern sind, die häufig zu hohe Erwartungen an sich stellen, auf Teufel komm raus ihrer Aufgabe als Erziehungsberechtigte so gut wie möglich gerecht werden wollen und deshalb oftmals selbst zu kurz kommen.

Ich sehe und kenne viele Eltern, die sich so sehr bemühen, perfekte Mütter und Väter zu sein, dass sie mit dem Druck und den Schuldgefühlen, die dieses Bestreben mit sich bringt, kaum schlafen können.

Euch wünsche ich von ganzem Herzen, dass ihr erkennt, wie viel ihr leistet, euch verzeiht, wenn es mal nicht so lief wie geplant, und dass ihr mit ruhigem Gewissen richtig gut schlafen könnt.

Dennoch habe ich mich gefragt, wie ich mit meinem Buch auch jene Me-time-Eltern erreichen kann, und tippe gerade ein wenig ratlos vor mich hin, weil ich befürchte, dass sie das hier niemals lesen werden. Immerhin geht es um Kinder, und ich höre schon die empörten Ausrufe: »Und was ist mit mir? Ich muss mich doch auch *mal* um mich kümmern! Es kann sich doch nicht immer alles bloß um die Kinder drehen!« Kopfschüttelnd rauschen sie von dannen, um sich während einer ausgedehnten Me-time zu beruhigen.

Tja, weg sind sie. Und nun?

Es gibt durchaus Momente, in denen ich verzweifle und die Me-time-Mütter ganz unempathisch schütteln und anschreien möchte. Obwohl ich es nie versucht habe, weiß ich leider, dass das nichts bringen würde – noch nicht mal mir selbst. Also atme ich durch und bemühe mich, ihnen mit Mitgefühl und Verständnis zu begegnen.

Und dann würde ich ihnen gern sagen, wie leid es mir tut, dass sie vermutlich Kinder von Eltern sind, die ihnen nicht vermitteln konnten, wie wertvoll und wunderbar sie waren, sodass sie heute so sehr um ihre eigene Wichtigkeit und Selbstliebe kämpfen müssen. Außerdem möchte ich sie bitten, sich jetzt, wo sie selbst Eltern sind, anders zu verhalten als ihre Eltern und ihren Kindern zu zeigen, was für grandiose Wunder sie sind. Ich wünschte, diese Eltern könnten entdecken, wie erfüllend es ist, sich mit den eigenen Kindern zu beschäftigen, sie zu unterstützen, ihre Persönlichkeitsentwicklung und ihre Selbstliebe zu fördern.

Wenn ihr das nächste Mal auf solche Me-time-Eltern trefft, versucht mal ganz vorsichtig, ihren Fokus auf die guten Dinge zu lenken und darauf, wie wunderschön es ist, Kinder zu haben.

Ich glaube, das könnte helfen.

Auch euch selbst.

Natürlich wissen wir, wie schön das Leben mit unseren Kindern ist, wie aufregend, lustig, bereichernd, magisch und herzerwärmend, und dass wir dankbar sein dürfen, Eltern zu sein. Aber es schadet nichts, wenn wir uns das hin und wieder bewusst machen, falls wir es womöglich kurzzeitig vergessen. Kann ja mal vorkommen. Bitte erinnert euch dann einfach gegenseitig.

(K)EIN PERFEKTER MOMENT – »IRGENDWANN« IST NUR EIN ANDERES WORT FÜR »NIEMALS«

Als unsere Kinder irgendwann auf verschiedene Schulen gingen, dort neue Freundschaften schlossen und sowohl Katja als auch Tine und ich uns vermehrt unseren jeweiligen Jobs widmeten, gab es eine Zeit, in der wir nur sporadisch Kontakt hatten. Immer wieder nahmen wir uns vor, uns zu einem »Mädelsabend« zu treffen, versagten aber in der Planung. Hatten wir uns endlich geeinigt, sagte eine von uns den mühsam gefundenen Termin wieder ab, weil etwas anderes kurzfristig wichtiger war – oder wir schlichtweg zu erschöpft waren, um uns zu treffen. Und je länger wir uns nicht sahen, desto gigantischer wurde die empfundene Bedeutsamkeit des Treffens. Wir hatten uns so viele Jahre regelmäßig mehrmals pro Woche gesehen, dass wir nun das Gefühl hatten, für unser Wiedersehen besonders viel Zeit und Ruhe zu brauchen. Es gab ja so viel nachzuholen und zu erzählen! Und überhaupt war dieses Wiedersehen etwas ganz Besonderes. Und wurde immer besonderer. So sehr, dass wir es immer und immer wieder verschoben.

Kennt ihr dieses Phänomen? Ihr habt jemanden lange nicht gesehen oder gesprochen, denkt oft an ihn und daran, dass ihr euch mal wiedersehen oder sprechen solltet, habt jedoch das Gefühl, dass ihr dafür unbedingt viel Ruhe und Zeit haben müsstet?

Mir geht das leider oft so, und ich muss mir dann eindringlich erklären, dass es wesentlich besser ist, sich kurz zu sehen als gar nicht, und schöner, einige wenige Minuten miteinander zu sprechen, als die Verabredung noch weitere Wochen oder gar Monate hinauszuzögern. Wenn wir auf den perfekten Moment für ein ausgiebiges Telefonat oder ein gemütliches Treffen warten, dann kann es schlimmstenfalls passieren, dass aus einem »möglichst bald« ein »irgendwann« wird, was ja bekanntlich nur ein anderes Wort für »niemals« ist.

Das gilt übrigens meiner Erfahrung nach für alle perfekten Momente. Die haben nämlich die Angewohnheit, zu erscheinen, wann es ihnen passt, halten sich an keinerlei Regeln oder Gesetzmäßigkeiten und leiden unter einer extremen Aversion gegen Erwartungshaltungen. Tritt ihnen eine entgegen, benehmen sich die perfekten Momente meist wie verstockte Teenager, die etwas schon allein deshalb nicht tun, weil sie das Gefühl haben, irgendjemand erwarte es von ihnen. Ich befürchte, es ist sogar so: Je mehr ich für was-auch-immer auf den perfekten Moment warte, desto unwahrscheinlicher wird sein Erscheinen.

Ich überlege gerade, ob ich schon einmal in der Situation war, durch Planung und Geduld einen solchen Moment zu erwischen.

Bitte denkt euch hier eine lange Grübelpause.

Eine *richtig* lange.

Mir fällt tatsächlich keine einzige Situation ein, bei der das Warten auf den perfekten Augenblick zum Eintreten eines solchen geführt hätte. Zumindest nicht in meinem Leben.

Das bedeutet keineswegs, dass wir nicht planen und unseren Verstand einschalten sollten, wenn wir Entscheidungen treffen!

Bitte versteht mich nicht falsch. Ich halte wenig bis gar nichts davon, ungefiltert jedem Impuls nachzugeben oder gar einem Pendel, dem Gummibärchen-Orakel oder dem Universum wichtige Entscheidungen zu überlassen. Im Hinblick auf das Universum bin ich zudem ziemlich sicher, dass es Wichtigeres zu tun hat, als mir ein Zeichen im Hinblick auf den Jobwechsel, meine Partnerschaft oder ein anderes aus Universum-Sicht äußerst unwichtiges Vorhaben zu geben.

Wie auch immer ihr eure Entscheidungen trefft, *wenn* ihr sie getroffen habt, wartet nicht auf den perfekten Moment. Eine Nacht drüber schlafen schadet nie, wohl aber ein monate- oder gar jahrelanges Aufschieben. Wenn wir uns für etwas entschieden haben, ist es nicht sinnvoll und schon gar nicht zielführend, darauf zu warten, dass ein Zeitpunkt zur Durchführung dieser Entscheidung kommen wird, der in jeder Hinsicht vollkommen ist.

In meinem Kopf laufen solche Situationen meist wie folgt ab: Da steht plötzlich eine hoch motivierte Sophie-Version im Raum und verkündet beispielsweise: »Ich bin überarbeitet und gestresst, ich kann dieses Grau in Grau nicht mehr ertragen, ich brauche Sonne und grüne Pflanzen und am besten noch Meer, weil Meer nämlich immer hilft. Deshalb wird jetzt ans Meer gefahren! Mindestens für eine Woche! Ich geh packen!«

Schon fliegt die Tür auf, und eine junge Frau saust mit einem Jubelschrei herein, umarmt Sophie stürmisch und führt einen kleinen Freudentanz auf. »Endlich! Ans Meer! Entspannen, Kraft tanken, schöne Sachen machen! Ich freu mich so!«, ruft sie, während sie Sophie am Arm hinter sich herzieht, um hinter der roten Tür zu verschwinden, Koffer zu packen und ans Meer zu reisen.

Genau in diesem Moment ertönt ein strenges »Nicht so schnell, die Damen!« in meinem Kopf, und an der roten Tür erscheint ein dickes Vorhängeschloss.

»Och nööö …«, mault die junge Frau, die ich von Kindesbeinen an kenne und deshalb in Anlehnung an unsere Familienurlaube in Südfrankreich »Amie«, also »Freundin« auf Französisch, getauft habe. Sie stellt sich neben Sophie und legt ihr den Arm um die Schulter.

Die Person, zu der die strenge Stimme gehört, hat ein verkniffenes Gesicht und sieht auch ansonsten aus wie die böse Leiterin eines Kinderheims in einem klischeeüberladenen Film aus den Sechzigerjahren. Das ist Fräulein Miesepriem. Wie gesagt, die treiben sich in meinem Kopf herum, seit ich ein Grundschulkind war, entsprechend lauten ihre Namen.

»Jetzt ist nicht der richtige Zeitpunkt, um ans Meer zu fahren!«, empört sie sich und überschüttet Sophie und Amie mit einer Wagenladung voller Argumente gegen eine Reise ans Meer. »Eine läppische Woche bringt ohnehin keine Erholung. Was, wenn das Wetter schlecht ist und ihr krank werdet? Ihr könnt ja wohl noch bis zu den Ferien warten und dann als Familie fahren. Was ist denn überhaupt mit der ganzen Arbeit? Ihr könnt unmöglich weg, bevor nicht zumindest dieses Gutachten fertig ist.«

Und so weiter und so weiter. Ich erspare euch die komplette Wagenladung und nehme an, ihr könnt euch den Rest ohnehin denken.

Immer und immer wieder spielten sich über all die Jahre derartige Szenen in meinem Kopf ab. Amie und ich waren uns einig und wollten gerade los, da verriegelte Fräulein Miesepriem die Tür und hielt uns einen Vortrag darüber, dass jetzt nun wirklich nicht der richtige Zeitpunkt sei – für was auch immer.

Glücklicherweise setzte sie sich nicht immer durch, denn hin und wieder gelang es Amie, sie einfach müde zu quasseln. Und in einem Moment der Unachtsamkeit entkamen wir dann doch und setzten in die Tat um, was wir uns vorgenommen hatten.

Wenn dabei allerdings etwas schiefging, hatten wir es beim nächsten Mal umso schwerer, zumal Fräulein Miesepriem mit zunehmendem Alter diverse neue Mitarbeiter einstellte. Als besonders unangenehm stellte sich die graugesichtige traurige Dame heraus, deren Spezialität Schuldgefühle waren. Aber davon ein anderes Mal mehr.

Sophie und Amie suchten sich im Laufe der Zeit ebenfalls Verstärkung, wodurch es in meinem Kopf zwar manchmal ganz schön voll wurde, Sophie und Amie sich in den letzten Jahren jedoch erfreulich oft gegen die Miesmacher-Gilde durchsetzen konnten.

Auf das perfide Argument der Spaßverderber, dass man was-auch-immer ja ruhig machen könne, nur eben nicht *jetzt,* sondern zu einem besseren, möglicherweise sogar perfekten Zeitpunkt, fielen Sophie und Amie, also ich, trotzdem leider nach wie vor allzu oft rein.

Und das ist, besonders, wenn es um Menschen geht, nicht gut.

Daher mein Appell an euch und mich selbst: Ruft die Menschen, die ihr aus den Augen verloren habt, an die ihr aber regelmäßig denkt, weil sie euch wichtig sind, einfach an, auch wenn gerade keine Zeit für ein ausführliches Update ist. Oder schreibt eine Postkarte. Oder eine liebevolle E-Mail. Fürs Erste reicht es, wenn man sich kurz meldet, dem anderen sagt, dass man in Gedanken bei ihm ist und ihm wünscht, dass er glücklich ist. Diese paar Minuten haben wir alle übrig. Immer.

Gerade jetzt, während ich dieses Kapitel schreibe, stehe ich ein wenig unter Druck. Der Abgabetermin für dieses Buch naht, ab und an bedrücken mich Zweifel und die Frage, ob dieses Herzensbuch ebenso gemocht wird wie seine Vorgänger. Das Coronavirus stellt uns alle vor Herausforderungen, und ich stehe derzeit privat vor einigen unangenehmen Entscheidungen.

Es ist also etwas stressiger als sonst. Und exakt in solch herausfordernden Zeiten blühen Fräulein Miesepriem und ihr Mitarbeiterstab regelrecht auf. Sie entwerfen neue Mindsets, halten Meetings ab, kritzeln auf Flipcharts herum und tun vor allem so, als wäre das, was sie da veranstalten, nur zu meinem Besten und absolut notwendig. Wenn der Stress groß genug ist, dann wird per Video-Liveschaltung auch noch dieser Typ im Anzug dazu geholt, der so eloquent daherredet, bildhaft erklärt, was alles Schlimmes passieren kann, und es schafft, sogar Amie dazu zu bringen, sich mit ängstlichem Blick zurückzuziehen.

Kein schöner Zustand.

Glücklicherweise führen derartige Szenen mittlerweile nicht mehr zu einer viel zu lange andauernden Herrschaft von Grübeleien, Angst und Unsicherheit, denn Amie hat Unterstützung von drei weisen Frauen: Dankbarkeit, Vertrauen und Liebe. Gegen die kommt selbst der eloquente Typ im Anzug nicht dauerhaft an, denn die drei gütigen, klugen Frauen sehen zwar auf den ersten Blick gar nicht so aus, verfügen jedoch über unglaubliche Kraft und Magie. Seitdem diese Unterstützung zuverlässig vorhanden ist, fühle ich mich so sicher, als würden Iron Man, Supergirl und Thor persönlich auf mich aufpassen.

Und dennoch befinde ich mich in der folgenden Situation:

Ich sitze hier, schreibe und bin tendenziell unzufrieden mit mir, weil ich heute nicht so viel und meiner Ansicht nach auch nicht so gut geschrieben habe, wie ich wollte.

Da bekomme ich eine Nachricht von Lotta, dass sich gleich alle, also ihre Schwester Amelie, mein Mann Georg sowie Bonus-Sohn Simon und sie selbst, versammeln werden, um gemeinsam »Krazy WORDZ« zu spielen. Ob ich dazukommen wolle.

Meine Antwort lautet: »Muss noch arbeiten, vielleicht später.«

Ich tippe auf »senden« und schreibe weiter. An ebendiesem Kapitel. Könnt ihr euch das vorstellen? Während ich *diesen* Text schreibe, gebe ich *so* eine Antwort! Unfassbar!

Immerhin habe ich es noch rechtzeitig bemerkt und werde mich sofort zum Spielen in unsere gemütliche Gemeinschaftsküche begeben.

Ich hatte gestern Abend eine wundervolle Patchworkfamilienzeit mit meinen Liebsten. Es war ein herrlicher Abend – und genau dafür war gestern der perfekte Moment. Er war einfach da.

Und so sitze ich heute gestärkt und in deutlich besserer Verfassung vorm Bildschirm und schreibe.

Dieses Beispiel zeigt wunderbar, dass es eben nicht ausreicht, zu wissen, was gut für uns ist, sondern dass man es auch tun muss. Und dass das leichter gesagt als getan ist, das weiß ich, wie ihr quasi miterleben konntet, nur zu gut.

Wenn ich Glück habe, bemerke ich so wie gestern Abend rechtzeitig, dass ich im Begriff bin, etwas nicht so wahnsinnig Schlaues zu tun. Wenn ich Pech habe, fällt es mir erst hinterher auf. Und dann stehe ich da und wundere mich über diese Frau, die es doch eigentlich besser weiß.

Ihr seht: Die Ratschläge, die ihr von mir hört, setze ich selbst nicht immer genauso um. Ich denke, das werde ich vermutlich nie schaffen, aber das macht nichts, denn unser Ziel sollte nicht lauten, perfekt zu sein, sondern alles so gut zu machen, wie wir eben können – und dabei vielleicht ein kleines bisschen besser zu sein als gestern.

Doch selbst wenn wir nicht immer richtig handeln, ist es prima, zu wissen, wie es richtig gewesen *wäre,* um es in Zukunft häufiger so hinzukriegen.

In Anbetracht dessen, dass ich als Sachverständige für das Familiengericht unter anderem auf Eltern treffe, denen ihre eigenen Bedürfnisse deutlich wichtiger sind als die ihrer Kinder und die keinerlei Motivation verspüren, ihr Erziehungsverhalten zu optimieren, feiere ich jeden Elternteil, der sich bemüht und gewillt ist, jeden Tag das Beste zu geben.

Bestimmt gehört ihr zu dieser Art Eltern. Das ist toll und freut mich sowohl für eure Kinder als auch für uns als Gesellschaft. Es kann gar nicht genug von euch geben! Umso wichtiger ist es, dass ihr nicht sauer auf euch seid, wenn ihr einen Fehler macht, sondern dass ihr es mit Humor nehmt und ein paar nette Worte beziehungsweise Gedanken für euch habt.

Ich erlebe so viele Eltern, die allzu häufig unfreundlich mit sich selbst sprechen und negativ von sich denken. Nehmt mich zum Beispiel: Mein allererster Gedanke, als ich gestern Abend bemerkte, dass ich mal wieder auf einen perfekten Moment wartete, statt einfach die Gelegenheit beim Schopf zu ergreifen, war: »Wie kann man nur so blöd sein!«

Das ist ein unnötig unfreundlicher Satz. Niemals würde ich mit meinen Kindern, meinem Mann, meinen Freunden, Kollegen oder sonst wem auf diese Weise sprechen. Niemals!

Warum also spreche ich mit mir so? Das ist doch bekloppt!

Da. Schon wieder. Wie rede ich denn mit mir?

Glücklicherweise ist das in der Regel der Moment, in dem ich über mich selbst lachen muss oder zumindest kopfschüttelnd bemerke, was ich da gerade veranstalte. Meistens gelingt es mir dann sofort, das unfreundliche Selbstgespräch zu beenden, und ich vertrage mich wieder mit mir. Und wisst ihr, was für mich das Wichtigste in diesen Situationen ist? Dass ich mir verzeihe, dass ich nicht perfekt bin. Das klingt simpel, ist es für viele Menschen jedoch nicht – und für Eltern schon gleich doppelt nicht.

In der Elternberatung erlebe ich meist entweder Mütter und Väter, die sich gegenseitig die Schuld in die Schuhe schieben wollen (und mit denen ich zunächst einmal in Richtung Paarberatung arbeite), oder Eltern, die sich selbst die Schuld an allem geben und entsprechend unfreundlich mit sich sprechen und über sich denken.

Falls ihr zu Letzteren gehört, verrate ich euch einen simplen, im Alltag gut umsetzbaren Trick, um mit diesem destruktiven Verhalten aufzuhören: Stellt euch vor, dass eure beste Freundin oder euer bester Freund exakt den Fehler gemacht hat, den ihr euch selbst vorwerft. Was sagt ihr dann?

Ganz sicher nichts Unfreundliches oder gar Beleidigendes. Nein, ihr werdet verständnisvolle, aufmunternde und tröstende Worte finden. Und genauso solltet ihr auch mit euch selbst sprechen.

Selbst wenn es euch erst einmal doof vorkommt, ist es sinnvoll, wenn ihr entweder laut mit euch sprecht wie zu einem Freund oder einer Freundin oder wenn ihr aufschreibt, was ihr dem Freund oder der Freundin zu sagen hättet. Wenn ihr das ein bisschen übt, dann geht es irgendwann in Gedanken – ohne äußeren oder zeitlichen Aufwand. Am Anfang ist es jedoch hilfreich, die Worte tatsächlich auszuformulieren. Und zu üben.

Ich würde mich freuen, wenn ihr in Zukunft ein bester Freund oder eine beste Freundin für euch selbst sein und euch nach einem Fehler immer häufiger mit Verständnis und Liebe begegnen würdet. Das wäre wunderbar.

Wie gesagt, übe ich selbst bis heute, meine eigenen guten Ratschläge zu befolgen. Und beim jahrelangen Herumüben fiel mir auf, dass ich in entspannten Zeiten recht problemlos alles Mögliche umsetzen kann.

Bestimmt kennt der ein oder andere dieses Phänomen: Wenn ohnehin alles prima läuft, dann setzt man gute Ratschläge, ebensolche Vorsätze und sogar das neue Fitnessprogramm zuverlässig um.

Aber gerade dann, wenn es mir nicht gut geht, ich gestresst, traurig oder unsicher bin, fällt mir beispielsweise erst viel zu spät ein, dass ich eigentlich wie eine beste Freundin mit mir sprechen wollte.

Glücklicherweise habe ich Menschen um mich, die mich regelmäßig daran erinnern und unterstützen. Zudem hat sich bei mir über die Jahre dann doch ein gewisser Lerneffekt eingestellt, und ich habe mir eine Routine zugelegt, um auch in miesen Zeiten etwas zu tun, das mir guttut.

Damit mache ich es mir leicht, denn wenn ich etwas täglich oder zumindest sehr regelmäßig mache, dann muss ich nicht mehr darüber nachdenken und mich nicht dafür oder dagegen entscheiden. Es passiert einfach – wie Zähneputzen. Das tun wir alle (hoffentlich) zweimal täglich, ohne Wenn und Aber. Nur in Phasen extremer Belastung, schwerwiegender psychischer Erkrankungen oder in anderen Ausnahmesituationen funktioniert so eine Routine nicht mehr. Der Einfachheit halber gehe ich hier vom »normalen« Wahnsinn aus. Und da putzt man sich, auch wenn es einem aus welchen Gründen auch immer nicht gut geht, zweimal pro Tag die Zähne, obwohl das nicht unbedingt die spannendste Tätigkeit ist. Wir tun es, ohne darüber nachzudenken oder es infrage zu stellen.

Solch eine krisensichere Routine kann man auch für andere Tätigkeiten etablieren und sich auf diese Weise ganz leicht helfen, in stressigen Situationen bestmöglich zurechtzukommen. Und sie kann alles Mögliche beinhalten. Ihr könnt meditieren, Musik hören, Sport machen, singen, musizieren, malen, Bäume umarmen, Dankbarkeitsübungen machen oder wie Katja und ihre Kinder jeden Morgen zu »Veo veo« tanzen. Es ist ganz gleich, was ihr tut, solange es etwas ist, was euch guttut und was ihr so regelmäßig macht, dass ihr auch in schlechten Zeiten nicht darüber nachdenken müsst, sondern dass es routiniert, quasi wie von selbst geschieht.

Ich habe eine ganze Weile gebraucht, bis ich herausgefunden habe, was *mir* guttut und was ich tatsächlich jeden Tag tun kann. Macht euch also nichts draus, wenn ihr ein wenig herumprobieren müsst, bis ihr eure eigene Wohlfühlroutine gefunden habt. Ihr werdet ganz sicher etwas finden, was zu euch und eurem Tagesablauf passt.

Eine Sache beispielsweise geht immer, weil man sie so prima während des Zähneputzens machen kann: Zählt währenddessen alles auf, wofür ihr dankbar seid. Auch das erfordert ein klein wenig Übung. Ihr könnt mit allgemeinen Dingen anfangen wie: »Ich bin dankbar dafür, dass ich fließendes Wasser habe, dass ich ohne Angst vor Krieg aus dem Haus gehen kann, dass ich Zähne habe, die ich putzen kann, dass ich laufen, sehen, hören kann …« und so weiter und so weiter.

Ich denke, ihr versteht.

Wenn es euch dennoch schwerfällt, dann versetzt euch zurück in die Momente, in denen ihr dachtet, ihr hättet euren Geldbeutel, Hausschlüssel oder dergleichen verloren, und erinnert euch an die Freude, die ihr empfunden habt, als der Geldbeutel doch wieder aufgetaucht ist und gar nicht verloren war. Ihr müsst ja nicht jedes Mal ausrasten vor Freude, aber ein bisschen von dem Gefühl schadet nicht!

Ihr könnt beispielsweise auch einfach dankbar dafür sein, dass ihr einen Geldbeutel und einen Hausschlüssel zum Verlieren und Wiederfinden besitzt.

Allein mit solch alltäglichen Kleinigkeiten könnt ihr die Zahnputzzeit locker füllen. Und nach und nach werden euch sicher ganz von selbst all die persönlichen Dinge einfallen, für die ihr dankbar seid. Wie wäre es, wenn ihr das einmal ausprobiert?

Und da kommen wir auch schon wieder zurück zu Katja, Tine und mir. Nachdem wir drei uns also ein wenig aus den Augen verloren hatten, brauchten wir vom ersten »Lasst uns doch möglichst bald mal wieder einen Mädelsabend machen«

bis zum endgültigen Treffen mehrere Monate. Dabei wäre es ganz sicher kein Weltuntergang gewesen, wenn wir uns trotz Müdigkeit einfach spontan verabredet und ebendiesen Termin zum wichtigsten Termin erklärt und somit unverschiebbar gemacht hätten.

Wir aber waren nicht spontan. Leider.

Denn hätten wir uns früher getroffen, hätte Tine nicht so lange in ihrer damaligen Situation verharren müssen. Was echt schön gewesen wäre.

SCHLEIMIGES MONSTER –
WIE MAN MIT DEPRESSIONEN
UMGEHT

Statt im Frühsommer, wie wir es vorgehabt hatten, trafen Katja, Tine und ich uns an einem regnerischen Novembernachmittag bei Tine. Sie war vor einiger Zeit ins Zentrum gezogen, und Katja und ich waren neugierig auf die schicke Stadtwohnung, die wir noch gar nicht kannten.

Zum Zeitpunkt unseres Wiedersehens war Anna elf und Julian zehn Jahre alt. Die beiden waren bei Freunden und würden dort übernachten, was ich schade fand. Zwar hatte ich mich natürlich in erster Linie auf ein ausgiebiges Gespräch mit Tine und Katja gefreut, doch auch Anna und Julian hätte ich gern wiedergesehen.

Tine sah schlecht aus.

So schlecht, dass ich mir ein erschrockenes »Huch« gerade so hatte verkneifen können, als sie mir die Tür öffnete. Sie war immer die gewesen, der die anderen Väter mehr oder weniger sehnsüchtig hinterhergeschaut hatten – und zwar nicht nur die Singleväter. Jetzt war Tine blass, hatte Ringe unter den Augen und sah aus, als hätte sie tagelang nicht geduscht. Ich bildete mir sogar ein, dass sie ebenso roch. Ihr sonst so wundervolles Lächeln wirkte verkrampft.

Als sie in die Küche ging, um Kaffee zu kochen, sah ich Katja fragend an. Die machte ein betroffenes Gesicht und flüsterte: »*Du* bist die Psychologin. Sag was!«

Tine kehrte mit dem Kaffee zurück, setzte sich und fragte: »Stört's euch, wenn ich rauche?«

»WAS?!« Katja war vollkommen fassungslos, während ich überlegte, ob ich in das Set-up irgendeiner pseudolustigen Sendung nach Art der versteckten Kamera geraten war.

Tine blickte mit unbeteiligter Miene zu Katja. »Na, wenn's dich stört, dann lass ich es. Schon gut, kein Grund, so zu schreien.«

»WAS?!«

Ich sah Katja an, dass sie kurz davor war, aufzustehen und zu gehen.

Tine konnte unmöglich vergessen haben, wie allergisch Katja auf rauchende Menschen reagierte. Ich mag es auch nicht, wenn jemand raucht, bin jedoch durchaus in der Lage, mich diesbezüglich in Toleranz zu üben.

Katja nicht. Sie war in einem Haushalt aufgewachsen, in dem beide Elternteile Kettenraucher gewesen waren. Davon abgesehen, dass ihre Kleidung und sie selbst ihre gesamte Kindheit über nach Rauch gestunken hatten, waren ihre Eltern beide kurz hintereinander an Lungenkrebs gestorben, als Katja gerade ein Teenager gewesen war. Sie hatte also allen Grund, extrem zu reagieren, wenn es ums Rauchen ging. Und Tine wusste das.

Ich war ebenso fassungslos wie Katja. Tine war zwar nie die Sensibelste gewesen, aber das hier, das war …

»Wer sind Sie, und was haben Sie mit unserer Freundin gemacht?«, rutschte es mir heraus.

Niemand lachte.

Tine seufzte genervt auf. »Ist ja gut. 'schuldigung! Rauch ich halt einfach nachher, wenn ihr weg seid.«

Sie goss Kaffee in unsere Tassen. Ansonsten herrschte Stille.

Was war das hier? Das waren doch nicht wir? Okay, wir hatten uns ein wenig aus den Augen verloren, aber das hier … war einfach nur furchtbar.

Ich fühlte mich überfordert.

Katja warf mir bedeutungsvolle Blicke zu, denen ich entnahm, dass ich verdammt noch mal etwas tun solle.

»Tine …«, begann ich. »Was ist los?«

Was ist los?

Himmel, das hätte ich mal besser mich selbst fragen sollen! Sogar jemand, der niemals einen Psychologie-Hörsaal oder ein psychotherapeutisches Fortbildungsinstitut von innen gesehen oder auch nur einen Blick in ein Buch über irgendetwas halbwegs Psychologisches geworfen hat, hätte *vorher* gewusst, dass Tines Antwort hierauf nicht lauten würde: »Ach, gut, dass du fragst. Weißt du, ich glaube, ich habe eine Lebenskrise oder etwas Ähnliches. Jedenfalls geht es mir zurzeit nicht gut, aber ich bin froh, dass ihr nun hier seid und ich mit euch darüber reden kann.«

Tatsächlich antwortete Tine leicht gereizt: »Nix! Was soll'n los sein?«

Katja bedachte mich mit einem »Du bist ja eine tolle Psychologin«-Blick und tauchte danach in ihrer Kaffeetasse unter, als könne sie sich auf diese Weise unsichtbar machen.

Ich tat es ihr gleich und schloss für einen Moment die Augen. Mein Hirn war vollkommen leer bis auf diesen einen Gedanken, der auf einer winzigen einsamen Insel saß und per Rauchzeichen ein stetiges SOS sendete.

Tine braucht Hilfe.

Was auch immer der Grund für ihr unfreundliches und auch ansonsten untypisches Verhalten war, es war eindeutig: Sie war in Not.

Und sie hatte diesem Treffen zugestimmt. Das bedeutete: Irgendwo hinter dieser genervten und ungepflegten Frau versteckte sich meine Freundin Tine, wie ich sie kannte und liebte, und schickte ebenfalls SOS-Signale.

Ich nahm noch einen Schluck Kaffee und stellte die Tasse ab, bevor ich sagte: »Ich habe die letzten zwei Jahre in erster Linie damit verbracht, von einem Arzt zum anderen zu rennen, Therapeuten zu suchen und Depressionen zu haben.«

Es war so still, dass es schon wieder laut war.

Tine sah zu Boden. Ich bemerkte, dass sie die Luft angehalten hatte. Katja dagegen starrte mich an, als versuchte sie per Gedankenübertragung herauszufinden, was zur Hölle ich da gerade veranstaltete. Offenbar war sie sich nicht sicher, ob ich meine Worte ernst gemeint oder lediglich einen weiteren kümmerlichen Versuch unternommen hatte, Tine aus der Reserve zu locken.

Mir selbst ging es wie Tine. Ich hielt die Luft an.

Warum hatte ich das gesagt?

Na ja, um Tine zu helfen natürlich, aber wäre das nicht auch anders gegangen? Ich hatte bisher mit niemandem außer Sven darüber gesprochen. Mit diversen Ärzten, ja, und auch mit meiner Therapeutin, aber eben mit niemandem aus meinem privaten Umfeld. Und zwar, weil es mir peinlich war.

Verrückt, oder?

Ich bin Psychologin und hatte damals bereits etliche Fort- und Weiterbildungen absolviert und viele Jahre Berufserfahrung. Dennoch: Wenn es um *mich* ging, war es irgendwie was anderes. Da ist man aufgeklärt, tolerant, mitfühlend und in meinem Fall sogar fachlich kompetent und verhält sich, wenn es einen selbst betrifft, dann doch nicht danach.

Also, ich zumindest.

Manchmal denke ich, der Begriff »Burn-out« wurde in erster Linie für Leute wie mich erfunden, die sich bei einer Depressionsdiagnose noch mieser und wertloser fühlen als ohnehin schon. »Burn-out« klingt ja zumindest danach, als hätte man vorher eine Menge geleistet und sei nur deswegen krank geworden. Man ist also quasi nur total überarbeitet, was viel ehrenhafter klingt als so eine jammerige Depression.

Wobei das selbstverständlich ausschließlich für mich gilt, denn ich weiß natürlich, dass das totaler Blödsinn ist und man allein aufgrund solcher Gedankengänge mal über seine eigene psychische Gesundheit nachdenken sollte. Also »man«.

Ich natürlich nicht. Bei mir ist das ja was anderes …

Mannomann …

(Bitte stellt euch hier ein liebevoll mitfühlendes Kopf-schütteln meinerseits vor. Mein damaliges Ich hatte echt noch eine Menge zu lernen.)

Ich kann mich noch gut daran erinnern, wie nach langem Gerenne von Arzt zu Arzt endlich eine Autoimmunerkrankung diagnostiziert wurde. Ich war sehr erleichtert, dass endlich die Ursache für meine mannigfachen Symptome gefunden war und ich nun etwas dagegen unternehmen konnte.

Als ich irgendwann medikamentös einigermaßen gut eingestellt war und mein Körper sich ein wenig beruhigt hatte, ging es mir tatsächlich deutlich besser. Viele unangenehme körperliche Symptome verschwanden gemeinsam mit den noch viel unangenehmeren Panikattacken.

Nur die Depression nicht. Die blieb. Ähnlich wie der berühmte »große schwarze Hund« von Matthew Johnstone hatte sie es sich bei mir gemütlich gemacht und offenbar nicht vor, so schnell wieder zu verschwinden.

Für mich sind Hunde allerdings so positiv besetzt, dass sich dieser Vergleich zumindest in der Anfangszeit nicht stimmig anfühlte. Meine Depression war kein großer schwarzer Hund, sondern ein riesiges schleimiges Monster, mit dem ich mich in ständigem Kampf befand, damit es mir nicht zu nahe kam, mich vollschleimte und damit regelrecht lebensunfähig machte.

Eine Weile hoffte ich, die Depression sei der Teil der Symptomatik, der die längste Zeit benötigte, um auf die Medikamente zur Behandlung der Autoimmunerkrankung zu reagieren. Ich musste also nur ein wenig Geduld haben. Immerhin hatten ja auch die Panikattacken wieder aufgehört.

Die Depression aber interessierte all das wenig bis gar nicht. Nun gut, dachte ich, dann würde ich eben anders damit klarkommen. Ich war ja schließlich vom Fach. Also konnte ich diese blöden Gefühle einfach bekämpfen und … wegmachen. Das wäre ja gelacht!

Es ist doch auch alles gar nicht so schlimm, redete ich mir ein. Immerhin funktionierte ich für meine Familie und in meinem Beruf nach wie vor. Gut, ich hatte nicht mehr so viel Spaß wie früher. Eigentlich so gut wie gar keinen. Diese Phase würde jedoch vorbeigehen, und dann würde alles sein wie zuvor.

Und ja, ich brauchte länger, um mein Arbeitspensum zu erledigen, aber das gehörte eben zu dieser Phase dazu und würde sich ebenfalls mit der Zeit normalisieren. Legte ich eben ein paar Nachtschichten mehr ein, und das Problem war gelöst.

All das dachte ich – rückblickend betrachtet war das auf eine groteske Weise geradezu beeindruckend.

Ich hatte die Psychologin in mir in einen schalldichten Raum gesperrt und ließ sie nur raus, wenn es um berufliche Dinge ging. Sobald sie etwas zu meiner persönlichen Situation anmerken wollte, schubste ich sie in das gut gepolsterte Zimmer, aus dem kein Laut nach außen – und damit in mein Bewusstsein – drang. Zu groß war meine Angst vor dem, was sie sagen wollte, denn tief in mir ahnte, nein, *wusste* ich, dass sie recht hatte.

Ich steckte längst mittendrin in einer ausgewachsenen Depression, wollte das aber nicht wahrhaben und handelte dementsprechend kontraproduktiv. Folglich verschlechterte sich mein Zustand mehr und mehr. Erst als ich völlig erschöpft am Boden lag und kaum noch atmen konnte, weil das gefühlt hundert Kilo schwere Monster auf meiner Brust saß, sprach ich mit Sven und suchte mir schließlich Hilfe.

Zu Beginn nannte meine Therapeutin die Depression »Burn-out«. Sie erkannte, dass ich mich schämte, obwohl ich es ja eigentlich besser wusste, und zumindest für den Anfang eher mit einer Erkrankung leben konnte, bei der ich immerhin *vor* dem Zusammenbruch so richtig was geleistet hatte. Die Therapeutin war klug, ging es langsam an und ließ mich selbst darauf kommen, dass ein Teil meines Problems darin bestand, dass ich ebendiese Bewertung vornahm.

Im Laufe der Zeit lernte ich mit der Depression und auch mir selbst umzugehen. Das Schleim-Monster und ich sprachen uns aus und schlossen einen Pakt: Ich würde nicht mehr blindlings gegen das Monster sowie mich selbst kämpfen, und im Gegenzug würde es sich eine angenehmere Oberfläche zulegen, denn mit all dem ekligen Schleim konnte man schlecht nebeneinander auf dem Sofa sitzen, geschweige denn sich mal umarmen.

Ab diesem Zeitpunkt ging es mir mit dem Monster wie Matthew Johnstone mit seinem großen schwarzen Hund: Wir lernten, miteinander zu leben, und inzwischen ist das Monster zu einem Monsterchen geschrumpft – und trägt statt Schleim ein schon beinahe kuscheliges Fell.

An jenem Tag, als ich mit Katja und Tine zusammen in Tines Wohnung saß und ausgesprochen hatte, dass ich die letzten zwei Jahre mit ebendiesem Monster beschäftigt gewesen war, arbeitete ich zwar schon längere Zeit wieder und nahm mit klarem Blick und offenem Herzen am Familienleben teil, doch die dunklen Phasen der Depression waren in meiner Erinnerung nach wie vor sehr präsent.

Es war noch immer still. Tine sah zu Boden, und falls sie inzwischen wieder atmete, konnte ich es zumindest nicht erkennen. Sie wirkte wie versteinert.

Katja wusste offensichtlich nach wie vor nicht, was sie von meiner verstörenden Enthüllung halten sollte. Sie kniff die Augen zusammen und sagte: »Wenn das ein Scherz sein soll …«

»Das ist natürlich kein Scherz«, unterbrach ich sie. »Ich … ich hab damals mit niemandem außer mit Sven darüber gesprochen. Und … also, das …« Ich gab mir einen Ruck. »Ihr seid meine Freundinnen. Auch wenn wir uns in letzter Zeit nicht gesehen haben. Ich will, dass ihr an meinem Leben teilhabt. Wir haben immer über alles geredet. Und ich wünsche mir, dass das wieder so wird. Deshalb möchte ich euch das jetzt erzählen. Bisschen spät, aber besser als nie. Ist das okay für euch?«

»Äh … Ja, na klar!« Katja fühlte sich augenscheinlich und verständlicherweise ein wenig überfordert mit der Situation.

Ich ebenfalls, aber das war jetzt nicht wichtig. Ich sah zu Tine. Sie rührte sich noch immer nicht. Ich wertete das als Zustimmung und begann zu erzählen. Angefangen von den ersten Symptomen über die Diagnose und die dunkelsten Momente, in denen ich nicht wusste, wie und sogar ob es weitergehen sollte, bis hin zur Therapie und der langsamen Besserung.

Tine hörte stumm zu, während Katja hin und wieder »Du Arme« oder »Das tut mir so leid« murmelte, mir Taschentücher reichte und Kaffee nachschenkte.

»Puh«, stöhnte ich am Ende meiner doch erstaunlich langen Erzählung, wischte mir die letzten Tränen vom Gesicht und putzte noch einmal die Nase. »Ich hätte nicht gedacht, dass mich das so mitnimmt. Ich wollte nur …«

Da unterbrach mich Tine mit leiser Stimme. »Und jetzt geht's dir wieder gut?«

»Ja«, antwortete ich. »Meistens. Manchmal wird das Monster zwar wieder größer oder hat einen Schleimanfall, aber inzwischen weiß ich, was ich dann tun kann. Und wenn's hart auf hart kommen sollte, rufe ich meine Therapeutin von damals an. Was mir immer hilft, auch wenn es mir mal ein paar Tage lang gar nicht gut geht, ist das Wissen, dass ich in der Lage bin, auch aus der schlimmsten Phase wieder rauszufinden. Dass das Monster sich wieder entschleimen und schrumpfen wird und ich ganz gut mit ihm leben kann.«

»Hm …«, machte Katja. »Du meinst, es ist ein bisschen wie mit Liebeskummer? Beim ersten Mal denkt man, die Welt geht unter, das Leben ist vorbei, und man wird nie wieder glücklich sein, und bei jedem weiteren Mal fühlt es sich zwar genauso kacke an, aber man weiß immerhin, dass es vorbeigehen wird?«

Ich musste lächeln. »Das ist ein toller Vergleich. Denn im Grunde ist es exakt genau so.«

»Und …«, kam es erneut leise von Tine, »… also, du bist wieder ganz die Alte geworden?«

Ich atmete durch, denn ich wollte keinesfalls dem Impuls nachgeben, den leichtesten Weg zu gehen und Tine schnell zu beruhigen. Was auch immer sie gerade durchmachte, es war etwas Ähnliches wie meine Depression, davon war ich inzwischen überzeugt. Und ich muss zugeben, es kostete mich einiges an Kraft, um mich nicht überwältigen zu lassen von der gigantischen Welle Mitleid, die sich hinter mir aufgetürmt hatte und nur darauf wartete, über mich hinwegzutosen.

Tine brauchte unsere Hilfe. Das bedeutete Mitgefühl, aber kein Mitleid, sowie Ehrlichkeit statt kurzfristigen Beruhigens, obwohl mir eigentlich genau danach war. Ich wollte ihr so gern sagen, dass natürlich alles ganz schnell wieder genau wie vorher würde. Aber das wäre weder fair noch hilfreich gewesen.

Also schüttelte ich den Kopf. »Nein. Ganz die Alte bin ich nicht. Ich meine, ich bin ja im Grunde nie ›ganz die Alte‹, weil ich jeden Tag ein bisschen anders bin als am Vortag, aber ich weiß natürlich, was du meinst. Ich bin jetzt … anders. Aber anders *gut*. Ich denke, ich werde mit dem Monster leben müssen, und das ist okay, denn meistens ist es ja klein und unauffällig.

Und überhaupt. Es ist nun mal da. Also bekämpfe ich es nicht, sondern nehme es ab und zu in den Arm, knuddel es und finde mich mit ihm ab.«

Katja wandte sich an Tine und sagte zu ihr: »Sophie hat sich entschlossen weiterzuleben und ist nicht mehr permanent traurig und so, aber sie hat halt jetzt einen imaginären Kumpel in Monsterform und ist nicht mehr ganz dicht, immerhin …«

Ich hätte Katja knutschen können, denn über Tines Gesicht huschte tatsächlich ein kleines Lächeln.

»Ja, so ähnlich kann man das sagen«, erklärte ich. »Die Zeit, in der es mir so richtig schlecht ging, möchte ich nie wieder erleben. Trotzdem muss ich sagen: Ich bin stolz darauf, dass ich es geschafft habe, da durchzukommen, und es ist ein gutes Gefühl, zu wissen, dass ich so was kann. Und wenn ich das kann, dann schaffen andere es auch.«

»Na ja, du bist Psychologin, ist doch klar, dass dir das gelingt«, wandte Katja ein.

Ich musste lachen. »Nee, so war das leider nicht. Ich glaub, ich hab sogar noch ein bisschen länger gebraucht als die meisten Nichtpsychologen, bis ich mir endlich eingestehen konnte, dass ich Hilfe brauche. Total bescheuert! Nicht umsonst heißt es, dass Ärzte die schlechtesten Patienten sind – das trifft vermutlich auch auf Psychologen zu. Ich hab nämlich wirklich sehr lange gedacht, ich krieg das allein hin und muss nur damit aufhören, mich so anzustellen. Was zeigt, dass ich da bereits an dem Punkt war, an dem ich nicht mehr so richtig klar denken konnte.«

»Das ist echt gruselig«, murmelte Katja. »Und ich find zwar toll, dass du uns das jetzt erzählt hast, aber ich fühl mich trotzdem blöd, wenn ich daran denke, dass du quasi durch die Hölle gegangen bist mit deinem Schleim-Monster und wir nicht den Schimmer einer Ahnung hatten. Wir hätten doch helfen können! Also, nicht so therapiemäßig, aber wir hätten da sein können und … ich weiß nicht, einkaufen gehen für dich, zum Arzt mitkommen, dich in den Arm nehmen und all so was. Ich hätte das gern gemacht. Und ich … also, ich weiß, dass du das nicht böse gemeint hast, aber ich finde, seinen Freundinnen sagt man so was. Damit die helfen können und sich nicht zwei Jahre später fragen müssen, ob sie was hätten merken müssen und …«

Ich umarmte Katja.

»Jetzt weiß ich das«, erklärte ich. »Damals konnte ich nicht darüber reden. Bitte macht euch keine Vorwürfe. Ich wollte ja nicht, dass ihr was merkt. Also konntet ihr nix merken.« Ich sah zu Tine, die weiterhin unsere Blicke mied.

Katja lächelte mich an und sagte: »Na gut. Aber jetzt weiß ich Bescheid und frag in regelmäßigen Abständen, was dein imaginäres Monster-Haustier macht.«

Ich lächelte dankbar zurück. »Ja, mach das. Ich fühl mich jetzt schon viel besser, nachdem ich euch alles erzählt hab. Und danke, dass ihr so toll zugehört und nix Blödes gesagt habt.«

Katja war empört. »Du dachtest, wir sagen was Blödes?!«

»Nein, nein! So meinte ich das nicht, aber … also, eine Menge Menschen sagen was Blödes, wenn sie hören, dass jemand Depressionen hat. Meistens einfach aus Unwissenheit oder weil sie nicht darüber nachdenken.«

»Das stimmt«, kam es von Tine.

Wir warteten, aber mehr sagte sie nicht.

Also wandte sich Katja wieder mir zu: »Ich bin froh, dass ich nix Blödes gesagt hab. Vermutlich liegt das daran, dass ich so gut wie gar nichts gesagt hab. Wenn ich ehrlich bin, überfordert mich das nämlich ein bisschen. Ich kenn mich nicht aus mit Depressionen. Ich glaub, ich muss mich da mal informieren. Wieso lernt man so was eigentlich nicht in der Schule?«

Ich seufzte. »Ja, es wäre toll, wenn Kinder in der Schule mehr über psychische Gesundheit lernen würden. Ach, es gibt so vieles, von dem ich mir wünsche, man hätte es uns beigebracht.«

»Stimmt. Was muss ich denn wissen, damit ich mich richtig verhalte, wenn dein komisches Monster das nächste Mal zu groß wird?«

Beinahe wäre ich erneut in Tränen ausgebrochen – vor Rührung, weil Katja so wundervoll war. Sie ahnte vermutlich, warum ich ausgerechnet heute von meiner Depression erzählt hatte, doch sie handelte nicht aus Kalkül, sondern weil sie einfach … na ja, weil sie eben Katja war und instinktiv das tat und sagte, was genau richtig war, weil es von Herzen kam.

Das ist meiner Ansicht nach im Übrigen in so ziemlich jeder Situation das Beste: Wenn man seinem Herzen folgt und versucht zu tun, was die Liebe tun würde, wenn sie denn eine Person aus Fleisch und Blut wäre.

Ehrlichkeit und Offenheit fühlen sich immer gut an. Wenn wir überfordert sind von dem Unglück, das einem anderen Menschen geschieht oder geschehen ist, dann ist es absolut in Ordnung, einfach mal nichts zu sagen oder zuzugeben, dass man nicht weiß, was man tun kann, um zu helfen.

Ich hatte nicht in erster Linie deshalb von meiner Depression erzählt, um es endlich loszuwerden, sondern weil ich Tine unbedingt helfen wollte und mir keine bessere Möglichkeit einfiel, um ihr zu zeigen, dass sie sich bei uns sicher fühlen konnte. Dennoch spürte ich, wie gut es mir getan hatte, endlich darüber zu sprechen.

Aber nun ging es um Tine.

Natürlich kann man jemandem *sagen,* dass man für ihn da ist, am hilfreichsten und effektivsten ist es jedoch, wenn man die Möglichkeit hat und nutzt, es zu *zeigen.* Handlungen sind grundsätzlich aussagekräftiger als Worte. Und so hoffte ich, dass Tine an Katjas und meinem Verhalten erkannte: Bei uns konnte sie sich öffnen. Hier war sie sicher.

Tine starrte noch immer zu Boden, aber sie begann tatsächlich zu sprechen.

»Bei mir ist das leider kein Autoimmundingsda«, murmelte sie. »Ich war bei zig Ärzten. Nix. Ich hab nix.« Sie atmete zitternd durch.

»Klar hast du was!«, erklärte ich. »Also, zunächst mal hast du natürlich uns! Und deine Familie! Und wenn kein Arzt was gefunden hat, dann hast du vielleicht auch …«

Und da – endlich – begann Tine zu weinen.

Katja sah mich zunächst sorgenvoll an, dann jedoch nickten wir uns in stillem Einvernehmen zu, gingen zu dem Sessel, in dem Tine wie ein Häufchen Elend zusammengesunken saß, und umarmten unsere Freundin.

Tine weinte eine lange Zeit. So lange, dass Katja mir irgendwann verzweifelt pantomimisch zu verstehen gab, dass sie keine Minute länger in dieser höchst unbequemen Haltung verharren konnte. Mir ging es genauso.

Wir lösten uns vorsichtig von Tine und stöhnten dabei wenig dezent auf.

»Ich bin zu alt für lange Sessel-Umarmungen!«, ächzte ich.

Tine schniefte und murmelte: »Und ich dachte, ihr wolltet mich umarmen. Nicht den Sessel.«

Katja kicherte albern und erklärte: »Ich dreh durch, wenn ich mich jetzt nicht ein wenig bewegen kann. Ich mach mal Tee. Und vielleicht ein paar Schnitt…en.«

Ich grinste. »Du wolltest Schnittchen sagen. Gib's zu!«

Aber Katja war schon auf dem Weg in die Küche. Da kam plötzlich Leben in Tine. Sie sprang auf und wollte Katja folgen, als diese schon wieder zurückkam.

Sie sah besorgt aus. »Tine«, begann sie.

»Ich weiß, ich weiß!«, stöhnte Tine und brach erneut in Tränen aus. »Ich … ich wollte nicht, dass du in die Küche gehst. Ich wollte eigentlich überhaupt nicht, dass ihr mich so seht. Ich wollte euch absagen. Und dann wollte ich irgendwie doch, dass ihr kommt und dann wieder nicht und dann …« Sie schluchzte. »Mir geht's nicht gut.«

»Das wissen wir«, entgegnete Katja sanft, fügte jedoch einigermaßen streng hinzu: »Trotzdem … so geht das nicht. Wir bestellen jetzt eine Familienpizza für uns. Ich hab nämlich Hunger. Bis die da ist, gehst du duschen. Und wir machen deine Küche sauber. Keine Widerrede!«

Tine stand unschlüssig da.

Allein, dass sie nicht sofort ablehnte, wertete ich als großen Erfolg und nutzte ihre momentane Unklarheit schamlos aus. »Du hast Katja gehört. Los. Geh duschen. Bitte!«

Ich schob sie in die Richtung, in der ich das Badezimmer vermutete, und tatsächlich trottete Tine los und verschwand hinter einer Tür. Wenig später lauschte ich und stellte zufrieden fest, dass sie wirklich duschte.

Katja wirbelte in der Küche umher, während ich die Pizza bestellte. Jetzt, wo wir beide allein waren und uns nicht mehr um Tine kümmern konnten, herrschte eine leicht angespannte Stimmung zwischen uns.

»Katja«, begann ich. »Bitte entschuldige, dass ich nichts gesagt hab.«

Sie räumte unter lautem Scheppern die Spülmaschine ein. Dann hielt sie inne, und erst jetzt sah ich, dass in ihren Augen Tränen blitzten.

»Ich dachte, ich hab einen netten, lustigen Abend mit meinen Freundinnen von früher, aber dann stellt sich raus, dass die eine zu einer rauchenden Messie-Frau mit was-weiß-ich-was-für-einem Problem mutiert ist und die andere womöglich kurz davor war, sich das Leben zu nehmen, ohne dass ich auch nur den Funken einer Ahnung hatte! Das macht mich gerade echt fertig! Und ich weiß noch immer nicht, was mit Tine los ist. Ich weiß nur, dass es schlimm ist, denn die Küche hier sagt doch alles!«

Ich musste Katja recht geben: Neben »Putz mich, bitte!« verriet der Raum, dass hier seit längerer Zeit vermutlich nur eine Person lebte, die sich hauptsächlich von Chips, Schokolade und Rotwein ernährte.

Deshalb also hatte Tine zu weinen begonnen, als ich gesagt hatte, dass sie doch uns habe. Und ihre Familie.

Eine halbe Stunde später kam Tine zwar verweint, aber immerhin sauber und wohlriechend aus dem Bad. Katja hatte in der Zwischenzeit Unglaubliches geleistet und die Küche (und ganz nebenbei auch das Wohnzimmer, den Flur und die Gästetoilette) beinahe in Normalzustand versetzt. Ich hatte unzählige Mülltüten nach unten in den Container geräumt und beim letzten Gang an der Haustür die Pizza in Empfang genommen.

Wir nahmen am Tisch Platz und aßen zunächst schweigend.

Als der drängendste Hunger gestillt war, sah ich Tine an. »Ich hätte dir geholfen, weißt du?«, sagte ich sanft.

»Ich dir auch«, entgegnete Tine leise.

»Ich fühl mich gerade ausgeschlossen, weil ich mal wieder total normal vor mich hingelebt habe«, murmelte Katja.

»Ach, mach dir nichts draus«, entgegnete ich. »Vielleicht holst du das in den Wechseljahren nach.«

Katja grinste. »Du, Tine … Ich hab all deine Zigaretten weggeschmissen. Ich konnte nicht anders. Und es tut mir nicht leid.«

Tines Gesicht unternahm den Versuch eines Lächelns. »Schon okay. Hast ja recht.«

Katja atmete erleichtert auf und legte dann Tine ihre Hand auf den Arm. »Bitte, sag uns, was los ist.«

Tine schloss die Augen und saß einen Moment einfach so da. Dann atmete sie tief durch und begann zu erzählen.

Wann »all das« begonnen hatte, konnte sie nicht mehr genau sagen. Jedenfalls war Tine irgendwann bewusst geworden, dass

Lars und sie nur noch nebeneinanderher lebten – und das nicht einmal besonders harmonisch. Sie war traurig und verletzt gewesen, hatte ein paarmal erfolglos versucht, ein klärendes Gespräch zu führen, und sich schließlich nach und nach zurückgezogen. In der Physiotherapie-Praxis, in der sie eigentlich nur halbtags arbeitete, hatte sie immer mehr Stunden angenommen, um Lars aus dem Weg zu gehen.

»Eigentlich haben wir uns gar nicht mehr gesehen. Ich bin gegangen, bevor er nach Hause kam, und hab auf dem Nachhauseweg so getrödelt, dass er meist schon im Bett lag, wenn ich wieder da war.«

Katja sah Tine betroffen an. »Das klingt ja furchtbar. Ihr wart doch immer so glücklich!«

»Nee«, erklärte Tine mit trauriger Miene. »Richtig glücklich waren wir schon lange nicht mehr. Wir sind uns nur nicht so auf die Nerven gegangen wie in den letzten zwei Jahren.«

»So lange geht das schon?« Katja riss entsetzt die Augen auf. »Du Arme! Das tut mir leid!«

Abermals versuchte Tine sich an einem Lächeln und erzählte dann, dass die Stimmung zu Hause immer eisiger geworden sei, sie immer mehr gearbeitet habe und Lars schließlich immer häufiger Fortbildungen am Wochenende besucht habe.

»Ich glaube, er hatte ab und zu was mit anderen Frauen. Oder eine feste Freundin. Oder einfach nur keine Lust mehr, mich zu sehen. Keine Ahnung. Ist auch egal«, sagte Tine traurig. »Anna und Julian waren häufig bei Freunden. Irgendwie waren wir gar keine Familie mehr. Ich meine, es ist okay, wenn die beiden zu Freunden gehen, aber sie waren halt ständig weg und hatten nie Besuch hier zu Hause. Ich hab das zu der Zeit gar nicht gemerkt, weil ich dauernd kaputt und müde war und sowieso zu nichts Lust hatte. Am liebsten hätte ich einfach den ganzen Tag in einer Ecke gesessen mit 'ner Decke überm Kopf. Es war, als hätte ich mich selbst ... gelöscht irgendwie. Ich war gar nicht mehr vorhanden. Und Lars und ich, wir haben irgendwann auch noch angefangen zu streiten. Und am Schluss dann so richtig! Also so richtig … scheiße. Wir waren echt gemein zueinander und auch noch laut.« Tine wischte sich mit zitternden Händen die Tränen aus dem Gesicht. Schließlich sagte sie kaum hörbar und unendlich traurig: »Und die Kinder haben es mitgekriegt. Wir haben nicht gehört, wie sie nach Hause kamen. Ich hab Lars gerade richtig übel beschimpft. Und plötzlich standen sie im Türrahmen. Das war der schlimmste Moment in meinem Leben. Dass ich mal in so eine Situation kommen und mich so blöd benehmen würde, hätt ich nie gedacht. Das … das war einfach nur schrecklich.«

Nun weinten wir alle drei.

»Lasst uns bitte zum Sofa rübergehen«, schniefte Katja.

»Gute Idee!« Ich verteilte Taschentücher und stand auf. »Auf dem Sofa können wir uns umarmen, ohne dass jemandem hinterher sämtliche Gliedmaßen abfallen.«

Und so schlurften wir zur Couch, nahmen Tine in die Mitte, weinten miteinander und hielten uns gegenseitig fest.

HILFE FÜR HELDEN – WEGE
AUS VERZWEIFELTEN LAGEN

Ich habe ja schon gesagt, dass Schimpfen meiner Ansicht nach nichts bringt – weder in der Erziehung noch in der Partnerschaft. Dementsprechend finde ich auch nicht, dass man sich in einer Partnerschaft streiten sollte, um quasi gewittermäßig »die Luft zu reinigen«, wie der Volksmund das gern ausdrückt. Ich halte Streit für überflüssig.

Selbstverständlich kann man unterschiedlicher Meinung sein, sich ärgern oder den anderen zwischendurch sogar mal blöd finden. Das ist jedoch kein triftiger Grund für Streit, der nie etwas Positives bewirkt, sondern bestenfalls kurzfristig Entlastung vorgaukelt, weil man sich mal ausgekotzt hat.

Im Streit sagen wir Dinge zum anderen, die wir eventuell in dem Moment so meinen, aber oft noch nicht einmal das. Da werden vollkommen überspitzte Vorwürfe formuliert, jahrealte Konflikte ausgegraben und größer gemacht, als sie damals waren, oder sogar beleidigende und abwertende Äußerungen rausgehauen. Auch wenn man sich hinterher entschuldigt: Gesagt ist nun einmal gesagt und damit vom anderen auch gehört.

Ich gehe davon aus, dass wir uns einig sind: Körperliche Gewalt gegenüber anderen Menschen, insbesondere Kindern, ist absolut indiskutabel. Ohne Wenn und Aber.

Für mich gilt das Gleiche für verbale Gewalt. Worte können genauso verletzend sein und ebenso tiefe Narben hinterlassen wie körperliche Attacken. Auch das wissen wir im Grunde alle. Und doch sind die individuellen Grenzen im Hinblick auf verbale Gewalt häufig erschreckend weit gesteckt.

Nicht selten höre ich das Argument, dass man im Streit nun mal hin und wieder etwas sage, was man nicht so meine. Schließlich habe man sich ja hinterher entschuldigt. Und damit müsse es dann auch gut sein.

Ich frage dann gern provokant nach, ob das genauso für eine saftige Ohrfeige gelte, die im Streit verteilt werde.

In der Regel ernte ich dafür irritierte Blicke samt der empörten Antwort, dass dies selbstverständlich etwas ganz anderes sei und natürlich niemand von ihnen im Streit dem anderem jemals eine runterhauen würde.

Zunächst einmal ist es erfreulich, wenn der Konsens herrscht, dass wir körperliche Gewalt ablehnen und sie nicht zu unserem Handlungsrepertoire gehört. Das ist gut.

Darüber hinaus wünsche ich mir allerdings eine langfristige Veränderung der Sichtweise verbaler Gewalt. Wenn wir uns nicht dazu durchringen können, zukünftig stets ein Kissen parat zu haben, um in Momenten der überwältigenden Wut dort hineinzubrüllen, sollten wir beim Lautwerden zumindest nicht unser Gegenüber beschuldigen und ihm die Verantwortung für alles in die Schuhe schieben, was uns gerade so verzweifeln lässt.

Außerdem wünsche ich mir, dass wir irgendwann verbale Attacken ebenso ablehnen wie körperliche Gewalt und es kaum mehr vorstellbar ist, einen anderen im Streit zu beleidigen oder gar abzuwerten.

Das bedeutet nicht, dass wir nicht mehr sauer sein oder den anderen zwischendurch doof finden dürfen. Es ist in Ordnung und normal, hin und wieder wütend und enttäuscht zu sein, sich ungerecht behandelt zu fühlen oder Ähnliches. Diese Gefühle haben ihre Berechtigung, und es ist hilfreich, wenn wir sie willkommen heißen, auch wenn sie uns nicht gefallen. Denn durch Verdrängung und Bekämpfen verschwinden sie in der Regel nicht, sondern tauchen langfristig nur umso häufiger auf oder werden immer größer und größer, bis sie geradezu unkontrollierbar sind.

Deshalb meine Bitte an euch: Lasst eure Gefühle zu, lasst sie da sein – auch diejenigen, die ihr nicht unbedingt haben wollt. Schenkt ihnen ein wenig Aufmerksamkeit und seid euch bewusst, dass ihr momentan nun einmal dieses oder jenes fühlt.

Natürlich hat man nicht jedes Mal Zeit und Muße, sich mit dem jeweiligen Gefühl hinzusetzen, sich mit ihm zu unterhalten und ihm vielleicht sogar eine Umarmung zu schenken. Was jedoch immer geht, ist, kurz durchzuatmen und sich beispielsweise zu sagen: »Okay, ich bin gerade echt sauer und wütend.« Und wenn ihr das festgestellt habt, verschiebt wenn irgendwie möglich Grundsatzdiskussionen, Urlaubsplanungen oder den Versuch, dem Sohn die Integralrechnung zu erklären, auf später. Oder geht wenigstens vorher in ein anderes Zimmer und schreit in ein Kissen.

Mir ist klar, dass auch das nicht immer funktioniert und dass einem in der Auseinandersetzung mit einem anderen Menschen etwas herausrutschen kann, was man nicht so meint oder vielleicht doch so meint, aber dringend anders formulieren oder möglicherweise überhaupt für sich hätte behalten sollen.

Trotzdem hege ich die Hoffnung, dass wir uns zukünftig dessen bewusst sind, wie machtvoll Worte sein können, und dass wir andere damit mindestens so sehr verletzen können wie durch einen kräftigen Kinnhaken – je nach Inhalt und Intensität der Aussage sogar noch mehr und vor allem nachhaltiger.

Deshalb entschuldigt euch nötigenfalls beim anderen ehrlich und von Herzen dafür und achtet zukünftig darauf, ihm viele positive und liebevolle Dinge zu sagen – und am besten auch allen anderen Menschen, denn die hören das genauso gern.

Bitte verurteilt euch nicht dafür, falls ihr in der Vergangenheit zu häufig gestritten und geschimpft habt. Euch war vermutlich nicht klar, was ihr damit auslöst, ihr wusstet nicht, was ihr stattdessen tun konntet, und wart bestimmt oft einfach überfordert. Ihr habt dennoch euer Bestes gegeben.

Bitte verzeiht euch.

Und freut euch, dass ihr an jedem Tag erneut die Chance habt, euch anders zu verhalten.

Ihr könnt gleich morgen oder vielleicht bei der nächsten Familienfeier damit beginnen und beispielsweise, statt zu streiten, dem Ärger höflich zunicken, tief durchatmen, das nächstbeste Kissen zur Hand nehmen, kräftig hineinbrüllen und dann ein paar freundliche oder zumindest neutrale Worte sagen. Falls kein Kissen zur Hand ist, tun es auch eine Jacke, ein mittelgroßes Kuscheltier oder eine Rolle Toilettenpapier.

Wie schön wäre es, wenn wir alle in erster Linie nach vorne schauten und den Blick auf das richteten, was wir ändern können, wenn wir möchten.

Ihr kennt bestimmt alle das Gelassenheitsgebet des Theologen Reinhold Niebuhr:

> *Gott, gib mir die Gelassenheit, Dinge hinzunehmen,*
> *die ich nicht ändern kann,*
> *den Mut, Dinge zu ändern, die ich ändern kann,*
> *und die Weisheit, das eine vom anderen zu*
> *unterscheiden.*

Auch wenn ihr diesen Spruch bereits häufig gelesen oder gehört habt, bitte ich euch, ihm eine Chance zu geben, denn die Haltung, die darin zum Ausdruck kommt, ist wirklich hilfreich. In jeder Lebenslage.

Ich bin sicher, euch wird es in Zukunft viel seltener passieren, dass ihr in einen Streit geratet. Und falls doch: Ihr müsst nicht perfekt sein!

Aber ihr könnt euch in jedem Moment neu entscheiden, auf was ihr euren Fokus legt.

Ich stelle mir gerade vor, wie wir alle viel häufiger in Richtung Liebe und Humor schauen, mehr positive Botschaften in die Welt bringen, häufiger lachen (bestenfalls besonders oft über uns selbst) und wie wir alle damit die Welt ein bisschen besser machen.

Wer weiß, möglicherweise kommt dann ja doch noch ein Einhorn vorbei, schmeißt eine Runde Glücksglitzer, pupst einen herrlichen Regenbogen und zaubert uns allen ein breites zufriedenes Grinsen ins Gesicht.

Ebendieses Einhorn hätten Tine, Katja und ich an jenem Abend, als wir so traurig auf Tines Sofa saßen, dringend benötigt. Aber wie das so ist mit Einhörnern: Wenn man sie braucht, lassen sie sich nicht blicken.

Tine putzte sich zum gefühlt hundertsten Mal die Nase. »Also«, murmelte sie, »dann erzähl ich euch jetzt auch noch den Rest.«

Als Lars und Tine bemerkten, dass Anna und Julian den schlimmen Streit zwischen ihnen mit angehört hatten, stand Tine wie versteinert da und fühlte … gar nichts mehr.

»Ich glaub, da hab ich erst gemerkt, dass etwas mit mir ganz und gar nicht stimmt. Lars ist gleich zu den beiden hingelaufen und mit ihnen in die Küche gegangen, um mit ihnen zu reden.

Aber ich … ich stand da einfach nur rum und … war irgendwie nicht mehr richtig da. Ich hab nicht geweint. Ich wollte … nix. Ich war wie leer. Aber das war nicht gut oder erleichternd, sondern grausig. Und ich konnte nichts dagegen tun. Ich glaub, Lars hat später nach mir geschaut, aber ich hab nix mehr gesagt und bloß vor mich hin gestarrt, meint er. Am nächsten Tag ist Lars mit Anna und Julian zu seinen Eltern gezogen.«

»Wann war das denn?«, fragte Katja.

»Vor vier Wochen.«

»So lange schon? Mensch, Tine … Und was ist dann passiert?«

Tine seufzte tief. »Ich glaub, genau das, was ein stümperhafter Drehbuchautor geschrieben hätte. Ich bin tagelang im Bett geblieben und hab mich tot gestellt. Meine Chefin war logischerweise stinksauer, weil ich mich noch nicht mal krankgemeldet hatte. Immerhin bin ich nach 'ner Woche deswegen zum Arzt. Der hat mich krankgeschrieben und mir gesagt, ich soll mir einen Therapeuten suchen, weil ich die ganze Zeit geheult hab. Als ich wieder zu Hause war, bin ich direkt ins Bett und hab wieder tagelang Löcher in die Decke gestarrt. Nach einer Weile hab ich sogar bei einer Psychotherapie-Praxis angerufen, aber die hat nur freitags von acht bis neun Sprechzeit. Und das hab ich nicht geschafft. Also hab ich im Internet rumgesucht, aber die haben alle so komische Sprechzeiten, die man sich merken muss und nicht verpassen darf. Damit war ich total überfordert. Einmal hab ich per Zufall eine Therapeutin persönlich erreicht. Die meinte allerdings, sie hätte eine Warteliste und erst in acht oder neun Monaten einen Platz frei. Tja, das war's, danach hab ich aufgehört zu suchen.«

»Das ist echt eine Kacke!«, kam es ungewohnt heftig von Katja. »Das geht doch nicht, dass es einem so schwer gemacht wird, wenn man endlich kapiert hat, dass man therapeutische Hilfe braucht!«

Ich seufzte tief. Dieses Problem war tatsächlich genauso groß wie absurd. Die Suche nach einem Therapeuten kann bereits Menschen ohne Erkrankung überfordern – für jemanden mit Depressionen, der typischerweise unter allgemeiner Antriebslosigkeit leidet und Schwierigkeiten damit hat, den Alltag zu meistern, gleicht sie einem aussichtslosen Unterfangen.

Falls du unter Depressionen leidest, jemanden kennst, der daran erkrankt ist, oder glaubst, jemanden zu kennen: Gerade beim Suchen und Finden eines geeigneten Therapeuten braucht ein Mensch mit Depression Unterstützung. Beim Herumtelefonieren und Aussortieren kann der Partner oder eine andere nahestehende Person helfen, aber es gibt auch professionelle Unterstützung in Beratungsstellen, bei der Telefonseelsorge oder im Internet, beispielsweise bei der Deutschen Depressionshilfe.

Es ist keine Schande, um Hilfe zu bitten. Im Gegenteil, es ist heldenhaft, denn es erfordert Mut. Falls es dich betrifft: Bitte lass dir helfen!

Das erklärte ich auch Katja und Tine.

»… und es ist verrückt, dass man mit einer potenziell lebensgefährlichen Erkrankung wie der Depression gesagt bekommt, man solle mehrere Monate warten. Da hast du vollkommen recht, Katja.«

»Ja, eben! Das geht doch nicht! Wenn ich mir ein Bein breche, kommt doch auch keiner auf die Idee, mich erst ein halbes Jahr später zu behandeln.«

»Nee, natürlich nicht«, erwiderte ich. »Aber uns wird schon etwas einfallen. Wir sind ja jetzt wieder zu dritt. Magst du zu Ende erzählen, Tine?«

Unsere Freundin nickte. »Na ja, irgendwann – ich weiß gar nicht mehr genau, wann das war, mir ist total das Zeitgefühl abhandengekommen … jedenfalls: Irgendwann kam Lars einfach hierher, weil ich seine Anrufe immer weggedrückt hab. Und dann hat er das Chaos gesehen, und das war nicht nur in der Küche wie heute, sondern überall. Er war total sauer und hat gesagt, er bringt mir die Kinder nur dann zu Besuch, wenn ich aufgeräumt hab. Das hab ich allerdings nicht geschafft. Also haben wir uns zum Eisessen getroffen. Aber das war grausig verkrampft, und hinterher ging es mir noch mieser. Und für Anna und Julian war das sicher auch schrecklich.« Tine schniefte und fügte dann hinzu: »Seitdem hab ich sie nicht mehr gesehen.«

»Was?!« Katja war regelrecht außer sich. »Du hast deine Kinder in der ganzen Zeit nur einmal gesehen? Kein Wunder, dass es dir mies geht! Da müssen wir was tun! Sophie! Das ist doch dein Job! Mach was!«

»Also erstens«, begann ich, »ist das *nicht* mein Job. Ich begutachte Familien, wenn ich einen Auftrag vom Gericht habe, das …«

»Du weißt doch, was ich meine!«, unterbrach mich Katja aufgebracht. »Du kennst dich da aus. Lars kann doch nicht einfach Anna und Julian mitnehmen und dann dafür sorgen, dass sie …«

»Lars hat nichts falsch gemacht«, kam es mit überraschend fester Stimme von Tine. »Er will die beiden beschützen. Das würde ich an seiner Stelle genauso machen. Und außerdem sind Anna und Julian nicht mehr klein und können sagen, was sie möchten und was nicht. Ich will auf keinen Fall, dass sie dazu gezwungen werden, mich zu treffen! Das wär ja noch schlimmer als alles andere. Obwohl ich grad nicht weiß, ob es noch schlimmer geht.« Sie seufzte. »Ich kenn mich selbst nicht mehr. Und ganz ehrlich? Ihr mich auch nicht. Ich hab genau gesehen, wie erschrocken ihr wart. Ich bin doch 'ne Zumutung für meine Kinder!«

»Das stimmt«, sagte ich deutlich ruhiger, als ich mich fühlte.

»Sophie!« Katja sah mich empört an.

»Ich will Tine helfen, Katja. Und das geht nur, wenn wir ehrlich sind. Tine hat nämlich recht. Auch wenn ich nicht das Wort ›Zumutung‹ benutzt hätte.«

»Aber wir müssen doch was tun!«

»Ja, das finde ich auch. Zunächst mal ist die Frage aber, ob wir das dürfen.« Ich machte eine kurze Pause und wartete, bis Tine mich ansah. »Dürfen wir, Tine? Dürfen wir etwas tun und dir helfen?«

»Ich weiß nicht … Ich mein, wie denn? Ach, es ist alles total verfahren und kacke und hoffnungslos!« Sie sackte wieder in sich zusammen.

»Wir würden dir echt gern helfen, Tine.« Katja stupste unsere Freundin an. »Schau, wir haben es doch immerhin schon geschafft, dass du geduscht bist. Und mit uns geredet hast. Dann können wir doch jetzt einfach so weitermachen. Schritt für Schritt. Oder, Sophie? Das wär doch gut.«

»Ja«, stimmte ich Katja zu. »Das wäre auch mein Vorschlag: Wir überlegen gemeinsam, was der nächste Schritt sein kann. Und dann der nächste und immer so weiter. Machst du mit, Tine?«

»Ja, schon, aber wie denn?« Tines Verzweiflung war fast mit den Händen zu greifen.

»Wir finden einen Weg. Ganz bestimmt.« Und als ich es aussprach, war ich mir ganz sicher, dass das stimmte.

An dieser Stelle möchte ich noch einmal darauf hinweisen, wie wichtig es ist, sich helfen zu lassen.

Egal ob ihr bemerkt, dass die Stimmung in eurer Familie irgendwie gedrückt ist, ihr gerade eine Trennung durchmacht, eine psychische oder körperliche Erkrankung euer Leben erschwert oder eine andere Schwierigkeit aufgetaucht ist und sich hartnäckig weigert, wieder zu verschwinden, seid klug und heldenhaft und sucht euch Hilfe.

Es ist etwas durch und durch Gutes, sich helfen zu lassen, denn es zeigt, dass ihr verantwortungsvoll handelt. In vielen Bereichen ist es ganz natürlich, sich Unterstützung zu holen. Die wenigsten von uns kämen auf die Idee, ohne Fachkenntnis ein Haus zu bauen oder eine Operation am offenen Herzen durchzuführen. Nur so als Beispiel.

Wenn es jedoch um unsere psychische Gesundheit, die Erziehung unserer Kinder oder ganz allgemein um unser Familienleben geht, verheddern wir uns allzu häufig in falschem Stolz, unnötigem Schamgefühl und der Angst, was denn die anderen denken oder gar sagen, wenn sie mitbekommen, dass wir was-auch-immer nicht allein geschafft haben.

Dabei ist es absolut richtig und zeugt von Reife und Verantwortungsbewusstsein, wenn wir uns eingestehen, dass wir in einem bestimmten Bereich einen oder mehrere Menschen brauchen, die uns unterstützen.

Ich bin sicher, wir alle wünschen uns von Herzen, dass unsere Kinder genau das lernen, um es später, wenn nötig, ebenfalls zu tun: sich Hilfe zu holen, wenn sie welche brauchen. Und wie könnten wir es ihnen besser beibringen, als indem wir ein gutes Vorbild und Modell sind und selbst so handeln, wie wir es uns für unsere Kinder in ebendieser Situation wünschen würden?

Wisst ihr, gerade im Rahmen meiner Tätigkeit als Gutachterin erlebe ich immer wieder, dass Eltern glauben, es würde ihnen im familiengerichtlichen Verfahren negativ ausgelegt, wenn sie sich in einer Therapie befinden, Familienhilfe beantragt oder in einer Beratungsstelle um Hilfe gebeten haben.

Ich verstehe den Gedankengang: Da schafft jemand etwas nicht allein, also ist er schlechter als der andere, der keine Hilfe in Anspruch nimmt, oder er ist womöglich ganz generell kein guter Elternteil.

Diese Schlussfolgerung ist allerdings falsch und das Gegenteil richtig. Ich wünsche mir sehr, dass wir denjenigen Eltern, die den Mut haben, beim Jugendamt oder wo auch immer im Hinblick auf die Erziehung oder Versorgung ihrer Kinder um Hilfe zu bitten, den Respekt und die Achtung entgegenbringen, die sie verdienen.

Wer so mutig und verantwortungsbewusst ist, sich einzugestehen, dass er allein nicht weiterkommt und Unterstützung benötigt, um einen anderen Weg einzuschlagen, der ist ein Held und sollte sich auch so fühlen. Das gilt für Erwachsene ebenso wie für Kinder und Jugendliche.

Amelie beispielsweise ging nach dem Abitur für ein »Work and Travel«-Jahr nach Neuseeland und entschied sich anschließend für ein Psychologiestudium in englischer Sprache in den Niederlanden. Das erste Semester lief gut, sie bestand alle Prüfungen und hatte keinerlei Probleme mit dem Leben im Ausland.

Als ich sie etwa Mitte des zweiten Semesters wieder einmal besuchte, erschien sie mir zwar mürrisch und erstaunlich abwesend, auf meine Nachfrage versicherte sie mir jedoch, sie sei nur ein wenig gestresst und müde, ansonsten sei alles in Ordnung.

Zwei Wochen später sahen wir uns wieder, und dieses Mal öffnete sich Amelie und erzählte, wie unglücklich sie tatsächlich war. Sie fühlte sich in ihrer Wohnung nicht wohl, fand keinen Anschluss an der Uni und hatte zudem festgestellt, dass sie gar keine Psychologin werden wollte. Sie hatte zunächst gedacht, sie müsse sich vielleicht erst eingewöhnen oder den richtigen Zugang finden, aber es war offensichtlich, dass sie deshalb so unglücklich war, weil alles um sie herum nicht das Richtige für sie war.

Für mich war die Sache klar: Dann sollte sie um Himmels willen aufhören mit diesem Studium und etwas tun, was sie glücklich machte!

344

Doch das war schwierig für Amelie. Sie hatte vor Beginn des Studiums einen Sprachkurs gemacht, um im Alltag in den Niederlanden zurechtzukommen, wir hatten ihr eine Wohnung gemietet und eingerichtet sowie die Studiengebühr bezahlt. Amelie wollte nicht jemand sein, der nach dem zweiten Semester hinschmiss. Sie wollte es sich nicht leicht machen und wusste zu diesem Zeitpunkt auch gar nicht, was sie stattdessen tun sollte ... All das hielt sie davon ab, das Studium abzubrechen.

Ich nahm meine große Tochter in den Arm und erklärte ihr, dass es uns Eltern einzig und allein darum ging, sie auf *ihrem* Weg zu begleiten und bestmöglich zu unterstützen.

»Wenn du dich in den Niederlanden nicht wohlfühlst und obendrein nicht mal Psychologin werden willst, dann ist das definitiv nicht dein Weg. Und wenn du seit Monaten das Gefühl hast, dass das nicht das Richtige für dich ist, dann bedeutet das doch was. Es ist ja nicht so, als wärst du durch alle Prüfungen gerasselt oder nie zur Uni gegangen. Du hast es versucht – und festgestellt, dass es nicht zu dir passt.« Während ich das sagte, erkannte ich das große ABER, das über Amelies Kopf schwebte. Natürlich gibt es in solch einer Situation viele Abers, denn die gibt es ja immer.

»Wenn du machen könntest, was du möchtest, ohne dass jemand von außen das bewertet, ohne dass du dir Sorgen machen müsstest, was ein anderer darüber denkt, und mit der Gewissheit, dass dein Gefühl richtig ist – was würdest du dann tun?«, fragte ich.

Die Antwort kam gleichzeitig mit den Tränen der Erleichterung: »Ich würde aufhören mit dem Studium und erst mal zu euch nach München ziehen, um mich nicht mehr so einsam zu fühlen, und dann schauen, was ich wirklich will.«

In diesem Moment war ich unfassbar glücklich. Und stolz auf meine Tochter, die den Mut hatte, zu sagen, dass sie nicht weiterstudieren wollte, obwohl sie keine Alternative parat hatte, und die zugeben konnte, dass sie sich einsam fühlte und Rückhalt von ihrer Familie brauchte. Als ich ihre Erleichterung sah, hatte ich keinen Zweifel mehr, dass dies die richtige Entscheidung war.

Amelie geht heute ihren Weg – ohne Studium und Berufsausbildung, aber glücklich und zufrieden. Sie hat einen Job gefunden, in dem sie engagiert arbeitet und der ihr Freude bereitet. Was will ich als Mutter mehr?

Und obwohl das doch selbstverständlich sein sollte, begegne ich immer wieder Menschen, die noch sehr festgefahren sind in ihren Ansichten bezüglich beruflicher Ausbildungen und Berufsbildern an sich.

Ich sage bewusst »noch«, denn ich hoffe, dass es irgendwann der Vergangenheit angehört, zu glauben, ein beruflicher Weg sei mehr wert, wenn er mit einem abgeschlossenen Studium begonnen wurde, oder dass es wichtiger sei, einen »anständigen« Beruf auszuüben als glücklich zu sein.

Ich bin sehr gern Psychologin und froh, dass ich damals bis zum Diplom durchgehalten habe, kenne jedoch viele Menschen, die nach ihrem Studium und den anfänglichen Berufsjahren in ebendem studierten Beruf unglücklich waren. Manche sind es noch immer, weil sie nicht gewagt haben, etwas zu verändern, andere haben sich getraut und arbeiten nun in anderen Bereichen.

Ganz sicher kennt ihr ebenfalls solche Beispiele – sei es in eurem Freundes- und Bekanntenkreis oder weil ihr den Werdegang diverser Fernsehmoderatoren, Musiker oder Schriftsteller verfolgt.

Und nein, das sind nicht alles Ausnahmen. Was die können, das können eure Kinder auch. Und ihr selbst, nebenbei gesagt, ebenso!

Deshalb: Seid mutig und belohnt eure Kinder für deren Mut!

Und überprüft ab und an, was ihr ihnen vermittelt: dass sie unbedingt durchhalten sollen, egal, wie sie sich dabei fühlen, oder dass es wichtig und gut ist zu erkennen, wenn sie einen Weg eingeschlagen haben, der ihnen nicht guttut (vielleicht sind sie ja allergisch gegen irgendwelche Sträucher am Wegesrand). Zeigt euren Kindern, dass es großartig ist, mutig zu sein und einfach mal stehen zu bleiben, umzukehren, den fast zugewachsenen Trampelpfad zu testen oder querfeldein zu laufen, um herauszufinden, welcher Weg sich richtig und stimmig anfühlt. Meistens findet sich nach einer Weile ein Platz mit toller Aussicht, einem Bistro mit dem besten Kaffee oder mit Menschen, die sie mit offenen Armen empfangen und unterstützen. Oder mit allem zusammen und noch mehr. Und exakt das ist es doch, was wir uns alle für unsere Kinder wünschen.

Glücklicherweise blieb Tine dabei, sich von uns helfen zu lassen. Katja übernahm den praktischen Part wie einzukaufen, Tine zum Duschen und Spazierengehen zu nötigen und ihr regelmäßig etwas Gesundes zu essen zu bereiten. Ich kümmerte mich um Arzttermine, nahm Kontakt zu Tines Chefin und ihrer Krankenversicherung auf und bat schließlich Lars um ein Gespräch. Tines Einwilligung für den letzten Punkt zu bekommen, war recht schwierig gewesen, denn sie schämte sich und hatte so große Angst vor der Frage, wie es mit ihrer Ehe und dem Kontakt zu ihren Kindern weitergehen sollte, dass sie sich jedes Mal wie gelähmt fühlte, wenn ich das Thema anschnitt.

Da ich es aber tatsächlich geschafft hatte, für Tine einen Platz für eine stationäre Therapie in einer psychosomatischen Klinik zu ergattern, ließ sich ein Gespräch mit Lars irgendwann nicht länger aufschieben.

Tine war verständlicherweise mit der gesamten Situation in vielen Momenten schlicht überfordert, doch sie fand es gut und richtig, sich in stationäre Behandlung zu begeben. Gleichzeitig hatte sie Angst vor diesem Schritt und wollte sich am liebsten in eine Ecke verkriechen, sich die Decke über den Kopf ziehen und dort so lange warten, bis alles von allein wieder gut geworden war.

»Tine …«, begann ich, »ich kann das absolut verstehen, und ich würd so gern zaubern können und mit einem lässigen Wink mit dem Zauberstab alles wieder gut machen …«

Tine schnaubte. »Du hast ja keine Ahnung, wie oft ich mir das schon gewünscht hab.«

»Doch«, gab ich leise zurück. »Vermutlich schon. Trotzdem bin ich dafür, dass wir jetzt nach vorne schauen. Es ist super, dass du einen Platz bekommen hast und …«

»Das weiß ich doch. Aber ich kann mich halt trotzdem nicht drüber freuen.«

»Musst du auch nicht. Aber Lars ist dein Mann. Und er sollte wissen, was los ist. Außerdem finde ich, dass …«

»Ich will nicht mit ihm reden!« Wenn es um Lars ging, wurde Tine laut. Daran hatte ich mich beinahe schon gewöhnt. »Ich will nicht hören, was er zu sagen hat. Wahrscheinlich war er schon beim Anwalt und hat die Scheidung eingereicht, und dann wohnen Anna und Julian bei ihm, und ich darf sie gar nicht mehr sehen, weil ich 'ne Irre bin, die in die Klapse muss!«

»Hör zu«, sagte ich und nahm ihre Hand. »Du wirst immer Annas und Julians Mutter sein. Immer. Komme, was wolle. Und anders als in den letzten Wochen handelst du inzwischen verantwortungsvoll und machst das Beste, was du als Mutter tun kannst: Du lässt dir dabei helfen, gesund zu werden.« Ich bemerkte, dass Tine widersprechen wollte, und redete schnell weiter: »Wir wissen nicht, ob Lars sich trennen will. Mag sein, dass er das selbst nicht weiß. Aber ich kann dir sagen, dass es ganz sicher nicht so sein wird, dass du Anna und Julian nicht mehr sehen darfst. Ganz im Gegenteil, denn du tust ja etwas, um gesund zu werden, und kannst danach wieder für die beiden da sein.«

Tine hatte Tränen in den Augen. »Was sag ich den beiden denn? Dass ich bekloppt bin und …«

»Ähm, würdest du Amelie und Lotta sagen, dass ihre Mutter leider vor ein paar Jahren bekloppt wurde? Das ist doch Quatsch. Wir wissen beide, dass Depressionen …«

»Aber du musstest nicht in 'ne Klinik!«, brauste Tine auf. »Das kann man gar nicht vergleichen!«

»Das stimmt schon irgendwie. Ich hatte weniger zu erklären als du jetzt. Aber es ist, wie es ist, und wir machen das Beste draus. Wenn eine Mutter Krebs hat, muss sie auch in eine Klinik und das ihren Kindern erklären.«

»Das ist was anderes!«, widersprach Tine.

»Ja und nein. Beides ist eine Erkrankung. Es ist nur so, dass Krebs für uns mehr nach Schicksal klingt, für das man nix kann. Bei Depressionen denken viele fälschlicherweise, man wäre selbst schuld. Was ich meine, ist: Du kannst nix dafür! Und du lässt dir helfen. Das ist gut. Und das kann man Anna und Julian erklären.«

»Man vielleicht, aber ich nicht.« Tine putzte sich geräuschvoll die Nase und warf das Taschentuch auf den Boden.

Ich lächelte. »Taschentücher auf den Boden zu schmeißen, ist so was von unbefriedigend, findest du nicht auch? Die machen nicht mal ein Geräusch, wenn sie irgendwo auftreffen. Ich hab schon überlegt, ob das nicht eine Marktlücke wäre: Taschentücher, die ein Schepper-Klirr-Geräusch machen, wenn man sie auf den Boden oder in den Mülleimer pfeffert.«

Tine musste grinsen, und ich war froh, dass ihr Humor noch immer vorhanden war.

»Ich wär dann für eine Special Edition mit Explosionsgeräusch und vielleicht 'ner Stichflamme und Qualm oder so.« Tine lächelte mich an. »Also, wie gehe ich das Gespräch mit Lars und den Kindern an?«

»Am besten mit ganz viel Offenheit. Und wenn du magst, bin ich dabei und helfe dir. Einverstanden?«

Tine nickte, und wir sprachen zum ersten Mal ausführlich und in Ruhe darüber, wie es in Bezug auf ihre Kinder weitergehen konnte.

Für uns alle und speziell für Kinder ist es wichtig, vertrauen zu können. Kinder spüren, wenn etwas nicht stimmt, und das sollten wir Eltern bedenken. Ich halte, wie schon erwähnt, nichts davon, wenn Erwachsene ihre Elternrolle nicht ausfüllen, sondern lieber der Kumpel ihrer Kinder sein wollen und sie infolgedessen unter anderem damit überfordern, dass sie ihnen all ihre Sorgen und Nöte erzählen.

Das tut Kindern nicht gut – Offenheit und altersgemäße Eltern-Kind-Gespräche aber durchaus. Die sind gerade in schwierigen familiären Situationen sinnvoll und helfen unseren Kindern, mit der Herausforderung zurechtzukommen.

Wie so oft liegt die Lösung also zwischen den beiden Extremen: Bitte überfordert eure Kinder nicht, indem ihr sie mit euren Sorgen belastet. Und verunsichert sie nicht, indem ihr behauptet, dass alles in Ordnung sei, obwohl es das nicht ist.

Wenn ein Kind spürt, dass etwas nicht stimmt, nachfragt und darauf die Antwort bekommt: »Es ist nichts. Alles okay«, beruhigen wir es damit nicht, sondern verunsichern es sogar. Das Kind spürt, dass wir irgendwas verschweigen und ihm darüber hinaus sogar die Unwahrheit sagen. Das macht Angst. Und im schlimmsten Fall wird das Kind so verunsichert, dass es seinem eigenen Gefühl nicht mehr traut, das so sehr in Widerspruch zu dem steht, was seine Eltern ihm mitteilen.

Das wollen wir alle nicht.

Um unsere Kinder in solchen Situationen nicht zu sehr zu belasten und ihnen andererseits auch keine verwirrenden Signale zu senden, ist es wichtig, individuell auf sie einzugehen.

Jedes Kind ist anders, und je nach Alter und Entwicklungsstand sind unterschiedliche Bedürfnisse zu beachten. Deshalb zögert nicht, euch Hilfe von Fachleuten zu holen, wenn ihr ein besonders kompliziertes Thema wie eine schwere Erkrankung oder gar den Tod eines Angehörigen zu besprechen habt.

Allgemeingültig sollte meiner Meinung nach sein, dass wir als Eltern unseren Kindern gegenüber offen ansprechen, wenn wir uns gerade in einer schwierigen Lage befinden, und dazusagen, dass wir als die Erwachsenen uns darum kümmern werden und unsere Kinder weder Schuld an dieser Situation tragen, noch etwas tun müssen, um sie zu verändern.

Es ist beruhigend und wichtig für Kinder, zu erfahren, dass sie sich keine Gedanken um die Aufgaben der Erwachsenen machen müssen, sondern dass die das allein schaffen.

Im Fall einer Erkrankung oder sonstigen Verhinderung eines Elternteils sollten sich Kinder auf den verbleibenden Elternteil oder auf eine andere erwachsene Person verlassen können. Ihr versteht, was ich meine, oder?

Es tut Kindern gut und ist elementar für sie, dass ihr sie Kind sein lasst und weder direkt noch indirekt dazu drängt, Erwachsenen-Aufgaben zu übernehmen, mit denen sie naturgemäß überfordert sind.

Wenn wir mit unseren Kindern darüber sprechen, dass gerade etwas doof ist, dann dürfen unsere Kinder das ruhig auch doof finden. Das klingt selbstverständlich, ist es aber für viele Eltern nicht.

Habt ihr auch als Kinder den Spruch »Ist doch nicht so schlimm« gehört? Gern in der ein oder anderen Variation wie »Tut doch schon gar nicht mehr weh«, »Sei nicht traurig« oder auch »Da musst du doch keine Angst haben«.

Gut gemeint waren diese Sprüche in der Regel sicherlich. Nur leider nicht hilfreich, denn wenn ich vom Fahrrad gefallen bin, mir meine Hände aufgeschürft habe und gerade versuche, mir die ganzen Steinchen aus der Wunde zu popeln, dann brennt das nun mal höllisch.

Wie angenehm, wenn dann jemand sagt: »O Mann, das tut bestimmt saumäßig weh! Vielleicht wird es besser, wenn wir ein Pflaster draufkleben.«

Ebenso unterstützend ist es, wenn wir traurig sein und Angst haben dürfen, ohne dass jemand indirekt sagt, dass diese Gefühle überflüssig sind, oder gar befiehlt, sie sofort abzustellen.

Lasst eure Kinder traurig oder ängstlich sein und signalisiert ihnen, dass das in Ordnung ist. Und genauso ist es nicht schlimm, wenn *ihr* weint, weil ihr euren Kindern etwas Trauriges mitteilen müsst.

Kinder lieben authentische Eltern mit echten Gefühlen.

Auch wenn es euch absurd erscheinen mag, bedenkt bitte, dass Kinder sich schnell die Schuld für etwas geben – und sei es noch so weit hergeholt. Wenn sie etwas nicht verstehen oder einordnen können, taucht schnell die Erklärung auf: »Das ist meine Schuld! Deshalb ist Mama ausgezogen und kommt nicht mehr!«

Wenn ihr euren Kindern also etwas Trauriges oder eben Unschönes mit potenziellem Stressfaktor mitteilen müsst, dann seid so offen und authentisch, wie es im Sinne eures Kindes abhängig von Alter und Entwicklungsstand möglich ist. Zeigt Gefühle, aber bleibt in eurer Elternrolle und gebt euren Kindern deutlich zu verstehen, dass sie keine Schuld an der Situation tragen.

Zwischen Tine und Lars kam es schließlich tatsächlich zu einem Gespräch. Tine hatte mich gebeten, anfangs dabei zu sein, mir nach einigen Minuten jedoch erleichtert zu verstehen gegeben, dass ich gehen könne. Lars war nämlich gar nicht sauer gewesen, wie sie befürchtet hatte, sondern in erster Linie besorgt.

Er versprach, sie zu unterstützen, und wollte gern zusammen mit ihr und mir mit Anna und Julian sprechen, damit die beiden endlich Klarheit bekamen und beginnen konnten, die Situation zu verstehen und zu verarbeiten.

Auch dieses Gespräch verlief gut. Anna und Julian belastete es natürlich zu hören, dass ihre Mutter krank war und für einige Wochen in eine Klinik musste, dennoch war ihnen bereits während des Gesprächs die Erleichterung anzumerken, endlich Informationen zu erhalten, die stimmig waren und die Situation erklärten. Die beiden hatten viele Fragen, und ich stellte gerührt fest, wie sehr sich Tine und Lars bemühten, sie gleichermaßen ehrlich und kindgerecht zu beantworten.

Während Tines Zeit in der Klinik sorgte Lars dafür, dass Anna und Julian regelmäßig Kontakt zu ihr hatten.

Glücklicherweise bekam Tine im Anschluss an die stationäre Therapie eine kompetente Nachsorge-Therapeutin, denn die Beziehung zwischen Lars und ihr ließ sich nicht mehr retten, und so standen eine endgültige Trennung und Scheidung und damit weitere Belastungen für Tine, die Kinder und Lars an.

Tines Therapeutin sorgte wunderbar für ihre Patientin und kümmerte sich um Kontakte zu einer hilfreichen Familienberatung sowie zu einem Rechtsanwalt, der bekannt war für seine vielen einvernehmlichen Ehescheidungen. Es war eine anstrengende und herausfordernde Zeit, aber Tine war gut aufgehoben – ebenso wie Anna, Julian und auch Lars.

Als Julian vor einiger Zeit sein Abitur feierte, bekam ich ein paar wundervolle Fotos geschickt: ein stolzer Schulabsolvent umringt von Anna sowie Tine und Lars samt aktuellen Partnern, die alle entspannt in die Kamera lächelten, und dazu zwei Schnappschüsse, die ich noch schöner fand.

Auf einem Foto sind Tine und Sabine, Lars' neue Frau, zu sehen, wie sie gerade herzhaft lachen und sich aneinanderlehnen. Auf dem anderen sieht man Lars, der mit Getränken beladen und einem herzlichen Lächeln seiner Ex-Frau Tine entgegengeht.

Diese Bilder hängen nun – mit Erlaubnis aller Beteiligten – in meiner Praxis. Als lebendes Beispiel dafür, dass am Ende eben doch alles gut wird.

Und wir wissen ja: Wenn es nicht gut ist, ist es nicht das Ende*.

---

* Sabino, Fernando: Zélia, uma paixão. Editora Record 1991, S. 249 (übersetzt aus dem Portugiesischen)

Bonus: Vegetarier haben's schwer

Im August 2017 besuchte ich meine Mutter und führte wieder einmal eines dieser Gespräche über meine Essgewohnheiten, genauer gesagt über meine Weigerung, Fleisch zu essen. Es verlief so typisch, dass ich es direkt nach dem Essen aufschrieb, um es bei Facebook zu posten.

Ich erspare euch die Schilderung des Dialogs darüber, was denn »ein Facebook« sei und wofür man das überhaupt brauche, wenn es doch Telefone sowie die gute alte Post gebe, warum man bei diesem Facebook Freunde habe, die man gar nicht persönlich kennt, und wer zur Hölle sich für ein protokolliertes Gespräch von uns beiden über Essen interessieren sollte.

Ich habe damals natürlich (mal wieder) versucht, alles so gut wie möglich zu erklären – und bin natürlich (mal wieder) grandios gescheitert.

Meine Mutter war von jeher neugierig und hat immer Zeitung gelesen, jeden Tag, alles von vorn bis hinten. Es gab nichts, was sie nicht interessiert hätte. Sie hatte den unbändigen Wunsch, *alles* zu verstehen. Deshalb bereiteten ihr Computer und speziell das Internet regelmäßig zumindest kurzfristig Kopfzerbrechen, weil ihr die genaue Funktionsweise derselben zu einem großen Teil ein Rätsel blieb. Was sicher in erster Linie an meinen höchst stümperhaften und bestimmt nicht ganz korrekten Erklärungsversuchen lag.

Ich kann mich noch an ihren maßlosen Ärger erinnern, als die Technik von Autos immer elektronischer wurde, sodass meine Mutter die komplexen Zusammenhänge nicht länger bis ins Detail nachvollziehen konnte – das fand sie geradezu empörend.

Mein Argument, dass sie doch auch vorher ihr Auto nicht selbst repariert, sondern es – vernünftigerweise – in die Werkstatt gebracht habe, ließ sie nicht gelten. Stattdessen erklärte sie mir, dass es darum gehe, zu verstehen, wie das Ding, welches sie täglich benutzte, funktioniere und was der Automechaniker genau mache, um es, falls notwendig, wieder zum Laufen zu bringen.

Das ist natürlich ein Argument, und bei genauer Betrachtung sogar ein gutes. Da ich wusste, dass es meiner Mutter außerdem wichtig war, das Auto notfalls eben *doch* selbst reparieren zu können, gab ich auf und lenkte ab, indem ich fragte, was es zu essen gebe.

Womit ich wieder beim Thema wäre.

Ich tippte also unser vorangegangenes Gespräch in mein Laptop, während meine Mutter vor sich hin grummelnd Kaffee für uns machte. Ich glaubte, dabei Dinge wie »kann man doch einfach miteinander telefonieren« und »Blödsinn, dieses Internet« aus der Küche zu hören.

Nachdem ich den kurzen Text gepostet hatte, unternahm meine Mutter einen neuen Anlauf, um zu verstehen, was ihre Tochter da trieb und, vor allem, wie es funktionierte.

»Und was passiert jetzt mit unserem Gespräch im Internet?«, fragte sie nach dem ersten Schluck Kaffee.

Ich grinste. »Das können Leute lesen und darauf reagieren, wenn sie wollen. Sie können ein Zeichen anklicken, wenn ihnen der Text gefällt, oder etwas darunterschreiben.«

»Die schreiben was zu deinem Geschreibsel? Wieso?«

»Na ja, vielleicht weil sie ähnliche Gespräche mit ihren Eltern führen oder weil sie finden, dass du recht hast, wenn du …?«

»Ach ja? Steht da jetzt schon was drunter geschrieben?«

»Muss ich schauen.«

»Und wie schaust du das?«

»Mama …«

»Was denn?«

»Ich gucke nach, aber ohne dir zu erklären, wie genau das Internet funktioniert. Du musst damit leben, dass ich das nicht kann, weil ich es selbst nicht richtig kapiere. Okay?«

»Wenn *du* das okay findest. Also, ich könnt das nicht.«

Und bevor ich mir erneut anhören musste, dass es höchst verstörend sei, etwas täglich zu benutzen, ohne die genaue Funktionsweise zu kennen, weil das ja sei, als wisse man nicht, wie elektrisches Licht oder der Kühlschrank funktioniere, klickte ich auf mein Posting.

Und in diesem Moment entdeckte ich eine ganz neue Seite an meiner Mutter. Sie vergaß zu fragen, wie was warum funktionierte, und freute sich unbändig, dass es so viele Menschen gab, die meinen Text lasen und mochten und sogar etwas dazu schrieben.

Unter anderem wurde kommentiert: »Meine Mama hat damals auch gesagt, sie lässt die Salamipizza in der Tiefkühltruhe, weil es eh nur eine pubertäre Phase ist.«

Oder auch: »Diese Mama gefällt mir. So bin ich jetzt schon.«

Einen Kommentar mochte meine Mutter ganz besonders, und ich habe ihn auf ihren Wunsch hin mehrfach vorgelesen: »Jede Mutter, die es mit erwachsenen Töchtern aushält, ohne in Verzweiflung zu versinken, ist eine tolle Mutter.«

Ich sehe sie noch heute vor mir, wie sie lächelt, nickt und sagt: »Das stimmt.«

Einige Zeit später erzählte ich ihr, dass dieses Posting deutlich mehr »Gefällt mir«s hatte als alle anderen Postings von Frau Seeberg zusammengenommen und zudem zigmal geteilt wurde.

Wir überspringen an dieser Stelle den langweiligen Part, in dem ich versuchte zu erklären, was »teilen« ist, wieso das jemand macht oder wer das im Anschluss warum wo liest, und kommen direkt zu dem Moment, in dem meine Mutter mich mit einem frechen Grinsen fragte, ob sie jetzt eigene Follower bekomme und vielleicht ein Youtube-Star werden könnte.

Aufgrund ihres täglichen Zeitungskonsums kannte sich meine Mutter nämlich sehr wohl aus in der Welt des Internets und der Influencer. An diesem Tag hatte ich den Eindruck, sie wäre vielleicht sogar gern selbst einer gewesen. Und sie wäre als Social-Media-Star absolut großartig gewesen, dessen bin ich mir sicher.

Mir gefiel es zu sehen, wie sich meine ansonsten äußerst uneitle Mutter über den Zuspruch ihr gänzlich unbekannter Menschen »in diesem Facebook« freute.

Doch noch bevor ich ihr erklären konnte, warum ich nicht sicher war, ob sie wirklich ein Influencer werden sollte, winkte meine Mutter lachend ab und sagte: »Nein, nein, das wäre mir zu anstrengend mit diesem Internet, das keiner versteht. Ich telefoniere lieber und lese Bücher. Du schreibst doch mal wieder eins, oder?«

»Ja, irgendwann vermutlich schon. Aber das dauert noch ein bisschen.«

»Das macht nichts«, fuhr meine Mutter fort. »Aber wenn es so weit ist, dann kannst du unseren Text da drin unterbringen. Das gefällt mir viel besser, als Influencer zu werden. Ich bin lieber in einem Buch als in einem Youtube.«

Ich musste lachen und versprach, dass ich unser Essensgespräch als Bonus in mein nächstes Buch packen würde. Und das tue ich hiermit.

Ich habe diese Zeilen am Bett meiner Mutter geschrieben und ihr gerade noch einmal alles vorgelesen. Nach einem langen, erfüllten Leben liegt sie im Sterben. Zu Hause in ihrem Schlafzimmer, wie sie es sich gewünscht hat.

Ich bilde mir ein, dass sie nach dem Vorlesen besonders tief geatmet hat, und bin sicher, etwas in ihr hat mitbekommen, dass sie nun endlich in meinem neuen Buch erscheint, und sich darüber gefreut.

Und nun lese ich ihr und euch noch einmal unser damaliges Gespräch vor.

Vegetarier haben's schwer bei meiner Mutter.

Sie versteht es einfach nicht. »Ja, aber das Tier ist doch schon tot« ist nur eines ihrer beständig wiederkehrenden Argumente.

Ich liebe meine Mama. Sehr. So, wie sie ist. Und dazu gehört, dass sie nicht zu überzeugen ist. Sie findet es Quatsch, dass ihre Tochter kein Fleisch isst. Punkt.

Trotz aller Liebe zu meiner Mutter bin ich sehr froh, dass ich ihr Unverständnis mit Humor nehmen kann und nicht genervt bin, wenn wir zum hundertsten Mal folgendes Gespräch führen:

Mama: »Du hast dir ja gar kein Fleisch genommen.«

Ich: »Ja, weil ich seit vielen Jahren kein Fleisch mehr esse, Mama. Das hab ich dir doch schon ...«

Mama: »Aber das ist Geschnetzeltes! Frisch vom Metzger!«

Ich: »Aber dann ist es doch trotzdem Fleisch ...«

Mama: »Ja, aber *gutes* Fleisch. Vom Metzger. Nicht so ein abgepacktes Zeug.«

Ich: »Das mag sein. Aber ich esse auch kein ›gutes‹ Fleisch.«

Mama: »Wieso???«

Ich: »Aus dem gleichen Grund, aus dem ich seit vielen Jahren kein Fleisch mehr esse: Ich will keine Tiere essen.«

Mama: »Aber die sind doch längst tot.«

Ich: »Ja. Und ich will sie nicht essen.«

Mama: »Versteh ich nicht.«

Ich: »Ich weiß.«

Mama: »Na, dann mach ich morgen eben Ochsenschwanzsuppe.«

Ich: »Mama!«

Mama: »Was denn?«

Ich: »Ich esse auch keine Ochsenschwanzsuppe.«

Mama: »Aber da ist doch gar kein Fleisch drin!«

Ich: »Wie wird denn deiner Ansicht nach eine Ochsenschwanzsuppe hergestellt? Aus Kartoffeln?«

Mama (irritiert): »Was? Weißt du nicht, was eine Ochsenschwanzsuppe ist? Die haben wir doch schon so oft …«

Ich: »Ich weiß, was das ist, Mama. Und soweit ich weiß, braucht man einen toten Ochsen, um diese Suppe herzustellen.«

Mama: »Ja, und?«

Ich: »Deshalb will ich sie nicht essen.«

Mama (leicht empört): »Aber das ist doch nur der Schwanz von dem Ochsen. Soll man den etwa einfach wegschmeißen?«

Ich: »Nee, man soll den am Ochsen dranlassen. Und den Ochsen in Ruhe.«

Mama (kopfschüttelnd): »Du spinnst.«

Ich: »Ja, muss ich wohl geerbt …«

Mama: »Wie bitte?«

Ich: »Ach, nix.«

Es gab am nächsten Abend übrigens Brot. Und Käse. Und Salami. Und ratet mal, was meine Mutter mich gefragt hat … Manchmal glaube ich, sie hat es schon vor Jahren verstanden und einfach nur einen ziemlich skurrilen Sinn für Humor …

Zwei Tage nachdem ich das Bonus-Kapitel geschrieben hatte, ist meine Mutter friedlich eingeschlafen.

Ich bin mir sicher, sie ist nun bei meinem bereits vor vielen Jahren verstorbenen Vater, und fühle mich getröstet von der Vorstellung, dass die beiden endlich wieder zusammen sind.

Ich möchte dieses Buch beenden mit einem ganz dicken Dankeschön an diese beiden Menschen.

Vielen Dank für Eure Liebe, Euer Verständnis und den herrlichen Sinn für Humor, der so vieles leichter gemacht und häufig Brücken gebaut hat, wo wir generationsbedingt manchmal ein wenig ratlos voreinanderstanden.

Humor, Liebe und Verständnis – was für eine großartige Basis habt Ihr mir damit geschenkt!

Und ein herzliches Dankeschön auch an Dich für Deine kostbare Zeit, die Du meinem Buch und damit mir geschenkt hast! Ich hoffe, Du beendest dieses Buch mit einem guten Gefühl. Es ist mir eine Ehre, dass ich Dich so viele Stunden begleiten durfte.

Druck:
CPI Druckdienstleistungen GmbH
im Auftrag der
Zeitfracht GmbH
Ein Unternehmen der Zeitfracht - Gruppe
Ferdinand-Jühlke-Str. 7
99095 Erfurt